JN143708

［新装版］

愛への帰還

光への道「奇跡の学習コース」

マリアン・ウイリアムソン＝著
大内 博＝訳

A Return to Love

太陽出版

愛への帰還

A RETURN TO LOVE

by Marianne Williamson

Copyright ©1992 by Marianne Williamson.

Japanese translation rights arranged

with Harper Collins Publishers, Inc.

through Japan UNI Agency, Inc.

謝辞

本書の新版は、一九九二年初版以来の読者の好評を得て可能となりました。このことについては、オペラ・ウィンフリーに深く感謝申し上げる次第です。彼女の熱狂的な、そして寛大なサポートのお陰で、それがなければこの本を手にすることは決してなかったであろうような方々にまで読者層は広がりました。

著作権を代行してくれたアル・ロウマンにも深く感謝します。彼のお陰で私はこの本の執筆を開始し、書き終えることができました。この本を完成させる過程で、アンドレア・ケイガンの助力は大なるものがありました。彼女の貢献は本当に大変なものでした。この新版の出版に当たって助力して下さった、キャロル・コーヘン、エイドリアン・ザックハイム、ミッチェル・アイヴァース、その他数多くのハーパー・コリンズ社の方々に感謝申し上げます。友人のリッチ・クーパー、ノーマ・フェレーラ、デイヴィッド・ケスラー、ヴィクトリア・パーマンにも心から感謝します。

私が講演を開始して以来、私の話を聞いて下さったすべての人に感謝します。

両親に対して、私に与えて下さったすべてのものに関して感謝します。そして、私の人生に言葉では言い尽くせない甘美な喜びをもたらしてくれた娘に感謝します。

最後に、何よりも本書の初版が発行されて以来、この本の価値について力強い証言をして下さったたくさんの読者の方々に感謝します。皆さんの支援に向けての感謝の思いは紙面に書き尽くせるものではありません。

新版への序文

どんな本もそうですが、本書もそれ独自の生命力を持っています。著者はいうなれば母親のようなもので、子供を世に出し、あとはその子供が自分自身の人生を歩んで行くのを見守るしかありません。

この本のこれまでの人生はとても素晴らしいものでした。私は幸運にも、数限りない読者から自分の人生を力づけられたという証言をいただくことができました。私は、『奇跡の学習コース』(A Course in Miracles) の著者ではなく、解説者に過ぎませんから、本書の最良の部分は私によるものではありません。『コース』の中で述べられている言葉は私自身の人生に奇跡的な影響を与えてくれましたし、今も与え続けています。そのお陰で、人びとが初めて「奇跡」と遭遇した時に感じるであろう心のときめきが分かるようになりました。

私はこの本を書いた時よりは、当然のことながら年をとり、ある意味では無邪気さの程度も減じたかもしれません。愛とは正反対の体験も味わいました。愛に対する世界の様々な抵抗も私なりに体験した今、私たちの一人ひとりが愛を深く深く抱擁し、かつ効果的に表現しなければならないということを痛感します。憎しみは人間という種のスピリチュアルな悪性腫瘍のようなもので、ガンと同じように外面的なダメージよりも内面的なダメージを与えるものです。その背後にある恐れは文字通り生身の私たちを食い尽くし、心・肉体・国を滅ぼします。外的な治療によってそれなりの効果を得ることはできますが、それを元にもどすことができるのは愛だけです。

憎しみは解きほぐさなければなりません。外国の戦争から、国内の様々な惨事に至るまで、私たちがやらなければならないことは、この世界から恐れを取り除くことです。こうすることによって私たち自身のためになることはもちろんですが、何よりも大切なことは、それが子供たちのためになるということです。私たちが遺産として残すものを子供たちは受け継ぐことになりますが、神が私たちに依頼することを実行すること、すなわち、この世界を正すためにお互いを愛し合うことよりも偉大なプレゼントはありません。

恐れは、そのままにしておくと倍々ゲームのように増大します。私たちが愛を放射する時、恐れは取り除かれます。かくして、私たちの人生において神の力が顕現します。本書が、誰であれ愛の力を体験する能力にほんの少しの変化でも起こすことができたならば、私にとっては無上の喜びです。

あなたに奇跡がありますように。愛を込めて。

一九九六年一月

マリアン・ウイリアムソン

序

私は中流のユダヤ人の家庭に育ちました。父はちょっと変わった人で、不思議な雰囲気が漂う家庭でした。一九六五年、私が二十三歳の時、戦争がどんなものであるかを見せようと、父は私をサイゴンに連れて行ってくれました。ベトナム戦争が激化しはじめた頃で、銃弾を直接見せようとしたのです。私の脳ミソが軍需産業に蝕まれ、戦争は仕方がないなどと考えるようになって欲しくないと思ってのことです。

祖父は大変信仰の厚い人で、私も土曜日の朝には時々シナゴーグ（ユダヤ教の礼拝堂）に出かけたものです。礼拝中に契約の箱（イスラエル人が出エジプト後、荒野を放浪していたあいだ持ち歩いていた神を象徴する箱。最も神聖なものとされ、神殿の至聖所に安置される）が開けられると、祖父は頭をたれ、泣きはじめたものでした。そういう時、私も泣きましたが、芽生えはじめた宗教心のゆえに泣いていたのか、それとも、祖父につられて泣いていたのか、それは分かりません。

高校生になって初めて哲学を勉強しましたが、神にすがる必要などないという結論を出しました。子供たちを飢え死にさせたり、人びとをガンにしたり、ホロコーストを許す神などいるものかと論駁したのです。子供の無邪気な信仰心と、高校二年生の生半可な知識が正面衝突をしたわけです。私は神様に絶縁状を書きました。書きながら憂鬱な気持ちでしたが、いろいろなものを読み過ぎて神を信じることができなくなって、どうしても書かなければならないと思ったのです。

大学時代に教授たちから学んだことといえば、授業以外の場面でしかありません。野菜を育てるために大学を去ったのですが、野菜を育てたという記憶はありません。この時代のことはあまり思い出すことができないのです。あの時代、六〇年代後半から七〇年代前半の多くの人がそうであったように、私はかなり奔放でした。従来の価値観によって「立入禁止」というサインがかかっているドアは、何か淫らなドキドキする喜びの入り口であるかのように感じ、どうしても体験しなければと思ったものです。突拍子もないと思われることは何でもやってみたいと思いました。そして、実際にだいたいの場合、それを実行したのです。

両親は「何かまともなこと」をするようにと私に懇願しましたが、その時の私は何をしたらよいのか分かりませんでした。様々な男性と関係を持ち、仕事を次々に変え、都市を転々としていました。ある種の帰属感を求め、人生の目的はこれだという確かな手応えを探し求めていたのです。自分に才能があることは分かっていましたが、どんな才能があるのかは分かっていませんでした。知性も備わっていることを自覚してはいましたが、舞い上がりやすい性質のために日常生活にそれを応用することができませんでした。セラピーも何度か試してみましたが、ほとんど効果はありませんでした。私はどんどん神経症的なパターンに落ち込んでいき、食べ物・麻薬・人……、何であれ自分自身から気を外らせてくれるものに救いを求めました。自分の生活にいつも何か面白いことを起こらせようとしてはいましたが、何もないところで大騒ぎをする私自身がつくり出すドラマしか起こりませんでした。

その頃の私の体内には、自己嫌悪感がまるで大きな岩のようにどっしりと座っていました。様々な体験をするたびに、この嫌悪感は悪化していきました。苦痛が深まるにつれて、哲学に対する興味も深まっていきました。東洋哲学、西洋哲学、学問的なものから秘教的な哲学、キルケゴール、易経、実存主義、神は死んだとする急進的なキリスト教神学、仏教など、あらゆるものに興味を持ちました。私は物事には何か神秘的な宇宙的秩序があるといつも感じていましたが、それが自分自身の人生にどのように適用されるのかはまったく分かりませんでした。

ある日、私は弟とマリファナを吸っていました。すると弟が、誰もが私は変人だと思っていると言いました。「何か変なウイルスに取り付かれているみたいだ」と弟は言いました。その瞬間、私は自分の体から飛び出したいと思ったのを覚えています。まるで、自分が宇宙人であるかのように感じました。私はそれまでも、人生はメンバー制のクラブで、私以外の人は皆、そのクラブに入るためのパスワードを知っていると感じたことがよくありました。弟にそう言われた時もそう感じました。他の人たちは、私が知らない秘密を知っている。しかし、私は他の人たちにその秘密が何なのかを聞こうとはしませんでした。私がそれを知らないということを知られたくなかったのです。

二十代の半ばには、私はもうひどい状態でした。他の人たちも内部では、私と同じように死につつあるのに、そのことを口にできないか、口にしようとしないだけだと信じていました。とても重要なことがあるのに、誰もそれについて話し合っていないと思われてなりませんでした。それが具体的に何なのか、それは私にも分かりませんでしたが、この世界は基本的に何かがおかしいということは確信していました。「世の中で成功する」というばかばかしいゲーム、実をいえば私はそのゲームのやり方が分からなくて恥ずかしい思いをしていたのですが、そのゲームをやるだけのために私たちは地球に生まれて来たなどと、どうしてみんな信じることができるのだろうと思っていました。

一九七七年のある日のこと、ニューヨーク市の誰かの家のサイドテーブルの上に置かれた、金文字の入った紺表紙の本を見かけました。序文を開いてみるとこう書かれていました。

> これは奇跡の学習コースである。これは必修のコースであり、いつ学ぶかだけがあなたに任されている。自由意志とは、あなたがカリキュラムを設定できるという意味ではなく、ある時に何を学ぶかを選択できるという意味である。このコースは愛の意味を教えようとするものではない。なぜなら、愛の意味を教えることは不可能だからである。しかしながら、このコースの目的は、愛が存在することについての自覚を妨げている障壁を取り去ることにある。愛はあなたの生得の権利として存在する。愛の反対語は恐れであるが、すべてを包含するものには反対語はない。
>
> したがって、このコースは次のように要約することができる。
>
> 実在するものは存在を脅かされることはない。
>
> 非実在なものは存在しない。
>
> ここに神の安らぎがある。

これを読んで傲慢とはいわないまでも、不思議な文章だなと思ったのを覚えています。しかし、さらに読み続けると、本全体を通して、キリスト教用語が使われていることに気がつきました。このために、私は何となく警戒しました。私は学校でキリスト教の神学を勉強したことはありましたが、知的な距離を置いて接していました。この本はもっと個人的な意味合いを持っていて、脅威を感じました。私は本をテーブルにもどしました。

私が再びこの本を手にした時には、一年が経過していました。それはもう惨めな一年でした。この時の私は準備ができていました。この時の私はあまりにも落ち込んでいたために、キリスト教の用語も気になりませんでした。この時は、この本が非常に重要なことを私に教えてくれる本であることがすぐに分かりました。確かに伝統的なキリスト教の言葉は用いていましたが、その使い方は完全に非伝統的であり、宗教的でもありませんでした。ほとんどの人がそうであるように、この本の言葉が持つ深遠な権威に深く心を打たれました。それは、私が答えることは不可能であると考えはじめていたような疑問に答えてくれました。それは心理学用語を用いて見事に神について語り、私の知性に挑戦するものではありましたが、私の知性を侮辱することは決してありませんでした。月並みな言い方かもしれませんが、私は故郷に帰ったように感じました。

『奇跡の学習コース』の基本的なメッセージは、リラックスしなさい、と言っているようでした。これを聞いて私は混乱しました。というのは、リラックスするのはあきらめるのと同じことだと考えていたからです。どうやって戦えばよいのかを説明してくれる人、ないしは、私のために戦ってくれる人を待っていた私でしたが、この本は、戦いを捨て完全に降伏するように、と言うのです。私は驚きましたが、同時に、ほっとしました。私は世俗的な戦いには向いていないと長い間うすうす感じていたのです。

私にとって、この本はただの本ではありません。この本は私の先生であり、私を地獄から救い出してくれる道そのものだったのです。『コース』を読み、続いて『ワークブック』の問題をやると、それによって私の内部に生み出される結果がプラスのものであると、ほとんどすぐに感じました。私は幸せでした。心が静まっていくように感じました。私は自分が分かりはじめ、これまでの人との関係がどうしてあれほどまでに苦痛に満ちたものだったのか、どうして何をやっても長続きしなかったのか、なぜ私が自分の体を憎んでいたのかが分かりはじめました。最も大切なことは、変わることができるかもしれないと感じるようになったことでした。『コース』を学ぶことによって、私自身の内部に鬱積していた楽観的なエネルギーが解放されはじめたのです。それまでは、私のエネルギーは日ごとに暗く、自己破壊的になりつつあったのです。

『コース』はスピリチュアルな心理療法の自学自習用の本で、神についての独占権を主張するものではありません。それは普遍的でスピリチュアルな問題を主題とする本です。真実はただ一つですが、その真実は様々な形で語られます。『コース』はたくさんある真実に至る道の一つにすぎません。しかし、それがあなたの道であれば、すぐにそれは分かります。私にとっては、『コース』は知的にも、感情的にも、心理的にも飛躍をもたらしてくれました。『コース』のお陰で、私は恐ろしい感情的な苦痛から解放されました。

『コース』の中で読んだ「愛の存在の自覚」を私は体験したいと思い、次の五年間、一生懸命に『コース』を勉強しました。そのころ母が言っていたように、私はまるでメニューみたいに『コース』を読んでいました。一九八三年、ロサンゼルスで少数の人たちに『コース』について私が理解していることをシェアしました。このグループが徐々に大きくなっていきました。それ以来、私の講演を聴きに来て下さる人の数は、国内でも国外でも相当に増えてきました。この本で述べられていることが世界中の人びとにどれほど深い意味を持っているかを目撃する機会を与えられてきました。

本書は、私が『奇跡の学習コース』で学んだことに基づいています。『コース』の基本的な原則について私なりの理解を示したものであり、私たちの日常生活に影響を及ぼす様々な問題との関連づけを私なりに解説したものです。

本書は愛を実践するための本です。愛を弱さではなく強さとして、私たちが対決を迫られる日常的な問題に対する答えとして愛を実践するのです。どうすれば愛が実際的な答えになれるのでしょうか。本書は、愛をすべての傷口の鎮痛剤として奇跡的に応用するにはどうすればよいかという案内書です。私たちの精神的な苦しみが、人との関係、健康、キャリア、その他どのような領域にあるにしても、愛は強力な力を発揮するものであり、癒しであり、究極的な答えです。

アメリカ人は哲学にはあまり関心がありませんが、いったんその理由が分かれば、すぐに行動に移します。この世界を癒すためにはなぜ愛が必要なのかを深く理解しはじめるにつれて、私たちの人生は内面的にも、外面的にも変わっていくでしょう。

私は、この本が一人の人でも助けることができればと祈っています。私は心を開いてこの本を書きました。あなたも心を開いてこの本を読んで下さることを願っています。

ロサンゼルスにて　　マリアン・ウイリアムソン

『奇跡の学習コース』について

訳者・大内　博

これは、奇跡の学習コースである。これは必修のコースであり、いつ学ぶかだけがあなたに任されている。自由意志とは、あなたがカリキュラムを設定できるという意味ではなく、ある時に何を学ぶかを選択できるという意味である。このコースは愛の意味を教えようとするものではない。愛の意味を教えることは不可能であるからである。このコースの目的は、愛が存在することについての自覚を妨げている障壁を取り去ることにある。愛はあなたの生得の権利としてある。愛の反対語は恐れであるが、すべてを包含するものには反対語はない。

したがって、このコースは次のように要約できる。

実在するものは存在を脅かされることはない。
非実在なるものは存在しない。
ここに、神の安らぎがある。

という言葉で始まる『奇跡の学習コース』は、二人の医学部教授の協力によって誕生しました。ヘレン・シャックマンとビル・テットフォードはニューヨークにある名門のプリンストン大学の医学部の教授でしたが、ある日、怒りの言葉が飛び交う教授会を終えて帰途につく車の中で、医学部の部長であったビルが言ったのです。「別なやり方があるに違いない」。それを受けて、ヘレンが「その方法を見つけるために協力する」とごく自然に応じたそうです。それからしばらくして、ヘレンにこのメッセージが届きはじめました。どのような形でメッセージがやって来たかについて、ヘレンは『奇跡の学習コース』の序文の中で、次のように書いています。

音は聞こえませんでしたが、私に非常な速さで書き取りをやらせるような感じで、私はそれを速記で書き留めたのです。自動書記ではありませんでした。どこで中断しても、次にはまた中断した場所から始まりました。私は非常な不快感を覚えましたが、やめようと思ったことはありませんでした。

ヘンレは自分でも言明しているように、「理論的には保守的で、宗教的には無神論者の心理学者であり教育家」でした。最初は自分が気が違ってしまったのではないかと思ったり、いろいろ抵抗も試みたようですが、ビルの励ましと協力のもとに、七年間の歳月をかけてすべてのディクテーションが完了しました。その結果、『テキスト』、『生徒のためのワークブック』、『先生のためのマニュアル』の三冊の本が誕生しました。それぞれ、六二二ページ、四七八ページ、八八ページで、本として出版された一九七六年は三冊でしたが、現在では一冊にまとめられて出版されています。

『テキスト』は理論的にコースを説明し、様々な概念を詳しく解説している、いうなればコースの土台の部分です。『奇跡の学習コース』が大事にすることの一つは、単なる理論にとどまることなく、それを実際に実行に移すことによって人生に違いを起こすことにあるように思われます。『テキスト』の理論的な準備の後に『ワークブック』が用意されているわけですが、この本は三六五のレッスンから成り立っていて、一日に一つのレッスンをやれば、一年間で終了することになっています。ただし、一日に一つのレッスンをやらなければならないということではありません。レッスンの内容について『ワークブック』の第二ページに次のように書かれています。

ワークブックが呈示する考えの中にはあなたには信じがたく思われるものもあろうし、まったく驚愕せざるを得ないものもあるかもしれない。これは重要なことではない。あなたが求められていることは、指示通りに考えを適用することだけである。それらの考えを価値判断することは求められてはいない。ただ使うことだけが求められている。それらの考えを使うことによって、それはあなたにとって意味のあるものとなり、それが真実であることが明らかになる。

これだけを覚えておきなさい。あなたはこれらの考えを信じる必要はない。受け入れる必要もない。歓迎する必要すらない。考えのあるものに対しては、あなたは一生懸命に抵抗するかもしれない。そういったことは重要なことではなく、それによってワークブックの効率が減じることもない。しかし、ワークブックが呈示する問題を応用するにあたって、例外をつくってはならない。また、ワークブックが包含する考えに対するあなたの反応がどのようなものであれ、その考えを使いなさい。それ以上のことは必要ではない。

最後の『先生のためのマニュアル』は質疑応答の形をとっており、コースを勉強する人たちが最も疑問を抱いたり、理解に苦しむ用語等について説明されています。

一九七六年に英語版が出版されて以来、約一四〇万人の人がこれを購入し、世界中でこの本をテキストにして勉強会が行われています。現在、約二十カ国語に翻訳されている最中で、日本語への翻訳も進行中です（縁がありまして、私が担当させていただいています）。

『奇跡の学習コース』の内容については、いま現在の私には的確に要約できる自信はなく、私の翻訳作業が終わり日本語版が出版された時に、読者の皆さんにご自分の目で確かめていただくのが一番であろうと私は感じております。ただ、この本のあまりにも深遠な内容に、数多くの人が「奇跡」に目覚め、インスピレーションを与えられ、講演活動をされている方々も数知れぬほどいるのは、読者の皆さんも既にご存じの通りです。日本でも数多くの愛読者を持っているジェラルド・ジャンポルスキーもその一人であり、本書のマリアン・ウイリアムソンは世界でも有名な『奇跡の学習コース』の講演者です。

本書は、マリアン・ウイリアムソンの目を通して『奇跡の学習コース』を体験するための本といっても過言ではないかもしれません。彼女は実に正直に、率直に、赤裸々に、『コース』との出合いによって奇跡的な変容を遂げた自分の人生体験をこの本の中でシェアしています。『コース』からの直接の引用も数多くあり、その意味からも『コース』への案内書といえるかもしれません。

最後に、『奇跡の学習コース』は誰が書いたのかという疑問に答えておくべきかもしれません。本のどこにも直接的には言及されていませんが、内容から判断すると、イエス・キリストご自身の言葉であることは明らかです。その判断は、再び読者の皆さんに原書を見ていただくしかないと繰り返すしかありませんが。

◉『奇跡の学習コース』からの引用文についてのお断り

『奇跡の学習コース』の日本語版はまだ出版されておりません。私が現在翻訳中であり、五年後に出版の予定です。したがって、直接の引用文の日本語訳は現在の段階での翻訳であり、多少変わることがあるかもしれないことをご理解下さい。

なお、本書『愛への帰還』(原題『A Return to Love』)の出版にあたって、『奇跡の学習コース』からの原文引用については**太字**で表記し、原文を本書の著者マリアン・ウイリアムソンが言い換え、かつ解釈したものについては《 》で示してあります。

目次

[第7章] 仕事 192

[第8章] 肉体 237

［第9章］天国 282

訳者あとがき

序章

生まれた時、私たちは完璧にプログラムされていました。私たちには愛に焦点を合わせるという自然な性向がありました。想像力は創造的かつ豊かで、どう使うかも知っていました。私たちが今つながっている世界よりもずっと豊かな世界、魔法的な魅力と奇跡の思いに満ちみちた世界とつながっていました。

それから何が起きたのでしょうか。私たちがある年齢に達して、あたりを見回してみたら魔法の力が消えてしまっていたのはなぜでしょうか。

愛とは別な場所に焦点を合わせるように教え込まれたからです。私たちは不自然な形で考えるように教えられてきました。悪い哲学を教えられてきました。すなわち、本来の私たちとは矛盾する世界の見方を教えられてきたのです。

競争、苦闘、病気、限りある資源、限界、罪の意識、悪の概念、死、欠乏、喪失といった思いを抱くように教え込まれてきました。そして、いつの間にかそのような考えを抱くようになり、その結果、それらを体験しはじめました。学校の成績を良くすること、良い子であること、お金をしっかり稼ぐこと、そして物事を正しくやることの方が愛よりも大切であると教えられました。私たちは他の人たちとは分離した存在であり、人に先行するためには競争しなければならず、今のままの自分では十分ではないと教えられてきました。他の人たちが同意した見方でこの世界を見るようにと教えられました。まるで、地球にやって来るとすぐに眠り薬を飲まされたようなものです。愛に基づいていないこの世界の考え方が、地球に上陸するやいなや私たちの耳をガンガン襲いはじめたのです。

私たちは愛を持って生まれて来ました。恐れはここで学んだものです。スピリチュアルな旅とは、恐れを放棄することであり、恐れを忘れて元の状態にもどることであり、愛を再び自分の心に受け入れることです。愛だけが唯一の本質的にして実存的な事実です。それは私たちの究極的な現実であり、地上における私たちの到達目標です。意識的に愛を知ること、自分自身の中に、そして、他の人びとの中に愛を体験すること、それが人生の意味です。

物には意味はありません。私たちに意味があります。愛とは別なもの、たとえば、お金、車、家、名誉などといったものに価値を付与すると、私たちに愛を返してくれないものを愛することになります。意味のないものの中に意味を見出そうとしているのです。お金は、それ自体では何の意味もありません。物質的なものは、それ自体では何の意味もありません。そうしたものが悪いというのではなく、何の価値もないというだけのことです。

私たちが地球にやって来たのは、愛を差しのべることによって神と共同創作をするためです。心の中にこれ以外の目的を持って生きる人生は無意味であり、私たちの本性に反するものであり、究極的には苦痛に満ちたものになります。まるで私たちは、物の方が人よりも愛されている真っ暗闇の並列的な宇宙で迷子になってしまったかのようです。私たちは、肉体的な感覚で認識するものを過大評価し、心の中では真実であると知っているものを過小評価しています。

愛は目で見ることもできなければ、耳で聞くこともできません。肉体的な感覚は愛を認識することはできません。愛は別な種類の視力によって認識されます。形而上学者はそれを「第三の目」と呼び、秘教を信じるキリスト教徒は「聖霊の視力」と呼び、「ハイアーセルフ」と呼ぶ人びともいます。どのような名前で呼ぶにしても、愛を見るためには私たちが慣れているものとは異なった視力が必要です。異なった種類の知力、思考が必要です。愛とは、私たちの心が直感的に知っているものです。それは、私たちが誰でも密かに憧れている「まだ見ぬ世界」です。この愛についてのいにしえの記憶が私たちからいつも離れることなく、帰って来るようにと呼びかけています。

愛は物質的なものではありません。エネルギーです。それは部屋の中に、状況の中に、人の内部に存在する感情です。お金で買うことはできません。セックスによって保証されるものでもありません。それは物質的な世界とはまったく関係ありませんが、にもかかわらず、物質的な世界で表現することが可能なものです。私たちは愛を、親切、与えること、憐憫、同情、安らぎ、喜び、受容、人を裁かない態度、結びつき、親密さなどとして体験します。

恐れとは、愛が共有されていない状態であり、個人的にも人類全体にとっても地獄です。恐れは、私たちの内部から、そして外部から私たちにのしかかり、愛の無意味さについていつも嘘の証言をします。恐れが表現される時、それは、怒り、虐待、病気、苦痛、貪欲、中毒、利己主義、妄想、腐敗、暴力、戦争といった形で認識されます。

愛は私たちの中に在ります。愛は破壊されることはありませんが、隠すことはできます。

私たちが子供の時に知っていた世界は、まだ私たちの心の中に埋もれています。私は『アヴァロンの霧』という素敵な本を読んだことがあります。アヴァロンの霧はアーサー王の物語を神話的に暗示しています。アヴァロンは魅惑的な島で、突き破ることが不可能な巨大な霧の壁の背後に隠れています。霧が晴れない限り、この島に行くことはできません。しかし、島がそこにあるということを信じなければ霧は晴れません。

アヴァロンは、私たちが肉眼で見る世界の向こうにある世界を象徴しています。それは奇跡に満ちた思い、子供の時に知っていた魔法の国をあらわしています。私たちの子供のような自我は、私たちの最も深いレベルの存在です。それこそが本来の私たちであり、実在するものは消えるということがありません。真実は、私たちがそれを見ていないからといって真実でなくなることはありません。愛に雲がかかるだけです。あるいは、心の霧に覆われて見えなくなるだけです。

アヴァロンは、私たちがまだ自分自身の優しさ、無邪気さ、霊とつながっていた時に知っていた世界です。実際のところは、いま私たちが見ている世界と同じ世界です。ただ、その頃の世界は、愛によって情報を与えられ、希望と信仰と驚異の思いによって優しく解釈されていたのです。それは簡単に取りもどすことができるものです。なぜなら、認識は選択なのですから。霧の背後にアヴァロンがあると信じれば霧は晴れるでしょう。

それが奇跡です。霧が晴れること、認識のシフト、愛への帰還、それが奇跡です。

パートI

原則

［第1章］

地獄

「天国」にあと一歩で届くほどに美しさが強烈で、包括的であり得る世界に、地獄のための場所はない。［『奇跡の学習コース』から引用、以下同（太字）］

1　暗闇

暗闇への旅は長く残酷なものであった。あなたは今、暗闇の中に深く入り込んでいる。

私たちの世代に何があったかといえば、私たちは成長しなかったのです。問題は私たちが道に迷ってしまったとか、無関心になってしまったとかではなく、自己陶酔的になってしまったとか、物質的になってしまったとかということでもありません。

私たちはだいたい、自分が必要なものは持っているということを承知しています。容貌、学歴、才能、そして様々な資格。しかし、ある領域では私たちは身動きがとれないでいます。外部の何かによって待ったをかけられているのではありません。内なる何かが私たちをとどめているのです。私たちを抑圧しているのは内面的なものです。政府が私たちを引き止めているわけではありません。飢餓や貧困がそうしているのでもありません。シベリアに送られることを恐れているわけでもありません。ただ恐れている、それだけのことです。私たちの恐れは至るところに漂っています。今の彼との関係が正しいものでないことを恐れ、あるいは、それが正しい関係であることを恐れています。人に気に入ってもらえないかもしれないと恐れ、気に入られてしまうかもしれないと恐れています。失敗を恐れ、成功を恐れています。若死にすることを恐れ、長生きすることを恐れています。私たちは死よりも生きることをもっと恐れています。

感情の鎖でがんじがらめになっている今の自分に対して、私たちは多少同情の気持ちを持っても良さそうなものですが、そういう同情心は持っていません。私たちは自分自身に嫌気がさしています。というのも、自分はもっと進化していてしかるべきだと思っているからです。時として私たちは、他の人たちは自分ほど恐れを持っていないのではないかと考える間違いを犯します。そう考えることによって、ますます恐れを強くするわけです。ひょっとしたら、彼らは私が知っていないことを知っているのではないか。自分には染色体が一つ足りないのかもしれない。

最近は、ほとんど何でも親のせいにするのが流行《はや》っています。私たちが自分を尊敬できないのは親のせいだと考えます。親が違った態度さえとってくれたら、私は自分に対する愛情をいっぱい持つことができたに違いない。しかし、私たちの親が私たちをどのように扱ったかをよく見てみると、仮に私たちを虐待したことがあったとしても、いま私たちが自分自身を虐待しているそのやり方に比べたら、多くの場合は大したものではありません。確かにあなたのお母さんは、「あなたは絶対にそれはできないでしょう」などと繰り返しあなたに言ったかもしれません。しかし、今のあなたは自分に向かってこう言います。「あなたは何て間抜けなの。いつもヘマばかりして。またチャンスを台無しにして。あなたなんて嫌い」。私たちの親も意地悪だったかもしれませんが、あなたは悪意に満ちみちています。

私たちの世代は、ほとんどカモフラージュもされていない自己嫌悪の渦巻きに吸い込まれてしまったかのようです。そして、常に、必死になって、自己成長や自己逃避によって出口を見出そうとしています。たぶん、この学位を取れば大丈夫かもしれない。あるいは、この仕事、このセミナー、このセラピー、この人との関係、このダイエット、このプロジェクト。しかし、あまりにも多くの場合、このような薬では癒すことはできず、心を縛る鎖はさらに太く、きつくなっていきます。まったく同じメロドラマが、別な人を主人公にして別な町で展開されます。そうこうするうちに、自分自身が問題ではないのかと実感しはじめますが、どうしたら良いのかは分かりません。私たちは自分自身を抑えつけることができるほどには強力ではありません。私たちはあらゆるものの破壊工作をし、中断してしまいます。キャリア、様々な人との関係、自分の子供すら例外ではありません。お酒を飲み、麻薬をやり、人を支配しようとし、妄想の虜《とりこ》となり、寄り掛かり合い、過食に走り、隠れ、攻撃します。機能障害がどんな形をとるかは関係ありません。どれほど自分が憎いのかを表現する方法はたくさん見つけることができます。

とにかく、私たちはそうした感情を表現します。感情のエネルギーはどこかに行かなければなりません。自己嫌悪は強烈な感情です。それが自分自身の内部に向けられれば、中毒、強迫観念、衝動強迫、抑鬱状態、暴力的な人間関係、病気といった地獄になってあらわれます。それが外に向けられれば、暴力、戦争、犯罪、圧制といった集合的な地獄となってあらわれます。しかし、それはみんな同じことです。地獄にもたくさんの大邸宅があるのですから。

ずいぶん前のことですが、非常に恐ろしい一つのイメージが心の中に浮かんだことを覚えています。まっ白なモスリンのエプロンを身につけた可愛い無邪気な少女が壁にピンで固定されて悲鳴をあげています。そして、残忍な女が半狂乱の状態でこの少女の心臓をナイフで繰り返し突き刺しているのです。このイメージが何度も何度もあらわれたのです。この二人の人物はどちらも私自身で、二人は私の心の中にスピリチュアルな力として住んでいるのではないかと私は思っていました。年を経るごとに、私はナイフを持ったこの女がますます恐ろしくなりました。彼女は私の身体の中で活発に動いていました。彼女はまったく手がつけられない状態で、私を殺したいと思っているのではないかと感じていました。

絶望感に陥っている時の私は、この地獄から逃れ出ようとして様々な方法を模索しました。私たちの心が私たちの体験を創造すると書かれた本を読んだり、脳は私たちの思いを通して供給するものを何でも生産する生きているコンピューターのようなものであると説く本も読みました。そこには、「成功思考をすれば成功する」「失敗すると思えば失敗する」と書かれていました。しかし、思考を変えようとどれほど努力しても、いつも苦痛に満ちた思考にもどってしまうのでした。一時的に素晴らしい突破がやって来ることはよくありました。もっとプラスの思考をしようと努力して、自分自身を立て直して新しい男性と出会ったり、新しい仕事に就いたりしたものです。しかし、必ず、自分自身を裏切るという同じパターンに逆もどりしてしまうのです。付き合いはじめた男性に対していずれはあばずれ女のように振舞ったり、仕事でヘマをやったりするのです。十ポンド減量したかと思えば、自分が美しく見えると感じることに恐れをなして、五分後には元通りの体重になったりしたものです。男の注意を引かないことよりも恐ろしいことが一つあるとすれば、それはたくさんの男の注意を引くことでした。

心の中に刻まれた妨害工作の溝は深く、自動的につくられたものでした。確かに思いを変えることはできましたが、永久にではありませんでした。「神様、ヘマをしてしまいました」という絶望的な言葉よりも悲劇的なのは、「神様、またまたヘマをしてしまいました」という言葉です。

私の苦痛に満ちた思いは、私の悪魔でした。悪魔は油断もスキもありません。様々なセラピーの手法によって、私は自分自身が悩まされている神経症についていろいろな知識を得ましたが、必ずしもそれによって心に棲む悪魔を追い払うことはできませんでした。心の中のゴミはなくならず、むしろ、より複雑なものになりました。私の弱点がどのようなものであるかを、非常に意識のとぎすまされた言葉でよく人に話したものです。それを聞いた人は、〈彼女は自分のパターンをこれだけよく承知しているのだから、同じ間違いを犯すことはないだろう〉と考えます。

とんでもない、私は同じ間違いを繰り返しました。自分が持っているパターンを認めるのは、他人の注意を外らすための方法に過ぎません。それから私は手に負えない、とんでもない行動をとるのです。あっという間に、しかも極めて巧みにやってのけるために、自分自身も含めて誰もそれを止めることはできず、回復不可能な状況を創り出してしまいます。男を私のもとから去らせるには何と言えばよいか、男に私を殴らせるには何と言えばよいか、私を解雇させるには何と言えばよいか、それよりももっとひどいことを私に対して仕向けるには何と言えばよいか、私は正確に知っていて、その言葉を発しました。当時の私は奇跡を願うなどということは考えたこともありませんでした。

一つには、奇跡が何であるか私には分かっていませんでした。当時の私は、奇跡は似非《えせ》の神秘的・宗教的たわごとの範疇に入れていました。『奇跡の学習コース』を読むまでは、奇跡を願うのは理にかなったことであるなどとは知りませんでした。奇跡とは単に認識を変えることであるとは知らなかったのです。

「神様」にアルコールへの願望を除去してもらおうとする人たちの、十二段階のワークショップに出席したことがあります。私は機能障害的な行動で取り返しがつかないようなことになったという体験は一度もありません。私をダメにしたのはアルコールでもなく、麻薬でもありませんでした。それは、私の性格、私の頭の中に棲みついている金切り声をあげる女でした。アルコール依存症の人にとってアルコールが破壊的であるように、私のマイナス思考が私を破壊するのでした。自分の急所を見つける天才的な能力を持っていました。まるで自分自身を苦しめて喜ぶ中毒にかかっているかのようでした。このようなことで神に助けてもらうことはできるのでしょうか。いろいろな中毒症状の場合と同じように、私自身よりもより偉大な力を持った存在であるならば、流れを逆転させることは可能かもしれないと考えたことはあります。私の知力や意志力ではどうすることもできませんでした。

三歳の時に何があったのかを知るだけでは、私を解放するのに十分ではありませんでした。いつかなくなるだろうと思っていた問題が、年を経るごとに悪化していきました。私の感情的な発達は正しい形で行われなかったということを私は自覚していました。それはまるで、私の脳の中の配線がどこかで狂ってしまったかのようでした。私と同じ文化そして世代を共有する多くの人がそうであるように、ずっと昔に軌道を踏み外してしまって、あるところで成長を止めてしまったのです。私たちは世界史の中で、最も長い思春期を過ごしている世代であるといってもよいでしょう。前進するためには、感情の脳卒中を起こした患者と同じように、二、三歩後退する必要があります。基本的なことを誰かに教えてもらう必要があります。

私に関していうと、どんなひどい問題を起こしても、必ずそこから抜け出せるといつも考えていました。私はとても可愛いかったし、頭も良かったし、才能も十分あったし、利口でもありました。それに、何をやってもダメな時には父に電話をしてお金をもらって解決すればよかったのです。しかし、最後にはあまりにも手に負えない問題の中に自分を見出し、自分で考え出すことができる以上の助けが必要であると悟ったのです。十二の段階のミーティングで、自分よりも偉大な力を持った存在が自分ではできないことをやってくれるということを何度も耳にしました。私には何もすることができず、助けを求めて電話をする相手もいませんでした。恐れがあまりにも巨大になったために、格好をつけるのをやめて、「神様、どうぞ私を助けて下さい」とついに言うことができたのです。

2 光

光はあなたの中にある。

こうして、私は「神」を私の人生に招じ入れるという、崇高で劇的な瞬間を体験することになりました。最初はとても恐ろしいことでしたが、やがて、そのことが大好きになりました。

それからというもの、すべてが期待していたこととは違うという感じがします。私は、神を信じればすべてのことが良くなるだろうと考えていました。いうなれば、私の人生は一軒の家のようなもので、神様は私の家に素晴らしいペンキを塗ってくれるかもしれない、新しいシャッターをつけてくれるかもしれない、きれいな玄関を作ってくれるかもしれない、ひょっとしたら屋根を新しく葺き替えてくれるかもしれないと考えていました。しかし、私が家を神様に明け渡すと同時に、まるで巨大な建物崩壊用の鉄球で一挙に破壊されてしまったかのようでした。神はまるでこう言っているようでした。「悪いけど、あなた、土台にはヒビが入っているし、寝室にはネズミがいっぱいいます。最初から建て直した方がいいと思いますよ」。

神に全面的に身を委ね、その結果、深い深い安らぎが訪れたという人たちの話を読んだことがあります。確かに、私もそのような感じを体験しました。しかし、それは二分と続きませんでした。その直後には、悪いことをしたのが発覚して逮捕されてしまったような感じがしました。そのために神が嫌になったというよりも、むしろ、神の知性を尊敬せざるを得なくなりました。そのことは、神が私が思っていたよりも良く状況を理解していることを暗示していたからです。もしも私が神であったら、私も自分を逮捕したことでしょう。私は憤慨するよりも、感謝したい気持ちでした。私は助けてもらいたくて必死だったのです。

神を受け入れるには、普通の場合、ある程度の絶望感が必要です。霊的に身を委ねるということに関していえば、完全にひざまずくまでは本当の意味では真剣にはなりませんでした。あまりにもめちゃめちゃになってしまったため、王様の家来がみな馬で駆けつけて来ましたがマリアンを元通りにすることはできませんでした。私の内部に棲む狂気じみた女は今や怒り狂い、無邪気な少女は壁にピンで突き刺されて身動きもとれません。私はバラバラになってしまいました。私は、苦しいけれど正常に機能できる状態と、どうにもならない状態の間を行き来しました。いわゆるノイローゼになったのです。

ノイローゼは、スピリチュアルな大転換のための手段として、きわめて不当な評価しか受けていないかもしれません。ノイローゼになれば、それに注目しないわけにはいきません。人によっては小さな挫折を毎年毎年繰り返し、いつももう少しで目的を達成する寸前でやめてしまうのを見てきました。私の場合、一回ですべてを完了してしまったのはラッキーだったと思います。この時に学んだ教訓を私は忘れないでしょう。この体験は確かに苦しいものでしたが、より幸せな人生に向けて飛躍を遂げるための必要な一歩だったと今では考えています。

一つには、私は深遠な意味において謙虚にならざるを得ませんでした。自分だけでやろうとしても何もできないということがはっきりと分かりました。こう悟るまで、私たちは様々な解決法を試みます。これまで一度も役に立つこともなかったにもかかわらず、今度はこれでうまくいくかもしれないと考えてはそうするのです。この上ないほどに打ちのめされ、もうこれ以上耐えられなくなった時、もっと良いやり方があるかもしれないと考えはじめます。その時、あなたの頭はまっ二つに割れ、そこから神が入って来ます。

こういう体験をしていた頃、私は頭蓋骨が破裂してしまったのではないかと感じたものです。まるで頭蓋骨が何千という破片になって宇宙に飛び散ってしまったかのようでした。それが非常にゆっくりともどりはじめました。しかし、感情レベルの頭脳がむき出しになっている間に、心霊治療が行われて神経組織の配線が変わってしまったかのようでした。まるで、別人になったようでした。

その事実を誰にも打ち明けてはいないかもしれませんが、相当数の人が頭蓋骨が割れてまっ二つになったと感じています。最近ではあまり珍しい現象ではありません。近頃はみんな壁に突き当たっています。社会的にも、肉体的にも、心理的にも、情緒的にも、みんな壁にぶつかっています。しかし、これは悪いニュースではありません。ある意味では良いニュースです。両膝をついてひざまずくまで、私たちは人生ゲームをやって遊んでいるだけです。自分が遊んでいるだけであることを知っているために、心のあるレベルでは恐れています。身を委ねた瞬間に人生が終わるのではなく、人生が始まるのです。

神に向かって叫び声をあげるその瞬間が歓喜の一瞬ということでもなければ、それからはただ天国のような生活が始まるというのでもありません。山登りが始まるというだけのことです。しかし、山の麓をぐるぐる回っているだけで、山頂を夢見ながらもどうすればそこに行けるのか見当もつかない状態ではないことは自分でも分かります。多くの人にとっては、流れが変わるためには状況が相当に悪化しなければなりません。本当に底まで行き着くと、めくるめくような開放感が得られます。宇宙にはあなたよりも偉大な力が存在し、その力は、あなたがあなた自身のためにできないことをやってくれるということが分かります。突然、最後の手段としてすがったものが、なかなか良い考えであったように見えはじめます。

何という皮肉でしょうか。あなたは、自分よりも頭の良い存在が宇宙に存在するという考えに抵抗することに一生を費やしてきたのに、今や突然、それが真実であることを知ってほっと胸をなでおろすのですから。突如として、助けを求めるにはあまりにも誇りが高かったあなたは姿を消してしまいます。

これが神に身を委ねるということです。

[第2章]

神

あなたは「神」の中にいる。

1 神は岩盤である

神がいない時間、場所、状態は存在しない。

これまでの人生の中で、悲しみに打ちひしがれてどうすることもできないと感じたことが何度もあります。今でもそれはありますが、いつも起きるというよりは、ごくまれに例外的に起きるという感じになりました。あることが期待していたようにはいかなかった、誰かと衝突してしまった、何かが起こることを恐れ、あるいは、何かが起こらないことを恐れる、といったことです。このような瞬間、人生は耐え難いものになることがあります。すると、私たちの心は苦痛から逃れようとして果てしのない模索を開始します。

私が『奇跡の学習コース』から学んだことは、私たちが本当に探し求めているものは自分の頭の中にある、ということでした。出来事は常に流動的です。人びとにすごく愛されていたと思っていたら、次の日には人びとの攻撃目標になったりします。何もかも順調にいっていたのに、翌日には何もかも混乱状態に陥ったりします。自分もなかなかやるじゃないかなんて思っていても、次の日には惨めな敗北者のように感じることもあります。こうした変化は人生では必ず起こります。それは人間の体験には付きもので、どうすることもできません。しかし、私たちに変えることができるのは、そのような出来事をどのように認識するかということです。この、認識におけるその変化が奇跡なのです。

聖書の中でイエス・キリストは、私たちは家を砂の上に建てることもできれば、岩の上に建てることもできる、と言っています。私たちの家は安定した情緒であると考えてみましょう。それを砂の上に建てれば、風が吹き雨が降れば倒れてしまいます。電話がかかってきて失望するニュースを聞かされただけで、ぼろぼろになってしまいます。一回の嵐で家は倒れてしまいます。

家を岩盤の上に建てれば、どっしりと安定して、嵐が来ても破壊されることはありません。人生の様々な移ろい行くドラマにいちいち心を痛めることはなくなります。私たちの安定性は、その時々の天候状態よりも永続的なもの、永続的で頑丈なものの上に依存しています。神に拠《よ》っているのです。

神に拠るとは、愛に拠ることを意味するなどとは夢にも思ったことはありませんでした。神は愛であるとは聞いたことがありましたが、それが厳密にどういう意味なのかははっきりしていませんでした。

『奇跡の学習コース』を学びはじめる中で、私は次のことを発見しました。

神は私たちの内なる愛である。

私たちが「神について行くか」それとも、愛情を持って考えるかは完全に私たちに任されている。私たちが愛することを選択する時、つまり、心が神と一体になることを選択する時、人生は安らぎに満ちたものとなる。愛に背を向ける時、苦しみが始まる。

私たちが愛するにしても、愛に心を閉ざすにしても、それは心の選択であり、私たちは毎日毎日、一瞬一瞬、その選択をしています。

2 愛は神である

愛はすべてのものを克服することはないが、すべてのものを正しい状態にすることはできる。

愛を真面目に受け止めるというのは、過激なものの見方であり、世間を支配している心理志向からは大きく離脱したものです。それに脅威を覚えるのは、それが取るに足りない考えだからではなく、実に巨大な考えだからです。

多くの人にとって、神は恐ろしい存在です。神を自分の外にいる何かであり、気まぐれで性急に判断を下すような存在であると考えるなら、神に助けを求めてもあまり慰めになるとは思えません。でも、神は愛です。私たちは神のイメージないしは心に似せて創られたのです。ということは、私たちは神の延長であることを意味します。だから、私たちは「神の子」と呼ばれるのです。

私たちは、神が私たちの作家であるのではなく、私たちが神の作家であると考えています。『奇跡の学習コース』は、私たちには「権威の問題」があると述べています。私たちは、神が創造された愛情に満ちた存在であることを受け入れる代わりに、私たちが自分自身を創造することが可能であり、神を創造することもできると傲慢にも考えています。私たちは怒りに燃え、裁く気持ちを持っているために、こうした特徴を神に投影してきました。自分のイメージで神をつくり上げてきたのです。しかし、神は依然として神であり、ずっとそうだったのです。つまり、無条件の愛のエネルギーであり、思いなのです。神は怒りの感情を持って思考することもできなければ、裁きの思いを持って思考することもできません。

神は慈悲であり、同情の思いであり、完全な受容です。問題は、私たちがこれを忘れてしまったことです。その結果、私たちは本来の自分を忘れてしまいました。

私は、愛を真剣に受け止めることは考え方を一八〇度転換することだ、と実感しはじめました。『奇跡の学習コース』は、この本は恐れに基づいた思考体系を放棄し、その代わりに、愛に基づいた思考体系を受け入れる「心の訓練」の本である、と言っています。ところで、『奇跡の学習コース』を学びはじめて十年になりますが、私の心は聖なる認識の試金石からはほど遠いものがあります。私の人生のあらゆる状況において、常に愛情に満ちた見方をすることができるなどというふりをするつもりは毛頭ありません。しかし、一つだけ明確になったことがあります。そうすることができる時は、人生はうまく展開し、そうしない時には、にっちもさっちもいかないということです。

純粋に愛するためには、古い考え方を放棄しなければなりません。誰にとっても、何であれ降参して放棄するというのは難しいことです。私たちは降伏することは失敗であると考えています。つまり、戦いに負けた時に降伏すると考えています。しかし、スピリチュアルな降伏は受動的ではありますが、弱いものではありません。実は強いものです。それは私たちの攻撃性に対してバランスをとってくれるものです。攻撃性は悪いものではありません。創造性の核心にあるのですから。しかし、暴力の動因ではなく、調和の動因となるためには、攻撃性を愛によって和らげる必要があります。神から分離した心は、世間に出て行く前にどうやって愛に相談するかを忘れてしまったのです。愛がなければ、私たちの行動はヒステリックなものになってしまいます。愛がなければ、叡智を持つことはできません。

神に降伏するということは、手放してただ愛するということです。いかなる状況においても愛を優先すると断言することによって、神の力を現実化するのです。これは例え話ではなく、事実です。私たちは文字通り、心を用いて神と共同創作するのです。心の決定によって、すなわち、愛の重要性を意識的に認知し、それを体験するという意欲を示すことによって、私たちは「より高い力に訴える」のです。いつもの心のパターンをいったん脇に置いて、それとは異なる優しい認識モードに代わってもらうのです。自分よりも偉大な力に人生の舵取りを任せるとはそういうことです。

神とは愛であるということを実感するところまでたどり着けば、神に従うとは単に愛の命ずるところに従うことであることが分かります。私たちが次に直面するハードルは、愛に従うのは確かに賢明なことなのかどうかという問題です。私たちがここで発する問いは、「愛って何だろう?」ということです。

愛はエネルギーです。それは肉体的な感覚で認識できるものではありませんが、それを感じる時も、それを感じない時も、だいたい分かるものです。今の世の中はどちらかといえば愛のない世界になってしまったため、自分の人生の中で十分な愛を感じている人は非常に少ないようです。誰もがすべての人と、いつも愛し合っているような世界など想像することすらできません。皆が愛し合えば、誰も戦うことはないので戦争もなくなります。お互いに食べ物を与え合うので、飢餓も存在しません。自分自身を、子供たちを、この地球をとてもとても愛しているがゆえに、環境問題は生じることはありません。偏見もなければ、抑圧もなく、いかなる種類の暴力もありません。悲しみもなく、あるのはただ深い安らぎだけです。

私たちはそれに気づいていないかもしれませんが、私たちの多くは暴力的です。肉体的な暴力は振るわないかもしれませんが、感情的な暴力を振るいます。私たちは愛が最優先されない世界で育ちました。愛のない世界には恐れが入り込んで来ます。恐れと愛の関係は、暗闇と光の関係に似ています。恐れは、私たちが生き残るために必要なものが甚だしく欠けている状態です。そこではすべてが混沌としていて、上を下への大騒ぎです。

赤ちゃんは抱っこしてあげなければ、病気になったり、死んでしまうことすらあります。子供が愛情を必要とすることは誰でも認めます。しかし、私たちはある年齢に達したならば、愛情は必要でなくなるのでしょうか。そんなことはありません。生きて行くためには空気が必要であるのと同じように、幸せに生きて行くためには愛情が必要です。

3　愛だけが現実

神は恐れの作者ではない。あなたが恐れの作者である。

この世界の問題は、私たちが道に迷って神から遠ざかってしまった、別な言い方をすれば、愛から遠ざかってしまったことにあります。『奇跡の学習コース』によれば、この神からの分離は何百万年も前に起きたということです。しかし、最も重要な啓示、『奇跡の学習コース』の要諦ともいうべきことは、それは現実には決して起こらなかったということです。

『奇跡の学習コース』の序文は次のように述べています。

このコースは非常に簡単に要約することができる。
実在するものは脅かされることはない。
非実在なものは存在しない。
ここに神の安らぎがある。

この言葉の意味は次の通りです。

（1）愛は実在する。愛は永遠の創造物であり、何者といえども愛を破壊することはできない。
（2）愛でないものはすべて幻想である。
（3）これを忘れなければ、あなたは心の安らぎを得ることができる。

『奇跡の学習コース』は、愛だけが実在すると述べています。**愛と対極をなすものは恐れであるが、すべてを包含するものに対極は存在しない。**愛情をもって考える時、私たちは文字通り神とともに共同創作をしているのです。したがって、私たちが愛情をもって考えていない時には、愛だけが実在するのですから、実際には全然考えていないということになります。幻覚を体験しているにすぎません。それがこの世界の現実です。集団の幻覚です。そこでは恐れの方が愛よりも実在性が高いように見えます。恐れは幻想です。私たちの狂気、偏執狂、心配、心の傷といったものは、すべて文字通り想像力の産物です。しかし、そうしたものが人間としての私たちにとって存在していないというわけではありません。それは確かに存在します。でも、私たちの恐れは究極的な現実ではなく、本来、私たちが何者であるのかという真実に取って代わることもありません。私たちの愛は、私たちの本来の自我であり、死に絶えることはなく、ただ、地下に潜るだけです。

『コース』は、恐れは文字通り悪い夢であると教えています。それはまるで、私たちの心がまっ二つに引き裂かれ、半分は愛と接触を続け、あとの半分はそこから道を踏み外して恐れの中に足を踏み入れてしまったかのようです。恐れは一種の平行現実をつくり出し、そこでは、非実在のものが実在するように見え、実在するものが非実在のように見えます。

光が闇を放逐するように、愛は罪や恐れを放逐します。恐れから愛へのシフトが奇跡です。それは地上的なレベルで物事を修復することはなく、問題の本当の原因に取り組みます。その原因は常に意識のレベルにあります。ただ一つ、実在する問題は愛の欠如です。この世界の問題に、これ以外のレベルで取り組んでも一時しのぎにすぎません。一時的に良くなっても、真の癒しにはなりません。症状を治療しただけで、病気を治したことにはなりません。

私たちが抱く思いはコンピューターに打ち込まれたデータのようなもので、あなたの人生というスクリーンに映し出されます。スクリーンに映されるものが気に入らなかったとしても、スクリーンに近づいて消そうとしてもどうにもなりません。思いが「原因」で、体験はその「結果」です。もしもあなたが人生にあらわれた結果が気に入らないのであれば、あなたの考えの性質を変えなければなりません。あなたの心の中に愛があれば、あなたの人生には愛が生まれます。これが「天国」の意味です。

あなたの心の中に恐れがあれば、あなたの人生には恐れが生まれます。これが地獄の意味です。人生についてどう考えるか、その考え方をシフトすれば、人生の体験がシフトします。「神様、どうぞ私を地獄から助け出して下さい」と言うことは、「神様、どうぞ私を恐れに満ちた考えから助け出して下さい」と言うのと同じことです。神の祭壇が人間の心です。祭壇を汚すこととは、心を愛情のない思いで一杯にすることです。

アダムとイブは、「善悪の知識の木の実を食べるまで」は幸せでした。この言葉の意味は、彼らが心を閉ざして、「あなたがこうすれば愛してあげる、でも、こうしたら愛してあげない」とか、「あなたのこの部分は受け入れるけど、その部分は受け入れられない」と言い出すまでは、すべては完璧だったということです。心を閉ざせば、私たちの心の安らぎはなくなります。なぜなら、それは私たちの本質に反しているからです。それは私たちを歪め、私たちが本来あるべき姿から私たちを逸脱させます。

フロイトはノイローゼを自我からの分離であると定義しましたが、その通りです。私たちの真の自我は私たちの内部にある愛です。それは「神の子」です。恐れに満ちた自我はペテン師です。愛への帰還は、偉大な宇宙のドラマであり、見せかけから自我への、そして苦しみから内なる安らぎへの一人旅です。

その旅はこのように進行するかもしれません。少なくとも、私の場合はそうでした。私は何か、とんでもないような最悪の状況に自分を巻き込んでしまう。そこで必要なのはただ一つ、奇跡であるということ、すなわち、認識のシフトであることを思い出す。そこで、私は祈ります。「神様、どうぞ私をお助け下さい。私の心を癒して下さい。私の思いが愛からは、ずれてしまったかもしれません。貪欲で、支配欲に駆られ、人びとを操ろうとし、野望に突き動かされていたかもしれません。とにかく何であれ、私はこれから違った見方をするようにいたします」。

すると、宇宙がこの声を聞いて、ジャーンと銅鑼《どら》が鳴って奇跡が実現します。人間関係が転換し、状況が癒されます。しかし、それから私は、そもそも私をひざまずかせる原因となった恐れに満ちた思考にもどって行き、同じパターンを繰り返します。私はまたまた感情の面で車の正面衝突を引き起こし、再び神に助けを求め、再び私は癒され、正気にもどり、心の癒しを得ます。

このような戦いのシナリオを何回も何回も繰り返した後で、私は自分に向かって言いました。「マリアン、今度神様の前にひざまずいたら、ずっとそのままにしてればいいじゃない?」。いつも問題が生じる場所にもどって行く代わりに、答えがある場所にいた方が良いと思いませんか。いつも自分の問題を創作しないような意識のレベルを探求した方が、賢明というものではないでしょうか。新しい仕事や、新しい男女関係、新しい身体を欲しがるのはやめて、新しい世界を求めたらどうでしょう。新しい人生を求めてみませんか。

完全に神の前にひざまずき、心から謙虚になるとはどういう感じであるかを理解した時、私は神の怒り、あるいは軽蔑をほとんど予期していました。ところが、それとは正反対に、「それでは始めましょうか」という優しい声が聞こえたような感じがしました。その時まで、私は愛から身を隠し、その結果、自分自身の人生に抵抗していました。愛に帰ることは人生という冒険の終わりではなく、始まりです。それは、本来のあなたへと帰って行くことです。

［第3章］

あなた

神があなたについて抱いている思いは、永遠の空にあって変わることのない星のようなものである。

1　完璧なあなた

再び繰り返すが、あなたがすること、あなたが考えること、あなたが望むこと、あなたが作るもの、そうしたものの一切はあなたの価値を確立するために必要なものではない。

あなたは神の子です。あなたは創造のめくるめく閃光の中で創造されたのであり、神がご自身を愛において延長拡大された時の最初の思い、それがあなたです。それ以来、あなたが付け足したものはすべて何の役にも立ちません。

ミケランジェロは、彫刻をどのようにして彫るのかと聞かれた時、彫像はすでに大理石の中に在る、と答えました。「神ご自身」が『ピエタ』を、『ダビデ』を、『モーゼ』を彫られたのです。ミケランジェロの仕事は、彼に言わせれば、「神」の創造物を取り巻く余分な大理石を取り除くことであったのです。

あなたも同じことです。完璧なあなたは、あなたが創造する必要のある何かではありません。神がすでにそれをお創りになられたのです。完璧なあなたは、あなたの中にある愛です。あなたの仕事は、余分な大理石がミケランジェロの完璧な彫像のまわりにあったのと同じように、完璧なあなたを取り囲んでいる恐れに満ちた考えを除去することです。

あなたは神の一部であり、あなたは愛されていて、愛に値するということを思い出すのは、傲慢なことではありません。それは謙虚なことです。あなたがそれ以外の何かであると考えることこそ傲慢です。なぜなら、そう考えることは、あなたが神の創造物以外の何かであると暗示することになるのですから。

愛は不変であり、したがって、あなたも不変です。あなたがこれまでしたこと、あるいは、これからするであろうことが、神の目においてあなたを損なうということはあり得ません。神の目からすると、あなたはあなたであるがゆえに価値があるのであって、あなたがすることのゆえに価値があるのではありません。あなたがすること、あるいは、あなたがしないことが、あなたの本質的な価値を決定することはないのです。だからこそ、神はあなたを全面的に良しとし、ありのままのあなたをそのまま受け入れます。あなたのことで気に入らないことなどあり得るでしょうか。あなたは罪において創造されたのではなく、愛において創造されたのですから。

2　聖なる心

神ご自身があなたの心を創造されたのであり、神の光があなたの心そのものであるがゆえに、神はあなたの心を光で照らし続ける。

心理学者のカール・ユングは、「集合的無意識」という概念を、人類の普遍的な思考形態に共通する内在的な精神構造として仮定しました。彼の考えは、あなたの心の十分奥深くまで入れば、そして、私の心の十分奥深いところまで入れば、私たちが共有するレベルが存在することが分かるというものでした。『コース』はこれよりもう一歩深く踏み込みます。あなたの心の十分奥深いところまで入れば、そして、私の心の十分奥深いところまで入れば、私たちの心は同じであるというのです。聖なる心、あるいは「キリストの心」という概念は、核心において私たちはまったく同じであるばかりか、まったく同じ存在であるという考えです。**神の子は一人である**という意味は、誰か別な人が「神の子」であり、それ以外の人はそうではないということではありません。私たちが皆そうであるということです。私たちは一人しかここにいないのです。

私たちは、車輪のスポークのように、同じ中心点から外に放射状に張り出しているのです。車輪の中における位置関係から私たちを定義すれば、私たちは分離していて、お互いに異なっているように見えるかもしれません。しかし、私たちの出発点、私たちの源、車輪の中心点によって私たちを定義すれば、私たちの身元は同じです。あなたの心の奥深くに入り込み、私の心の奥深くに入り込めば、そこに見えるものは同じです。行き着いた底にあるものは、私たちの本質である愛です。

キリストという言葉は心理学用語です。いかなる宗教といえども、真理を独占することはできません。キリストという言葉は、あらゆる人間の核心であり、本質である聖なる愛という共通の糸に言及しているのです。

私たちの一人の中にある愛は、私たちすべての中にある愛です。ここから神で、ここから人間というようなことはありません。あなたがここから始まって、ここからが私ということもありません。愛はエネルギーであり、無限の連続体です。あなたの心は広がって私の心に入り込み、すべての人の心に入り込みます。あなたの体の中にとどまることはありません。

『奇跡の学習コース』は、私たちを、太陽と自分は別物であると思っている太陽光線、海と自分は別物であると思っている波に例えます。太陽の光線が自分を太陽から切り離すことができないように、波が海から自分を切り離すことができないのと同じように、私たちはお互い同士から自分を切り離すことはできません。私たちは皆、巨大な愛という海、分割不可能な聖なる心の一部なのです。私たちが本来、どのような存在であるかという真実は変わることがありません。ただ私たちはそれを忘れてしまっただけです。私たちはすべての人と現実を共有しているという考えの代わりに、矮小で分離した自分という概念が自分そのものであると考えます。

あなたは、あなたが考えているような存在ではありません。そう聞いて嬉しくありませんか。あなたは、あなたが取った成績でもなければ、資格証明書でもなく、あなたの履歴書でもなく、あなたが所有する家でもありません。私たちは聖なる存在であり、キリストの体の一つひとつの細胞です。太陽はその存在のほんの一部が自分が何であるかを忘れてしまったとしても変わることなく輝き続け、海は変わることなくうねり続けるであろうと、『奇跡の学習コース』は語っています。私たちは、神がかくあれと創造されたものです。私たちは一つであり、愛そのものです。**キリストを受け入れる**ということは、自己認識をシフトさせるだけのことです。私たちは有限であり、孤立した存在であるという夢から醒め、輝きに満ちた、限りなく創造的な霊であるという事実を認知するのです。自分なんて弱い存在だという夢から醒めて、宇宙の力が自分の中にあるという事実を受け入れるのです。

ずいぶん前のことですが、私は自分はよほど力がある存在に違いないと思ったことがあります。というのは、私は至るところで手に触れるものすべてをめちゃめちゃにしてしまうのですから。そこで私は考えたものです。当時は、ノイローゼの中にはまり込んでいたこの精神力をもっとプラスの方向に使う方法があるに違いない、と思ったのです。今日、最も一般的に行われている心理療法の多くは、光に到達するために闇を分析するというやり方です。ノイローゼに焦点を絞り、その原因を探りその働きを究明すれば、ノイローゼを克服できるであろうと考えています。東洋の宗教は、もしも私たちが神に向かえば、本来の私たちでないものは自然に剝落すると教えています。光に向かえば、闇は消えます。キリストに焦点を合わせるということは、私たちの内部に隠れている善や力に焦点を合わせることであり、そうすることによってそれらのものを外に引き出して実現させ、表現させるということです。この人生においては、焦点を合わせたものが実現します。暗闇に焦点を合わせ続ければ、個人であっても、社会全体であっても、より深い暗闇の中に入って行くことになります。光に焦点を合わせれば、光の中に導かれます。

「私は、内なるキリストを受け入れます」という言葉は、《私は私の中にある美しさを本当の自分であるとして受け入れます。私は、私の弱さではありません。私は、私の怒りではありません。私は、私の狭隘な心でもありません。私は、それよりもずっとずっと大きなものです。私は本当の自分がどのような存在であるかを思い出す意欲を持っています》［『奇跡の学習コース』の内容を著者が言い換え、かつ解釈したもの。以下《　》内、同］という意味です。

3　エゴ

エゴとはまったく文字通り、恐れに満ちた思いである。

子供の頃、私は良い子にしなさい、と教えられました。これはもちろん、私たちはまだ良い子にはなっていなかったということを暗示しています。自分の部屋をきちんと掃除すれば良い子である、良い成績を取れば良い子であると教えられました。私たちは本来、良い子であると教えられた人はあまりいません。無条件で受け入れられたという感じを体験した人はほとんどいません。私たちが何かしたから大切なのではなく、私たちがただ私たちであるがゆえに大切な存在なのだという感じを体験した人はあまりいないはずです。それは、私たちを育ててくれた親が怪物のような悪者だったからではありません。私たちと同じように育てられた人によって育てられたのです。もがきながら生きるようにと私たちに教えることが自分の責任であると感じた人は、他ならぬ、私たちをいちばん愛してくれた人であったというようなことも現実にあります。

なぜでしょうか。なぜなら、この世界の現実は厳しいからです。そういう人たちは、私たちに成功して欲しいと思ったのです。この世界と同じくらいの狂気を持たなければ、そこでやって行くことはできないというわけです。私たちは何をやってもうまくやり、良い成績を取り、ハーバード大学に入らなければなりませんでした。奇妙なことに、このような考え方によって何かを学ぶことはなく、むしろ、奇妙にも力を自分自身から外部のものに移し替えてしまいました。私たちが失ったものは、自分自身の力でした。そして、私たちが学んだものは恐れです。ありのままの自分では十分立派な存在とはいえないという恐怖感です。

恐れが学びを促進することはありません。恐れは私たちを歪め、私たちの発育を阻止し、私たちをノイローゼにします。ティーンエイジャーになる頃には、私たちの多くは相当なダメージを受けています。私たちの愛・心・本当の「自分」は、私たちを愛していない人や、私たちを愛している人によって絶えず、なし崩しにされてきました。愛が不在の中で、私たちはゆっくりと、しかし確実に崩壊のプロセスを開始したのです。

何年も前に、悪魔について心配することはないと私は自分に言い聞かせたものです。この地球をこっそりと歩き回っている邪悪な力など存在しないと考えたことを覚えています。それはすべて自分の心の中にあると自分に言い聞かせたのです。そう思ったあとで、これは良いニュースではないと気がつきました。思いの一つひとつが体験を創造するのですから、悪魔は最悪の場所にいることになります。下界を歩き回って私たちの魂をさらう悪魔は確かにいないとしても、私たちの心には、愛を持たずに認識するという、驚くほどに強い傾向があるからです。

子供の頃から、私たちは分離していて、有限な存在であると教えられてきたため、愛は私たちにとって難しいものです。愛は私たちを圧倒しかねない虚空《こくう》のように感じられます。その理由は、ある意味では愛は虚空であり、私たちを実際に圧倒します。愛は私たちの小さな自分、孤独な分離感を圧倒します。この分離しているという感覚が本当の自分であると私たちは考えるために、それがなくなってしまったら、自分は死んでしまうだろうと感じます。実際に死ぬのは怯えた心であり、それによって、私たちの内部にある愛が息をする機会を得ることができます。

『奇跡の学習コース』の言葉を借りて言えば、神および他の人たちから自分は分離しているという最初の誤った信念にすべてその土台を置く、恐れに満ちた認識のネットワークはエゴと呼ばれます。エゴという言葉は、ここでは、現代心理学でしばしば用いられている使い方とは違った意味で使われています。古代ギリシャの人びとと同じように、小さな、分離された自分という意味で使われています。それは私たち自身についての誤った信念であり、本来私たちが何であるかについての嘘です。その嘘は私たちの強迫観念であり、その嘘を生きることは恐ろしいほどに不安であるにもかかわらず、この分離を癒すことにどれほど私たちが抵抗するかには驚くべきものがあります。

愛から分離した思いは、誤った創造物です。それは私たちの力を自分自身に逆らって用いているようなものです。心が初めて愛から逸脱した瞬間、すなわち《神の子が笑いを忘れた時》、幻想の世界が出現したのです。『奇跡の学習コース』では、この瞬間を**恐れへの迂回**、ないしは**神からの分離**と呼びます。

エゴには独自の似非の生命があり、すべての生命形態と同じように、生き残るために必死に戦います。私たちの人生がどんなに不快なものであれ、時には苦痛に満ち絶望的なものであるにもかかわらず、いま私たちが生きている人生は私たちが知っている人生です。私たちは何か新しいものを試みるよりも、すでに知っている古いものにしがみつこうとします。私たちの多くは、何らかの意味で、自分自身に嫌気がさしています。それからどうぞ解放されますようにとお祈りをしたはずのことにまだ必死になってしがみつく自分を見るのは、信じられないことです。エゴは、コンピューターの心臓部を攻撃するウイルスのようなものです。エゴは、実際には存在しないにもかかわらず、存在しているように見える暗い平行現実、恐れと苦しみに満ちた世界を私たちに見せてくれるかのようです。ルシファーは、堕落するまでは天国でも最も美しい天使でした。エゴは私たちの自己愛が自己憎悪に転換されたものです。

エゴは、信じられないほど長い間、恐れに満ちた思考によって培われてきた重力の場のようなもので、私たちの心の中にある愛から私たちを引き離します。エゴは、私たちの精神的な力が自分自身に刀を突きつけているようなものです。エゴは私たちと同じように賢く、私たちがそうであるようにおしゃべりが上手で、私たちと同じように人を操ろうとします。あなたは、弁舌さわやかな悪魔の話を覚えていますか。エゴは私たちのところにいきなりやって来て、「こんにちは、私はあなたの自己憎悪の代表者です」などとは言いません。エゴは馬鹿ではありません。なぜなら、私たちは馬鹿ではないのですから。エゴは次のようなことを言うでしょう。「こんにちは。私は、大人で、成熟した、理性的なあなたの自我ですよ。あなたがナンバーワンになれるように手伝ってあげましょう」。それから、エゴは他人を犠牲にして自分だけのことを考えるようにと助言をします。利己主義、貪欲、価値判断、狭い心のあり方などを教えてくれます。でも、思い出して下さい。ここには私たちが一人いるだけなのです。私たちが他の人に与えるものは、自分自身に与えるものなのです。他人に与えることを拒否することは、自分自身に与えることを拒否することです。私たちが愛の代わりに恐れを選択する瞬間はいつも、自分自身に対して天国の体験を拒否しています。私たちが愛を放棄すれば、それと同じ程度だけ、愛に放棄されたと私たちは感じます。

4　聖霊

聖霊は、目覚めよ、そして喜びに溢れよという呼びかけである。

心の力そのものは中立的なものです。それは神によって与えられた力です。《私たちには考えたいことは何でも考えられる自由意志がありますが、いかなる思いといえども中立的ではありません。無駄な考えというものはありません。すべての思いは何らかのレベルで形になって現われます》。何者といえども、私たちの創造性を奪うことはできません。その創造性をどういう方向に応用するかは私たち一人ひとりの責任です。

とすれば、自分の人生に責任を持つということは、自分の思いに責任を持つということになります。そして、神様に私たちの人生を救って下さるように祈るということは、神様に私たち自身の否定的な思いから救って下さるようにと祈ることです。

神だけが存在し、それ以外のものはすべて幻想なのですから、愛がないことによって生じる結果はエゴの幻覚の中で起きているにすぎないということになります。罪という言葉は、愛のない認識を意味します。それは弓道の用語で「的を外した」という意味です。罪というのは実際には起きていないのですから、神は私たちの罪を怒っているということはありません。神に見えるのは罪ではなく、誤った認識だけなのです。神は私たちを罰したいのではなく、癒したいのです。神が私たちを癒す時、聖霊と呼ばれる意識の力を使います。

『奇跡の学習コース』の教えによれば、聖霊は最初の恐れに満ちた思いが抱かれたその瞬間に創造されたということです。完璧な愛である神は、過ちが生じたその瞬間にすべての過ちを訂正します。神は、私たちが愛にもどって行くようにと強制することはできませんでした。というのは、愛は強制しないからです。しかし、愛は選択肢を創造します。聖霊は恐れに対する神のもう一つの選択肢です。

聖霊はエゴに対する神の答えでした。聖霊は、神と「分離された息子たちとの永遠のコミュニケーションのリンク」なのです。優しい思いにもどって行くための橋であり、「偉大なる認識の変換器」なのです。聖霊はしばしば「慰める者」として言及されます。神は私たちの思考にずかずかと入り込んで来て、自分の考えを強制することはできません。それでは自由意志を踏みにじることになります。しかし、聖霊は私たちの中にある意識の力であり、私たちが意識的に依頼する時は常に、地獄から私たちを救出し、因果のレベルで私たちに協力して、私たちの思いを恐れから愛へと転換してくれるのです。聖霊への依頼が無駄になることはありません。神によって創造されたがゆえに、聖霊は私たちのコンピューターに組み込まれています。聖霊は様々な形で姿を現わします。友達との会話の中に、真剣に魂の学びをする道筋に、歌の中の叙事詩の中に、あるいは優秀なセラピストという形で現われるかもしれません。私たちがどれほど自分の方向を見失い、混乱していても、聖霊は私たちの内部に存在する完全性に向かって容赦なく前進を続けます。私たちの内なる何かが常に故郷に帰りたがっていますが、聖霊こそがその何かなのです。

聖霊は異なった現実認識へと私たちを導いてくれます。それは、愛に基づいた認識です。私たちの認識を聖霊が訂正してくれますが、それは「あがない」と呼ばれます。聖霊は、私たちに思い出させてくれます。私たちが与えた愛はいかなる状況であっても実在するものであり、私たちが受け取った愛は実在するものである、ということを。それ以外には、何も存在しません。愛以外のものはすべて幻想です。この幻想から逃れ、内なる安らぎを得るために、いかなる状況においても愛だけが実在するということを思い出して下さい。それ以外のものはすべて間違いであり、存在しません。それは忘れなければなりません。そういうものは意識的に手放さなければなりません。

いかなる状況においても欠けているものはただ一つ、私たち自身の愛の意識です。私たちが聖霊に助けを求める時、私たちは物事を異なった目で認識する意欲を表明します。自分の解釈や意見を捨てて、聖霊の解釈や意見に代わってもらうようにと頼んでいるのです。苦しみの真只中にある時、私たちはこう祈ります。「神様、私はこの現実を違った目で見たいと思います」。物事を神様に任せるということは、物事についての私たちの思いを神様に任せるということです。私たちが神にあげたものを、神は聖霊の目を通して一新してから私たちのところにもどしてくれます。私たちが神に降伏したら、個人的な責任を放棄することになると考える人もいます。しかし、まったくその逆です。物事や状況についての私たちの思いに責任を持つことによって、私たちは最高の責任を取っているのです。心をあるがままにしておくと、私たちは、本能的に恐怖心から反応するということを自覚するだけの責任感を持っています。助けを求める必要がある時には、助けを求めるだけの責任感があるということです。

時として、神様に頼むということは、ある一つの外部の勢力に自分の人生の中に入って来てもらって、すべてをバラ色にしてもらうことだと考える人もいます。真実はどうかといえば、それは私たちの成長を強いるものすべてを自分の人生の中に招じ入れることを意味します。成長というものは、場合によってはきれいごとには行きません。人生の目的は成長して完璧な自分になることです。私たちが一度、神に助けを求めると、私たちを怒り狂わせるかもしれないことがすべて押し寄せて来ます。なぜでしょうか。私たちが愛ではなく怒りの中に入って行く時、突き当たる場所は私たちの壁だからです。私たちをいらいらさせる状況というのは、私たちが無条件の愛を示す能力をまだ発揮することができない状況です。私たちの注意をそこに向けて、そこを越えて行く手伝いをしてくれるのが聖霊です。

私たちが気楽に安住できる場所は、愛することが容易な、制限された領域です。聖霊の仕事はこのような安住できる場所を尊重することではなく、それを破壊することです。どのような場所でも居心地が良いという体験ができるまでは、まだ山頂に到達していないのです。愛は、無条件でなければ愛ではありません。私たちは、完璧な愛を体験するまでは、本来の自分を体験していません。

さとりに向かって私たちが確実に進歩できるように、《聖霊はすべての人に対応できる個別的なカリキュラムを用意しています》。出会いの一つひとつ、状況の一つひとつを、聖霊はそれ自身の目的のために利用することができます。聖霊は私たちの完璧な宇宙的自我と、世俗的な狂気の中にある自我の間に立つ通訳者です。聖霊は幻想の中に足を踏み入れ、私たちを幻想の彼方に連れ出してくれます。聖霊は愛を活用してさらなる愛を創造し、恐れに対しては《愛を求める叫び声》であるとして反応します。

ホロコーストは神の意志ではありませんでしたし、エイズもそうではありません。いずれも恐れの産物です。しかしながら、聖霊をこのような状況に招じ入れると、聖霊は、まさにそうした状況を地球上から根絶できるほどの愛のレベルへと私たちを成長させるための理由ないしは機会として活用します。このような状況は、私たちがかつて愛したレベルよりも、さらに深く愛するようにと私たちに挑戦状を突きつけます。

ホロコーストに対する道徳的な答えを私たちが本当に望むならば、それが再び起こることのない世界を創造するために自分にできることをすべてやるはずです。思考力が少しでもある人ならば誰でも知っているように、ヒットラーは単独で行動したのではありません。ヒットラーは他の多くの人たちの助けがなかったならば、彼がやったことをやることはできなかったはずです。ヒットラーに協力した人たちは彼と同じ邪悪なヴィジョンは共有していなかったかもしれませんが、それに対してノーと言うだけの道義心を持っていなかったのです。聖霊は私たちにどのような行動をとるように望むでしょうか。ヒットラーのような人間が再び生まれることがないという保証はありませんが、ヒットラーのような人物が再び現われたとしても、愛情が満ち溢れているために、誰も彼の声に耳を傾けることも、共謀することもないような世界を創造することは可能です。

とすれば、スピリチュアルな道とは、単に、自分の人生を生きる旅に過ぎません。誰もがスピリチュアルな道を歩いています。ほとんどの人はそれに気がつかないだけのことです。聖霊は、私たちが忘れてしまった完璧なまでに愛情に溢れ自然な状態の私たちを知っている心の中の力であり、恐れと幻想の世界の中に私たちとともに足を踏み入れ、そこでの私たちの体験を利用して、本来、私たちがどのような存在であるのかを思い出させてくれるのです。聖霊は、私たちが考え行うすべてのことの中に愛する目的があるということを思い出させることによって、これを行います。聖霊は、私たちがそもそもなぜ地球に存在しているのかについての私たちの理解に革命を起こします。聖霊は愛こそが私たちのただ一つの機能であると見るようにと教えてくれます。私たちが人生の中ですることのすべてがエゴによって、あるいは聖霊によって利用され、解釈されます。エゴはすべてのものを利用して、私たちをますます不安の中へと追い込みます。聖霊はあらゆるものを利用して、私たちを内なる平和へと導きます。

5　光を得た存在

さとりとは一つの認識に過ぎず、変化とはほど遠いものである。

これまで地球上に存在した人の中には、あるいは現在地球上に存在している人の中にも、心を聖霊によって完全に癒された人がいるかもしれません。彼らは「あがない」を受け入れた人たちです。あらゆる宗教において、奇跡を行った聖人や預言者の話が語られています。それは、人間の心が神のところにもどると、神の力の容器になるからです。神の力はこの世の法則を超越しています。聖人や預言者は「あがない」を受け入れることによって、自らの内なるキリストを現実化しました。恐れに満ちた思いが清められ、愛だけが心の中に残っているのです。このように心を清められた人びとが、さとりを得た者と呼ばれます。光は理解を意味します。さとりを得た人は理解します。

さとりを得た人たちが持っているもので、私たちが持っていないものは何もありません。彼らは内部に完璧な愛を持っていますが、私たちも持っています。違いは、彼らにはそれ以外には何もないということです。光を得た存在は、《イエスやその他の存在が、それ以外の人びとにあっては可能性でしかない状態の中にいる》のです。キリストの心は単に無条件の愛の展望であるにすぎません。あなたも私も、イエスと同じくらい自分の中にキリストの心を持っています。イエスと私たちの違いはどこにあるかといえば、私たちはそれを否定する誘惑に駆られるということです。イエスの思い・行動のすべては、愛に根ざしています。無条件の愛、あるいは彼の内なるキリストは、《私たちを解放する真実》なのです。なぜなら、私たちを自分自身の恐れに満ちた思いから救ってくれるのは無条件の愛から見た展望なのですから。

イエスやその他のさとりを得たマスターたちは、進化を遂げた私たちの兄弟です。進化の法則によれば、種は一定の方向に発達を続け、その発達が種の存続に適切でなくなるまで継続します。それが適切でなくなった時点で、突然変異が起こります。突然変異は種の大多数を代表するものではありませんが、その種が生き残って行くためのより適応した進化系列を代表しています。こうして、突然変異を遂げた存在の子孫が生き残ることになります。

人間という種は戦い過ぎるために危機に瀕しています。私たちは自分自身と戦い、他人と戦い、地球と戦い、神と戦っています。一〇〇パーセント愛情だけの人間は進化の突然変異であり、愛をまず第一の優先事項にして、奇跡が起きる文脈を創造する存在として顕現しているのです。究極的には、それが唯一の賢明な行動です。人生が進むべき方向としては、それが、私たちの生き残りをサポートする唯一のものです。

突然変異を遂げた存在たち、さとりを得た人びとは、私たちにも進化の可能性があることを示しています。彼らは道案内です。道案内と松葉杖は違います。時々、イエスのような松葉杖は要らないと言う人がいますが、イエスは松葉杖ではなく、先生です。もしもあなたが作家になりたければ、古典を読むでしょう。素晴らしい音楽を書きたいと思ったら、先輩の偉大な作曲家の作品に耳を傾けるはずです。画家になる勉強をしているのであれば、偉大な先輩画家の作品を研究するのは賢明なことです。あなたが絵の勉強をしている時に、ピカソが部屋に入って来て、「二時間ばかりあるけど、絵を描くことについてのヒントでも話しましょうか」と言ったら、あなたは「ノー」と言うでしょうか。

スピリチュアルなマスターもこれと同じことです。イエス・キリスト、仏陀、その他のさとりを得たマスターの方々は皆そうです。彼らは、ベートーベンが音楽の天才であったように、シェイクスピアが言葉の天才であったように、頭脳と心の使い方の天才だったのです。彼らの後について行って、彼らの導きを受け、彼らが正しく行ったことを学んで悪いはずがありません。

『奇跡の学習コース』は伝統的なキリスト教の用語を用いますが、その使い方はきわめて非伝統的です。キリスト、聖霊、救済、イエスといった言葉は宗教的な意味合いというよりも、心理的な意味合いで使われています。私は、『奇跡の学習コース』の生徒として、また教師として、多くの人びとがキリスト教の用語に抵抗があることを知りました。一人のユダヤ人として、イエスという言葉に問題を感じるのは他のユダヤ人だけだろうと思っていました。しかし、そうではありませんでした。イエスの名前を聞くと緊張するのはユダヤ人だけではありませんでした。穏健なキリスト教徒のグループに向かってこの言葉を発すれば、他のグループの人たちと同じように相当な抵抗があります。

私にはなぜか分かります。『コース』でも言っているように、**この世の人びとの兄弟であるにすぎないイエスから冷酷なアイドルがつくられた**のです。数多くのキリスト教の用語が罪の意識を創造し永続させるために使われて来たために、心ある人たちの多くはそのような言葉をすべて拒否してしまったのです。実際の話、多くの場合、ユダヤ教徒の場合よりも、キリスト教徒にとっての方が問題は深刻であるかもしれません。ユダヤ人の子供は普通、キリスト教の言葉については何も教えられません。これに対して、大部分のキリスト教徒の子供たちにとっては、キリスト教の用語には罪の意識・罰・地獄の恐れなどの思いがみなぎっています。

言葉は言葉に過ぎません。いやな言葉の代わりに新しい言葉をもって代えることはいつでもできます。しかし、イエスの場合は別な言葉に代えるというわけにはいきません。イエスは名前です。彼の名前はハーバートであるということにしても何の意味もありません。従来のクリスチャンがイエスの名前を用いて、あるいはイエスの名前において行ったことに基づいて、イエスを拒絶することによって、ずいぶん多くの人たちが〈大事なものも不要なものと一緒に捨てて〉しまったのです。『奇跡の学習コース』やその他の秘教的なキリスト哲学の解説についても、表面的な言葉に基づいて無造作に斥けてしまうのです。彼らは、「アルコール依存症者匿名会」が「調査する前から軽蔑してかかる」と呼んでいる心の罠にはまっているのです。

ずっと昔のことですが、ニューヨークで夕食会に出席していました。テーブルでの会話が当時出版されたばかりの小説に及んだ時、誰かが、私がその小説を読んだかどうか私に聞きました。私は読んでいませんでした。しかし、ニューヨークタイムズ紙でその書評は読んでいました。私は嘘をついて、「読んだ」と答えました。私はそう言った自分にあきれました。その本を読んではいませんでしたが、短時間の間は読んだふりをして会話をするだけの情報は持っていました。私は、誰かの意見に自分の意見の代理をさせるという選択をしたわけです。

それから間もなくして、ある本を読むべきかどうかを考えていた時に、この出来事を思い出しました。その本は、何らかの形でイエスのことを扱っているという『奇跡の学習コース』でした。私は子供の時、イエスについてはほとんど何も学びませんでした。「ああいうものは読むものではありません」とだけ言われて育ったのです。しかし、ユダヤ人はまた、子供の知的達成を奨励することでも知られています。私は読むことを教えられ、自分で考えることを教えられました。もっとも、ニューヨークのパーティーで私がやったことの真相を知っていたら、私がこう言っても信じてもらえないかもしれませんが。私の感じでは、『奇跡の学習コース』はイエスを押し売りしているとは思えません。《この本はイエスのメッセージではあるけれども、『コース』の上級の生徒であってもイエスと個人的なつながりを感じる必要はないということが非常に明確にされている》のです。

『コース』は私たちのこのような抵抗に理解は示しますが、ご機嫌をとることはしません。キリストの哲学に対する理解において、大きな革命が起きてしかるべき時が来ています。とくに、イエスに対する理解に関してそういうことができます。キリストやイエスはキリスト教の専売特許ではありません。それぞれの世代において、私たちは真実を再発見しなければなりません。

イエスとは誰なのでしょうか。彼は聖霊の個人的な象徴です。イエスは、聖霊によって完全に癒された結果、聖霊と一体になったのです。イエスは、聖霊があらわれるただ一つの顔ではありません。彼は一つの顔です。イエスが山頂に立つ存在であることは確かですが、山頂に立つのは彼だけではありません。

イエスはこの恐れの世界に生きて、愛だけを認識しました。イエスのすべての行動、すべての言葉、すべての思いは、エゴではなく聖霊によって導かれました。イエスは完全に浄化された存在でした。イエスについて考えることは、私たち自身の内部にある完璧な愛について考えることであり、したがって、自分自身の中に完璧な愛を呼び起こすことです。

イエスはキリストの心を完全に実現し、それから、他の人びとが彼ら自身の中にあるそれと同じ場所に到達するのを援助する力を神に授けられました。イエス自身、『コース』の中で言っているように、**私はあがないの過程の責任を預かっている**のです。イエスは、物事についての神のヴィジョンを分かち合うことによって、そのヴィジョンそのものになったのです。イエスは私たち一人ひとりを、神が見るのと同じように、無邪気で完璧であり、愛情深く、愛情に値すると見なし、私たちにも自分自身をそのように見るようにと教えています。このようにして、イエスは私たちを地獄から連れ出し天国へと導いてくれます。イエスの目で見ることは、認識における私たちの過ちをあがなうことです。それこそがイエスが私たちの人生の中に起こす奇跡であり、その神秘的な光は私たちの魂の中で爆発します。私たちの心は、神の息子のための祭壇として創造されました。イエスは、神の息子の象徴です。イエスを崇めることは私たち一人ひとりの中にある完璧な愛の可能性を崇めることです。

妖精の物語は、内的な自我の力に対する神秘的な比喩であり、世代から世代へと語り継がれて来たものです。それは変容の物語です。『白雪姫』や『眠れる森の美女』といった物語は、エゴと聖なる心の相互関係をたとえたものです。邪悪な継母はエゴであり、白雪姫、つまり私たちの内なるキリストを眠らせることができますが、破壊することは決してできません。神によって創造されたものは破壊不可能です。彼女にできる最も破壊的なことは何かといえば、私たちを魔法にかけることであり、美女を眠らせることです。そして彼女は美女に魔法をかけて眠らせます。しかし、私たちの内なる愛は死にません。ただ長い眠りにつくだけです。妖精の物語では、必ず王子様が登場します。王子の口づけが私たちは本来何者であるのかを思い出させ、なぜここにやって来たのかを思い出させてくれます。理想の王子様は聖霊であり、彼は様々な外観や衣服をまとって登場し、愛情によって私たちの目を覚まします。すべての希望が失われ、悪がついに勝利をおさめたかのように見えたその瞬間に、救世主が現われ私たちをその腕に抱いてくれるのです。彼には様々な顔があり、その一人がイエスです。彼は偶像でもなければ、頼るべき松葉杖でもありません。彼は私たちの兄であり、神の贈り物です。

［第4章］

降伏

なぜなら、神の手の中で私たちは何の不安もなく休息できるからである。

1　信頼

いかなる状況においても信頼が解決できない問題はない。

神が存在するということを私たちが本当に信じたらどうでしょうか。物事には慈悲に満ちた秩序があり、私たちが意識的にコントロールしていないにもかかわらず、物事に秩序を与えている力があると信じたらどうでしょうか。そして、毎日の生活の中でその力の働きを見ることができるとしたら。その力はなぜか私たちを愛し、私たちのことを気にかけ、私たちを守っているとしたら。私たちはリラックスしても大丈夫なんだと信じることができるとしたらどうでしょうか。

私たちの体は四六時中、動いています。人間の努力などとうてい及ばない、素晴らしいデザインと効率を持った一連の機能が見事に作動しています。心臓は鼓動し、肺は呼吸し、耳は音を聴き取り、髪の毛は成長します。私たちが意識的に動かしているのではありません。これらの身体器官は、ただ機能しているだけです。惑星は太陽の周囲を回り、種は花となり、胎児は赤ちゃんになりますが、私たちが手を貸しているわけではありません。そうしたものの動きは、自然の体系の中に組み込まれています。あなたも私も、その体系の一部なのです。私たちは自分の人生を、花を開かせるものと同じ力によって導かせることができます。あるいは、自分自身の力でそれをすることもできます。

この宇宙を動かしている力を信じること、それが信頼です。信頼とは、この宇宙は私たちの味方であると信じることであり、宇宙は自分が何をやっているかを自覚していると信じることです。信頼とは、善へと向かう力があらゆる次元で絶えず働いており、花開いていることを心理的に意識することです。私たちがこの力の方向を操作しようとすれば、その力の邪魔をするだけです。リラックスしてその力に身を任せると、その力は私たちのために働いてくれます。信頼がなければ、自分には操作できないことを操作しようとしたり、自分には直すことができないものを直そうとして、狂乱状態に陥ります。私たちがコントロールしようとして躍起になっていることは、私たちが手を出さなければずっとましな状態になるし、私たちが直そうとしているものは私たちには直せないものなのです。信頼がなければ、時間を無駄にするだけです。

客観的で、識別可能な物理的現象の法則というものがあります。たとえば、引力の法則、あるいは熱力学の法則を例にとってみましょう。あなたは引力の法則を信頼しているというよりも、そういうものであると知っているだけかもしれません。

非物質的な現象に関する、客観的で識別可能な法則もあります。これらの二つの法則、すなわち外的な世界と内的な世界を支配する法則は、並行的に存在しています。

外面的には、宇宙が私たちの身体的な生存をサポートしています。植物の光合成、海中のプランクトンが、私たちが呼吸する必要のある酸素を生み出します。物理的な宇宙を支配する法則を尊重することは重要です。これらの法則を破れば、私たちの生存は脅かされることになるのですから。海を汚染し、植物を破壊すれば、それは私たちをサポートしている体系を破壊しているのであり、したがって、自分自身を破壊しているということになります。宇宙はまた、内面的にも私たちの生存をサポートしています。つまり、情緒的に、かつ心理的にサポートしています。私たちが生存するために内面的に必要なものとして、酸素に匹敵するのが愛です。人間の様々な関わり合いは愛を生み出すために存在します。私たちが愛情を欠いた思いでそのような人間関係を汚染したり、愛情を欠いた行動で破壊したり、関係を絶ってしまったりすれば、自分の情緒的な生存を危機にさらすことになります。

宇宙の法則は物事のありようを単に描写しただけのものです。このような法則は発明されたのではなく、発見されたのです。このような法則は私たちの信頼に依存しているわけではありません。それらの法則を信頼するということは、それを知っているというだけのことです。これらの法則を無視するということは、善良さが欠けていることを物語るわけではなく、知性が欠けていることを示すだけのことです。私たちは生きて行くために自然の法則を尊重します。それでは、最も重要な内面的な法則とは何でしょうか？　お互いを愛し合うということです。なぜなら、もし私たちがお互いを愛し合わなかったら、私たちは皆、死ぬことになるでしょう。酸素の欠乏が確実に私たちを殺すのと同じように、愛の欠如も私たちを確実に殺すでしょう。

2 抵抗

信頼がないということは信頼の欠如ではなく、無を信頼するということである。

『奇跡の学習コース』は、**信頼のない人などというものは存在しない**と言います。信頼は意識の一側面です。私たちは恐れを信頼するか、それとも愛を信頼するかのどちらかです。つまり、この世の力を信頼するか、神の力を信頼するかです。

基本的には、私たちは責任ある大人であるならば積極的に行動し、男性的な資質を身につけ、外に出て仕事を得て、自分の人生の舵をしっかりと取り、難局には勇気をもって立ち向かうようにと教えられてきました。それが私たちの力であると教えられてきました。私たちが自分は力に満ちた存在であると思う時、それは本来自分はそのような存在であるからではなく、何を達成したかを基準にしてそう思います。というわけで、大きな矛盾に遭遇します。すでに力を得た存在となるまでは力がある存在であるとは感じられないために、達成して力を得ることができないという矛盾です。

もし誰かが、なりゆきに任せて、少し気楽にしたらなどと言おうものなら、私たちはヒステリーを起こしかねません。私たちが理解している限りでは、自分は劣等生です。劣等生がのんびり流れに任せて、受動的に生きて行って良いはずがありません。

受動的なエネルギーには、それ独自の力があります。個人の力は、男性的な力と女性的な力のバランスから生まれます。受動的なエネルギーは能動的なエネルギーがなければ怠惰に陥ります。しかし、能動的なエネルギーは受動的なエネルギーがなければ暴君になってしまいます。男性的で攻撃的なエネルギーを取り過ぎれば、男尊女卑になり、支配的になり、バランスが崩れ、不自然になってしまいます。問題は、私たちはみな攻撃的なエネルギーを尊重するようにとしか教えられて来なかったことにあります。人生はクオーターバックのためにあるのだから、私たちが持っている男性的なエネルギーだけを高めるようにと教えられてきました。しかし、このエネルギーは女性的なエネルギーによってなだめないと扱いが難しいものです。というわけで、私たちはみな扱いが難しいのです。男も女も同様です。私たちは戦士のように考える習慣を身につけてきました。私たちは常に何かを手に入れようとして戦っています。仕事、お金、異性との関係、異性との関係から逃げ出したい、体重を減らしたい、酒をやめたい、人に理解してもらいたい、一緒にいて欲しい、もうこの人といるのは嫌……、すべてが戦いです。私たちはいつも刀を抜身のままで戦っています。

私たちの中にある、女性的な身を委ねるという性質は受動的です。それは何もすることがありません。霊化の過程は、男性にとっても女性にとっても女性化の過程であり、心を静める過程です。それは、人が持つ磁力を涵養する過程です。

細かな鉄クズが一山ここにあって、それを美しい模様に並べたいとします。二つの方法があるでしょう。一つの方法は、あなた自身の指を使って、細かい鉄クズを一つひとつ美しい模様に並べるやり方です。もう一つのやり方は、磁石を買うことです。磁石は鉄クズを引きつけます。それは女性の意識を象徴し、積極的な活動よりも引きつける力によって自分の力を出します。

私たちの意識のこの魅力的・受動的・女性的な側面が精神的降伏の空間です。老子の哲学では、「陰」は女性的な原理であり、地上の力を代表しています。それに対して、「陽」は男性的な原理であり、霊を代表しています。

神を男性として言及するならば、人類はすべて女性になります。これは男女の問題ではありません。神を男性として言及しても、フェミニストの考えに反することはまったくありません。私たちの女性的な自我は、男性的な自我と同様に重要です。

男性原理と女性原理の正しい関係においては、女性が男性に降伏します。降伏は弱さでもなければ、敗北でもありません。それは力強い無抵抗です。人間の意識の解放性と受動性を通して、霊が私たちの人生に吹き込まれ、人生に意味と方向性が与えられます。キリスト教の哲学においては、マリアは私たちの内なる女性性を象徴し、それが神によって受胎されることになります。女性がこの過程を許し、それに身を任せることによって満たされます。これは彼女の弱さを示すものではなく、強さを示すものです。地上におけるキリストは神によって種を与えられ、人間が母親の体となります。人間的なるものと神聖なるものの神秘的なつながりを通して、私たちのより高い自我を生むのです。

3　結果を放棄する

あなたが道に迷うことは絶対にない。神が導いて下さるから。

私たちが神に降伏する時、私たち自身よりも大きな何か、つまり自らが何をしているかを知っている宇宙に降伏することになります。私たちが物事の操作をやめると、すべてのことが自然な秩序に落ち着き、しかもそれはうまく機能する秩序です。私たちよりもずっと大きな力が働いている時、私たちは休憩することができ、しかもその力は私たちがやれるであろうよりもずっと立派な仕事をやってくれます。数多くの銀河系に統一的な秩序を与えている力は、それに比べればささやかな私たちの人生の様々な状況に対処できるということが分かるようになります。

降伏の定義は、結果への愛着を放棄するということです。神に降伏する時、物事が外面的にどのような結果になるかに対する愛着を手放し、内面的にどういうことが起きるかに対してもっと深い関心を持つようになります。

愛を体験するということは、私たちが一つの決定を下すということです。いかなる状況においてであれ、愛が唯一の目的であり唯一の価値であると見る心の決断です。その決定を下すまでは、私たちを幸せにしてくれるであろうと思う結果に向かって努力を続けることになりますが、結果は常に裏切られます。この外面的な探求、すなわち自分自身を完成させ、幸せの源になるものとして愛以外の何かに依存しようとすること、それこそ偶像崇拝に他なりません。お金、セックス、権力、その他何であれ、世俗的な満足をもたらすものはみな、矮小な実存的苦しみから一時的に解放してくれるだけです。

「神」は愛を意味し、「意志」は思いを意味します。とすると、神の意志は愛に満ちた思いということになります。神が善なるものすべての根源であるとするならば、私たちの内なる愛は善なるものすべての根源ということになります。私たちが愛する時、すべての物事が、関係している人びとすべてにとって最も高いレベルの善の段階で展開するような、態度および行動の文脈の中に自分自身を自動的に置くことになります。私たちには、その具体的な展開がどのようなものであるかは必ずしも分かりません。しかし、その必要はないのです。私たちが自分の役割を果たせば、神も神の役割を果たしてくれます。あらゆる状況において私たちがやるべきことは、愛に対する抵抗を手放すことだけです。それから何が起こるかは、神様に任せておけばよいのです。私たちは支配を手放したのです。神のリードに任せるのです。神はどうすれば良いかを知っていると信頼するのです。

ある人の方が別な人よりも信心深いという神話があります。より真実に近い言い方をするならば、ある領域においては、ある人の方が他の人に比べてより身を委ねているということかもしれません。もちろん、私たちはどうでもよいと思うことは神に委ねます。人によっては、キャリアの目標に対する愛着をあきらめることはかまわないけれど、ロマンチックな異性関係を委ねることはとてもできないということもあります。あるいは、その反対という人もいるでしょう。私たちがどうでもよいと思っているようなことは、すべて神様に任せておいてもよいというわけです。しかし、それが自分にとって非常に、非常に重要なことは自分でやった方がよいと私たちは考えます。もちろん、真実をいえば、それが私たちにとって大切であればあるほど、委ねることが大切になります。委ねられたものは最も大切にされます。あるものを神の手に委ねるということは、宇宙の善意によって守ってもらい、面倒を見てもらうように委ねるということです。それを自分でやろうとすることは、いつもしっかりと握りしめ、手放さず、自分で物事を操作しようとすることです。それは、パンが焼けているかどうかを見るために、始終、オーブンを開けているようなものです。そんなことをすれば、パンはいつになっても焼き上がりません。

私たちが結果に愛着を持っていると、支配しようとする気持ちをなかなか手放すことができないものです。明日、何が起きるかも分からないのに、ある状況の中でどういう結果を達成すべきであるかをどうして知ることができるでしょうか。何を求めるべきなのでしょうか。「神様、どうぞ私を恋に落として下さい。神様、どうぞ私にこの仕事を下さい」と言う代わりに、こう言うのです。「神様、私の願い、私にとっていちばん大事なことは内なる心の安らぎです。私は愛を体験したいと思います。何がそれを私にもたらしてくれるのかは私には分かりません。この状況が何をもたらすかは、あなたの手に委ねます。私はあなたの意志を信頼します。あなたの意志が実現されますように」。

神様は私のことなどよりももっと重要なことを考えなければならないと思っていたため、うかうかしていられないと昔は考えていたものです。神は気まぐれな存在ではなく、あらゆる生命体に等しく愛を注ぐ存在であるということがやっと分かりました。私の生命は神にとっては、他の誰かに比べて、より大切であるということもなく、より大切でないということもありません。神に身を委ねるということは、神はすべての生命体を愛し必要なものをすべて与えるがゆえに、私たちを愛し、私たちが必要なものを与えてくれるという事実を受け入れることです。身を委ねるということによって、私たちの力が妨害されることはありません。逆に高められます。神は私たちの内なる愛です。したがって、神にもどるということは自分自身にもどることです。

4 身を委ねた人生

聖なる神の子よ、神聖であることだけがあなたを満足させ、あなたに平和を与えることができるということを、あなたはいつ学ぶのだろうか。

どんな状況であれ集中しようとする時、リラックスして、心の中に愛を感じ、愛を感じ続けること、それがスピリチュアルな降伏です。それは私たちを変えます。私たちはより深い、より魅力的な人間になります。

禅仏教に、「禅の心」あるいは「初心者の心」と呼ばれる概念があります。禅では、心はご飯が入っていない茶碗のようであるべきだ、といわれています。それがすでにいっぱいであれば、宇宙はその茶碗を満たすことはできません。空であれば、受け取る余地があります。これが意味することは、私たちがすでに答えを知っていると思えば、私たちに教えることは不可能であるということです。本物の洞察力は、それを受け取るべく開かれていない心に訪れることはありません。降伏は心を空にする一つの過程です。

キリスト教の伝統では、これが「幼子のようになる」という言葉の意味です。幼い子供たちは、物事が何を意味するのかを知っているとは思っていません。実際のことをいえば、彼らは自分が知らないということを知っています。子供たちは自分よりも年上で、叡智に満ちた人に物事を説明してもらいます。私たちは何も知らない子供と同じようなものですが、知っていると思っています。

賢い人は、知ることが不可能なことを知っているようなふりはしません。「私は知りません」という言葉は人を力づける言葉になり得ます。私たちが何も知らないで、ある状況に入って行く時、私たちの内部には知っている何かが存在しています。そのような時、意識的に《一歩退いて、私たちの内部にある、より高い力が一歩前に踏み出して、道を案内してくれるようにするのです》。

私たちに必要なのは、気取って格好をつけることではなく、本物のカリスマ性です。「カリスマ」はもともとは宗教的な言葉で、「霊の」あるいは「霊感を受けた」という意味でした。それは、神の光を私たちを通して輝かせるということでした。それはお金では買うことができない、人の中にある輝きです。それは目に見える効果を持った、かつ目に見えないエネルギーです。手放して、ただ愛するということは壁紙の中に自分を消してしまうことではありません。それどころか、それは私たちが真の意味で明るく輝く時です。自分自身の光を輝かせるのです。

私たちは本来、こうあるべきです。私たちは自分の光を輝かせる運命にあるのです。幼い子供たちを見て下さい。彼らはみんな、非常にユニークです。何かになろうと努力を始めるまでは。その理由は、子供たちは本物の謙虚な力を実証しているということです。これがいわゆる「初心者の幸運」の説明でもあります。規則も何も知らずにある状況に入って行くと、自分で考えて分かったふりをするということはありません。そして、何を恐れるべきかということも分かりません。このために、心は自由にそれ自身のより高い能力を発揮して創造することができます。

愛は勝ちモードであり、成功を導く魅力的な波動を持っています。私たちは、成功は難しいと考えます。したがって、私たちにとっては成功は難しいものです。人生における成功は否定的な緊張感を伴う必要はありません。私たちはいつも必死になってあがく必要はありません。ちょっと考えてみれば、雄牛の角をつかむ（難局を乗り切るという意味の慣用表現）というのは危険なことです。事実、野心的な緊張は私たちの成功を可能にする能力を制限します。その理由は、そうした緊張は私たちを感情的にも肉体的にも収縮させるからです。それはエネルギーを与えてくれるように思えますが、事実はそうではありません。白砂糖が心にもたらす効用に似ています。短時間の間は気持ちが高揚しますが、そのあとに一転して落ち込みます。心の休息を求め、心を降伏させるというのは、健康な食べ物を食べるようなものです。食べてもすぐに力がついたような感じはしませんが、長期的に見ると、より多くのエネルギーが与えられます。

これをするためには一日中、座禅を組んで瞑想をする必要はありません。興奮することはありますが、もっと優しい感じの興奮になるかもしれません。スピリチュアルな人生というと、多くの人はつまらない映画のようなものだと考えるようです。しかし、私たちがスピリチュアルな生活をしているからといって、神は人生の様々なドラマをなくしてくれるわけではありません。ただ、安っぽいドラマをなくしてくれるだけです。真実の個人の成長ほど、高貴なドラマはありません。男の子が本当の男になり、女の子が本当の女になることほど、真にドラマチックなことはありません。

私たちが降伏してただ愛する時、驚くべきことが起こります。私たちは溶解して別な世界に入って行きます。その世界とは、私たちの内部にすでに存在する力の世界です。私たちが変わると、世界も変わります。私たちが柔らかくなれば、世界も柔らかくなります。私たちが世界を愛する選択をすると、世界は私たちを愛してくれます。

身を任せるとは、世界と戦うことをやめ、その代わりに世界を愛するという決定をすることを意味します。それは苦痛からの穏やかな解放です。しかし、解放とは何かを突き破って飛び出すことではなく、《本来の私たちのあり方に静かに溶解していくことです》。鎧《よろい》を脱ぎ捨てて、キリスト的な自我の力を発見することです。『奇跡の学習コース』は次のように言っています。《私たちはエゴがなければ大混乱になると考えていますが、事実はその逆です。エゴがなくなれば、すべてが愛になります》。

私たちに求められているのは、焦点を変えて、もっと優しい認識に切り替えることだけです。神が必要としているのはそれだけです。心から身を任せ、愛が何よりも大切である瞬間を体験した時、愛以外のものは実際に重要ではないということが分かります。私たちが神に対して心を開くと、神はその返礼として、私たちの奥深いところから神の力を奔出させてくれます。世界の人びとと分かち合うべき神の力を与えられます。すべての傷を癒し、すべての人の心を目覚めさせる神の力を与えられます。

［第5章］

奇跡

あなたの神性は世界のすべての法則を逆転する。それは時間・空間・距離、そしていかなる種類の制限をも超越している。

1　許し

神の国の栄光の輝きの前にあっては罪の意識は解け去り、優しさに変容され、二度とかつての姿にもどることはない。

奇跡は愛の表現として自然に起こる。奇跡は私たちの考え方におけるシフトを反映し、心の力を解放して癒しと訂正の過程へと向かわせます。

この癒しは様々な形をとります。時には、奇跡は物質的な状態の変化であり、肉体の癒しがその例です。場合によっては、奇跡は心理的、あるいは情緒的な変化という形をとることもあります。それは、客観的な状況におけるシフトというよりも（それもしばしば起こることは起こりますが）、私たちが状況をどのように認識するか、その認識の仕方におけるシフトです。第一に変わることは、体験を心の中でどのように保持するか、つまり体験をどのように体験するかということです。

人間の物語の世界、すなわち人間の行動に重きを置き、私たちの外で起きていることに注意を集中するという世界は、まさに幻想の世界です。それはもっと実在性の高い世界の前にかけられたヴェールであり、集合的な夢の世界です。奇跡は夢の中に登場する様々な人物を新しく組み合わせることではありません。奇跡とは、夢から目を覚ますことです。

私たちが奇跡を求める時、私たちは実用的なゴールを探求しています。つまり、内なる平和への回帰を探求しているのです。私たちの外にある何かが変わることを求めているのではなく、私たちの内部の何かが変わることを求めているのです。人生へのより優しい方向付けを探しているのです。

古いニュートン物理学は、物体には客観的な現実があって、それは私たちの認識とは関係なく存在していると主張しました。量子物理学、とくにハイゼンバーグの不確実性の原理は、物体に対する私たちの認識が変わると、物体そのものも文字通り変化するということを明らかにしました。宗教の科学は、実際は意識の科学です。なぜなら、究極的には創造されたものはすべて心を通して表現されるのですから。というわけで、『奇跡の学習コース』は、世界を変えるための最大の道具は《世界についての私たちの心を変える》能力であると述べています。

思いは物事の創造的なレベルにあるため、思いを変えることは人間を究極的に力づけることです。恐れの代わりに愛を選択するのは人間の決定ですが、これが私たちの人生のすべての次元において生み出す急激な変化は神様からの贈り物です。奇跡は、私たちの思考体系を超えた思考体系による《私たちの神性を代表するとりなし》

なのです。愛を前にすると、物事の正常な状態を支配する法則は超越され、働かなくなります。もはや何物にも制限されない思いは、もはや何物にも制限されない体験をもたらします。

私たちは、自分が信じる世界を支配する法則の後継者です。私たちが自分自身をこの世界に属する存在であると見なせば、この世界を支配する不足と死の法則によって支配されることになります。私たちが自分を、本当の故郷はこの世界を越えた意識の世界にある神の子であると見なすならば、神の法則以外のいかなる法則にも支配されていないことを知るでしょう。

私たちの自己認識が、私たちの行動を決定します。自分は矮小で、制限された、不十分な人間だと考えれば、それに応じた行動をとります。私たちが発するエネルギーは、何をやってもこのような思いを反映します。これとは反対に、無限の愛と力を人に与えることができる素晴らしい人間だと思えば、私たちはその思いに従って行動することになります。ここでもまた、私たちを取り巻くエネルギーは私たちのそういう意識を反映します。

《奇跡そのものは意識的に方向付けられるものではありません》。奇跡は愛情に満ちた人がとくにそれと意図していない時に起きるもので、愛を与え、愛を受け取ることだけを意識している人から発する目に見えない力によって生じます。私たちの中にある愛を妨害している恐れを放棄すると、私たちは神の道具となります。神の奇跡を行う人になります。

愛である神は絶えず拡大し、栄え、喜びの表現と達成の新しいパターンを創造しています。私たちの心が、愛に焦点を絞ることによって、神が表現するための開いた器になることを許されると、私たちの人生はその喜びを表現するためのキャンバスになります。それが私たちの人生の意味です。私たちは神聖な原理を肉体で表現するために、この地球にいます。この地上にあって神に奉仕するということは、この地上にあって愛するということを意味します。

私たちは、岩礁がごろごろある海にただ投げ込まれたわけではありません。私たちには使命があります。愛の力で世界を救うという使命です。この世界は、羽根をケガして飛ぶことができない鳥のように、癒しを必要としています。人びとはこれを承知しており、何百万人という人びとが祈っています。

神は私たちの声を聞き、助けを送ってくれたのです。神はあなたを地球に送ったのです。奇跡を行う人になるということは、地球に新しい生命を吹き込んでいる地下組織に加わることを意味します。つまり、考えられる限り最も深いレベルで世界の価値観を変える革命に参加することです。といっても、これを誰かに宣言するわけではありません。フランスの地下組織のメンバーは、パリを占領していたドイツ軍の将校に歩み寄って、「こんにちは。私はジャックといいますが、フランス地下抵抗組織の一員です」とは言わなかったはずです。これと同じように、あなたも何の話か見当もつかない人に向かって、「私は変わりました。今では神のために働いています。神は癒しを行うために私を派遣されたのです。世界は、今、大きく変わろうとしてますよ」などとは言いません。奇跡を行う人は、じっと黙っていることを自然に学びます。スピリチュアルな知識について知っておくべき重要なことの一つは、不適切な時に、不適切な場所で、不適切な人に向かって話をすると、叡智を分かち合って話している人は賢者というよりも愚か者のように思われてしまうということです。

『コース』は**神の教師の計画**と呼ばれる、世界救済のための神の計画について語ります。この計画は神の教師たちが愛の力によって世界を癒すというものです。この教えは言葉によるコミュニケーションとはほとんど関係がなく、人間のエネルギーの質と大いに関係があります。**教えることは実証することである。誰でも選択すれば神の教師になることができる。彼らは世界中からやって来る。あらゆる宗教から、そして、宗教とは全然関係のな**

いところから。**呼びかけに応じた人びと、それが神の教師である。「多くの者が呼ばれるが、選ばれるのはわずかである」**ということわざは、**「すべての人が呼ばれるが、耳を傾ける者はわずかである」という意味である**、と『コース』は説明します。神の呼びかけは普遍的であり、あらゆる瞬間に、あらゆる人びとになされています。しかし、すべての人が自分自身の心の呼びかけに耳を傾ける選択をするわけではありません。私たちが誰でもよく知っているように、外界の騒々しくもけたたましい音は、私たちの内なる、か細くも静かで愛に満ちた声を簡単にかき消してしまうのです。

私たちが神の教師になるという選択をしたならば、やるべき仕事は、自分自身の中にある愛と許しのより大きな能力を絶えず探求することです。私たちは「選択的な記憶」によってこれを行います。つまり、愛情に満ちた思いだけを意識的に選択し、恐れに満ちた思いは手放していくのです。これが「許し」の意味です。許しは『奇跡の学習コース』の哲学の主要な礎石の一つです。『コース』の中で用いられる多くの伝統的な用語と同じように、この言葉も非常に非伝統的な意味で使われています。

伝統的には、許しという言葉は、私たちが他人の誰かが罪を犯したことを前提にすると考えられています。しかしながら、『コース』では、愛だけが実在するがゆえに、誰にも罪はないということを思い出すのが私たちの役目であると教えられます。罪という幻想を見通してその彼方に横たわる無邪気さを見ること、それが私たちの役目であるというのです。**許すとは単に、過去においてあなたが与えた愛情に満ちた思いと、あなたが与えられた愛情に満ちた思いを思い出すことである。それ以外のものはすべて忘れなければならない。**私たちの認識が過ちと見るもの、たとえば誰かがこうやった、誰かがこう言ったといったことの向こうまで見て、彼らの中に神性を見ることを求められているのです。人の中にある神性は、私たちの心にしか明らかにすることはできません。というわけで、実際には許すべきことなど何もありません。許しという伝統的な概念、『祈りの歌』が〈破壊する許し〉と呼んでいるものは裁きの行為です。それはある人が他の誰かよりも自分の方が優れている、あるいは自分と同じくらい罪深いと見る傲慢な行為です。それは誤った認識であり、エゴの傲慢というものです。

すべての心はつながっています。とすれば、誰であれ、ある人の認識が訂正されれば、民族全体の心があるレベルで癒されることになります。許しを実行することは、世界を癒すために私たちにできる最も重要な貢献です。怒りに燃えた人には平和な惑星を創造することはできません。昔、私が平和運動をしていた時、平和誓願の署名を拒否されると私は非常な怒りを覚えたものですが、いま考えると笑わざるを得ません。

許すというのは専業にして取り組まなければならない仕事ですが、時には非常に難しいものです。常に許すことに成功する人はほとんどいませんが、その努力をすることが最も高貴な天職です。許しこそ、世界が再び新たに出発するための唯一のチャンスです。極端な許しは、自分が属するグループに関してであれ、個人的な人間関係においてであれ、過去を完全に手放すことです。

2 今に生きる

あなたの過去は、その美しさを除いてすべて過ぎ去り、祝福以外、いかなるものも残ってはいない。

神は永遠の中に存在します。永遠が時間と遭遇する唯一の点は今です。**今だけが唯一の時である。**奇跡とは、過去においてやるべきであったかもしれないこと、未来においてやるかもしれないことを考えることから、今この瞬間にこの場所で何をしたいかを考えることに切り替えることです。奇跡とは、内なる束縛からの解放です。私たちが天才的な輝きを発揮する能力は、過去を忘れ、未来を忘れる能力と同じものです。幼い子供が天才的な輝きに満ちている理由はここにあります。彼らは過去を覚えていません。未来とは関わりません。私たち大人がみな幼子のようになれば、世界はついに成長することができるかもしれません。

『奇跡の学習コース』の『ワークブック』の練習問題の一つに次のようなものがあります。**過去は済んだことである。過去は私に触れることはできない。**過去を許すことは、自分自身が奇跡を体験するのを許してあげるための重要な一歩です。私たちの過去の何かが意味を持っているとすれば、それのお陰で今いるところに来ることができたということだけで、過去はそのようなものとしてだけ尊重されるべきです。過去において実在するものは、私たちが与えた愛と、私たちが受け取った愛だけです。それ以外はすべて幻想です。過去とは私たちが抱く一つの思いに過ぎません。それは文字通り、すべて私たちの心の中にあります。『コース』はこのように教えています。**過去についてのあなたの心を変えてくれる聖霊に過去を与えなさい。**過去を聖霊に委ねるということは、過去についての愛情に満ちた、役に立つ思いだけが心に残り、それ以外の思いはすべて手放せるようにとお願いすることです。

その時、私たちに残されるのは、奇跡が起きることができる唯一の時間である、今という時間だけです。《私たちは過去と未来を共に神の手に委ねる》。「時間はもはや存在しなくなるであろう」という聖書の言葉が意味することは、いつの日か私たちは過去や未来にとらわれることなく、今という瞬間に一〇〇パーセント生きるようになるだろうということです。

宇宙は、瞬間瞬間に、まっさらな可能性を私たちに提供します。神の創造力はすべて私たちをサポートします。問題は、私たちはこれを信じないことにあります。《私たちを一度も譴責《けんせき》したことのない神》に許しを乞うのではなく、過去にやったこと、やらなかったことで自分を責める私たち自身に許しを乞う必要があります。自分自身に新たにやり直す許可を与えましょう。

人間だれでも、あの時あんなことをしなければ良かった、こうしておけば良かったのにと思う状況に遭遇するものです。それが昨日のことであれ、何年も前のことであれ、このような時には、身がすくむような思いを体験します。『奇跡の学習コース』の中で紹介されている、最も開放的な働きをしてくれるテクニックの一つは、『テキスト』の八三ページ（英文）にある祈りの言葉です。この祈りの中で、宇宙に私たちの過ちを元にもどしてくれるように指示します。

……元にもどす上での第一歩は、自分は積極的に誤った決定を下したが、逆の決定も積極的に下すことができると認知することである。これについて、自分自身に対して確固とした態度をとりなさい。そして、元にもどす過程は、それはあなたからやって来るものではないが、それにもかかわらず、神がそこに置いたがゆえにあなた自身の中にあるということをしっかりと自覚しなさい。あなたの役割は、その過ちが犯されたところまであなたの思考をもどし、それを心安らかにあがないに任せるだけである。聖霊はあなたのほんのささやかな招きに対しても十分に応じてくれることを思い出しながら、できるだけ誠実に自分自身に向かって次のように言いなさい。

私は誤った決定を下したに違いない。なぜなら、**私の心は安らかではない。私は自分でその決定を下し**たが、**それと逆の決定も下すことができる。**
私は逆の決定を下したい。なぜなら、もし**私がそうさせるなら、聖霊が私の誤った決定のすべての結果を元にもどしてくれるから。**
私は、聖霊が私のために神を選択する決定を下すのを許すことにより、聖霊に元にもどしてもらう選択をする。

これに尽きます。これは奇跡のコースであって、家具をどう動かすかのコースではありません。**奇跡は物理的法則を逆転する。時間と空間は神の支配下にある。**

未来に関して『コース』は次のように指摘します。明日、翌々日、あるいは五年後に何が起こるかを知る術はありません。明日について思索するのはエゴだけです。天国においては、《私たちは未来は神の手に委ねます》。

聖霊が私たちの心を完全な信仰と信頼へともどしてくれ、今日という日を心を完全に開いて生きるならば、明日という日は明日がきちんと面倒を見るのです。イエスは山上の垂訓で、「明日のことまで思い悩むな。明日のことは明日みずからが思い悩む」と言っています。

エゴは、現実についての認識を過去に起こったことに基づいて持ち、この認識を現在にまで持ち込み、そうすることによって、過去と同じような未来を創造する。私たちが過去において欠けるところがあったと感じれば、未来についての私たちの思いはこの認識に基づくことになります。それから私たちは、過ぎ去ったことの埋め合わせをしようという気持ちで現在という時に入って行きます。その認識は私たちの核心をなす信念ですから、それと同じ条件を未来においても再創作します。**過去・現在・未来は、あなたが連続性を強制しない限り、連続的なものではない。**今という瞬間に、聖霊に介入を依頼することにより、過去と未来の連続性を断ち切る機会が私たちにはあります。これが奇跡です。私たちは新しい人生を、新しい出発を望んでいます。私たちは過去のいかなる暗闇にも汚されていない人生を望んでいます。私たちには奇跡を与えられる資格があるために、過去のしがらみから完全に解放される資格があります。イエス・キリストが私たちの罪を清められるという言葉の意味はこれです。イエスは愛のない思いを完全に取り除きます。私たちを過去に縛りつけている、誰かについての、何かについての裁きの思いを、すべて放棄することになります。私たちに未来をつかもうというはかない努力を継続させる愛着の思いを放棄することになります。

エゴの世界は絶えず変化する世界であり、上下に落差のある世界であり、光と闇が交錯する世界です。天国は常に平和が支配する世界です。なぜなら、天国とは変化を超越した現実を意識することなのですから。**天国は変化しない。なぜなら、神聖な今という瞬間に生まれるということは変化からの救済であるから。**

聖霊が私たちに見せてくれる世界は、この世界を超えたところにある世界であり、異なった認識によって私たちに明らかにされる世界です。私たちは別な世界に生まれ変わるために、一つの世界に別れを告げます。**再び生まれ変わるということは過去を手放すことであり、非難の思いを持たずに現在を見ることである。**時間の世界は本当の世界ではなく、永遠の世界が私たちの本当の故郷です。私たちは今、そこに向かっているところです。私たちは可能性に満ちみちています。

3　復活

あなたの復活とはあなたの覚醒である。

私たちの人生の目的は、私たちの中にある最高のものに命を与えることです。キリストが幼子としてやって来るのは、生まれたばかりの赤ちゃんの無邪気な心が過去の歴史や罪の意識によって損なわれていない人の象徴であるからです。私たちの内なるキリストの幼子には、いかなる前歴もありません。新たに始める機会を与えられた人を象徴しています。過去の傷を究極的に癒すただ一つの方法は、それを許し、それを手放すことです。奇跡を働く人は、人生における目的は人類の許しのために自分を使うということであると考えています。

『コース』はこう言っています。**聖書には深い眠りがアダムの上に落ちたと書いてあるが、アダムが目を覚ましたという言及はどこにもない。**これまでのところ、**包括的な覚醒、ないしは再生**はまだ起きていないのです。自分自身の分離と罪の意識という夢から目を覚ますことを自分自身に許し、過去を解放し、今という瞬間の新しい人生を受け入れることによって、地球的再生に誰でも貢献することができます。私たち一人ひとりが目覚めることによってのみ、世界の目覚めが可能になります。私たちは自分で持っていないものを人にあげることはできません。

私たちは皆、庭の一角をあてがわれています。それは私たちが転換しなければならない宇宙の一角です。この宇宙の一角とは私たちの人生です。つまり、私たちが持つ様々な人間関係であり、家庭であり、仕事であり、現在の境遇です。私たちが自分を見出すあらゆる状況は、恐れの代わりに愛を教えるための機会です。それは、聖霊によって完璧に計画された機会です。自分がどのようなエネルギーの中に置かれたとしても、それを癒すのが私たちの仕事です。思考形態を清めたいと思ったならば、まず自分自身の思考形態を清めることから始めるべきです。変化が必要なのは、決して客観的状況ではなく私たちです。神様に私たちの人生を変えて下さいと祈るのではなく、私たちを変えて下さいと祈るべきです。

それが最高の奇跡です。そして、究極的には唯一の奇跡です。あなたが分離の夢から目覚めて、別人になること、それが奇跡です。人びとはいつも自分が何を達成したかに関心を持っています。自分は十分成功しただろうか。最高の脚本を書いただろうか。最も強力な会社を築いただろうか。しかし、この世界はもう一冊の偉大な小説、素晴らしい映画、壮大な事業によって救われることはありません。この世界は偉大な人びとが出現することによってのみ救われるでしょう。

神の力は、とくに現在、ものすごいスピードと勢いで私たちに注がれています。器である私たち、あるいは導管である私たちが、生命への献身と畏敬の念を通して適切な準備をしていなければ、私たちを救うべき力そのものが私たちを破壊することになります。私たちの創造性は、私たちの個人的な力を強烈なものにする代わりに、私たちをヒステリックにするかもしれません。これが理由で、創造力は、それは私たちの内なる神ですが、両刃の剣として体験されます。この創造力を優雅に受け止めるならば、私たちは祝福され、優雅さを持たずに受け止めるならば、狂気に走ることになります。非常に多くの創造的な人びとが麻薬の破壊的な濫用に身を委ねるのはこれが理由です。彼らは、神の力を受け取る体験をさらに高める代わりに、それを殺しています。私たちの中に入って来る神の力は、そういった力に対する名前もなければ真実のスピリチュアルな体験を承認する言葉も持たない文化にあっては、私たちをひどく怯えさせ、私たちはそこで何が起きているのかを感じることから逃避しようとして麻薬やアルコールに走ります。麻薬で恍惚とした状態になって初めて、それを自分自身の体験だと主張する勇気が持てるというわけです。

奇跡はすべての人の権利であるが、最初に浄化が必要である、と『奇跡の学習コース』は述べています。精神的にであれ、化学的にであれ、不純であることはシステムを汚染し、内なる祭壇を汚します。そうすると、私たちの肉体は神の体験に対処できなくなります。霊の水が私たちの中に注ぎ込まれても、花瓶が割れてしまいます。私たちが気にかけなければならないのは、入ってくる霊力の流れを強くすることではありません。神の愛はすでに非常な速さで入って来ており、それに対処するのが精一杯です。私たちが気にかけなければならないのは、それを受け止めるための準備をすることです。

『奇跡の学習コース』は、私たちは非常に明るい照明で照らされた部屋の中にいて、手の指を目の前に出して、暗くてよく見えないと不平を言っている人たちのようなものだ、と言います。光は来ているのに、私たちには見えないのです。今という瞬間が常に新しく出発するためのチャンスであり、光に満ちた瞬間であるということが分からないのです。私たちは光に対してまるでそれが暗闇であるかのように反応するため、光は闇に変わってしまいます。時々、あとで振り返ってみて初めて、あのとき人生をやり直す機会を与えられたんだ、新しい人間関係を始める機会をもらったんだなあと分かったりすることがあります。しかし、過去に反応するのに忙しくて、本当に新しい機会を見逃してしまうのです。

私たちが本当に自分に正直である時、成功の機会が訪れないという問題はありません。神は常に私たちの可能性を拡大しています。私たちは数多くの機会を与えられているのに、それを過小評価する傾向があります。私たちのちぐはぐなエネルギーが、すべてのことを妨害しているのです。新しい人との関係、あるいは新しい仕事を求めたとしても、新しい状況に、この前の状況と同じ心構えで臨んだのではあまり役には立ちません。恐れに満ちた心の習慣という内なる悪魔を癒すまでは、どんなに新しい状況であれ、すべてこれまでのものと同じ悲劇的なドラマに転化してしまうでしょう。私たちがするすべてのことには、私たちがそれをするときに使うエネルギーが吹き込まれます。私たちが狂乱状態であれば、人生は狂乱状態になります。私たちが心穏やかであれば、人生は平和に満ちたものになります。というわけで、いかなる状況においても、私たちが目指すべきものは心の内なる平和ということになります。心の内なる状態が、人生体験を決定します。体験が内なる心のあり方を決定するのではありません。

十字架上の磔《はりつけ》という言葉は、恐れのエネルギーパターンを意味します。それはエゴの限定された、否定的な思考を象徴し、エゴがどのようにして愛を制限し、愛に反駁し、愛を無力にしようとするかをよくあらわしています。復活という言葉は愛のエネルギーパターンを意味しますが、愛は恐れに取って代わることによって恐れを超越します。奇跡を行う人の役割は、許すことです。この役割を果たすことによって、私たちは復活のチャンネルになります。

神と人間は究極の創造チームです。神は電気に似ています。家の中に電気の配線をしたとしても、電灯設備がなかったとしたら、それが何の役に立つでしょうか。神が電気だとすれば、私たちは神によって灯される電球です。電球のサイズや形、デザインは問題ではありません。大事なことはただ一つ、コンセントに接続することです。私たちが誰であるか、私たちの才能が何であるかは問題ではありません。大事なことはただ一つ、神に奉仕するために自分が使われることに意欲を持つことです。私たちの意欲と確信が、私たちに奇跡的な力を与えてくれます。神の僕《しもべ》にはマスターの刻印が押されています。

電球は、電気が来なければ光を出すことはできません。また、電球がなければ電気も光を出すことはできません。しかし、一緒になればすべての暗闇を払拭することができます。

4　宇宙の成人期

神の子よ、あなたは善なるもの、美しいもの、聖なるものを創造するために創造された。

私たちがより純粋な神の光のチャンネルになるにつれて、この世界において可能な甘美なるものへの食欲が出てきます。奇跡を行う人は、現在の世界と戦うのではなく、理想の世界を創造する方向に向かいます。

問題に対処する場合、問題の症状に対処していただけでは、問題を本当に解決することにはなりません。たとえば、核兵器を例にとってみましょう。私たちがみな一生懸命努力して、十分な署名を集めて、新しい政治家を代表にすれば、核兵器を禁止することができます。しかし、究極的には、私たちの心の中にある憎しみを除去しなければ、それが何の役に立つでしょうか。恐れと相克が消えない限り、私たちの子供たち、あるいは子供たちの子供たちが、現在の兵器よりもさらに破壊的な兵器を造り出すことでしょう。

物質世界に存在するすべてのものは、それが心によってどう使われるかで、恐れに向かう旅の一部になったり、愛にもどる旅の一部になります。私たちが愛に捧げるものは、愛の目的のために活用されます。というわけで、私たちはこの世界の幻想の枠組みの中で働きます。政治的に、社会的に、環境的に、などなど。しかし、私たちは本当の変化は行動から来るのではなく、行動する際の意識からやって来るということを知っています。地球的なエネルギーの本当の転換が始まるまで、時間を稼いでいるだけのことなのです。

奇跡を行う人の目的は霊的には壮大なものですが、個人的なレベルでは壮大なものではありません。高次元の宇宙のドラマは、あなたのキャリアでもなく、あなたのお金でもなく、要するに世俗的な体験とは関係がありません。もちろん、あなたのキャリアは重要ですし、お金も、才能も、エネルギーも、人との関係も大切です。しかし、そうしたものが重要であるのは、それが神のためにどのように活用できるかというレベルでの話です。未熟にも小さな自分にこだわる段階を卒業すると、私たちは自己中心的なあり方を越えて、宇宙的に成熟するのです。

この宇宙的な成熟を見出すまでは、私たちは子供のようなものです。車のローンの支払いや、自分の出世、整形手術、他人に受けた些細な心の傷に頭を悩ませ、その間に、政治情勢は今にも沈没寸前、オゾン層の穴は日に日に悪化して行きます。幼稚であるということは、究極的にはあまり重要ではないことに気をとられ、本当に重要なこととの不可欠のつながりを失ってしまうことです。

幼稚であることと、幼児のようであることには違いがあります。幼児のようであることは、優しさと同じように霊性を暗示します。そして、私たちを新しい体験に対してオープンにしてくれる深遠な無知を暗示します。幼児のようであることは、自分を神の手に抱かれた子供として見ることです。一歩現実から退いて、神に導いてもらうことを学びます。

神は私たちと分離しているわけではありません。なぜなら、神は私たちの心の中にある愛なのですから。すべての問題は、誰かが愛から分離されていることが原因です。この地球上で毎日、実に三万五千人の人が飢えのために死んでいます。しかも、食料は不足していないのです。ここで問いかけるべきことは、「子供を飢えで死なせるなんてそれは一体、どういう神様なのだろう?」ではなく、「子供を飢え死にさせている人間とは一体、どういう人間なんだろう?」です。奇跡を行う人は、より愛情に満ちた生き方に向けて意識的な変化を遂げることによって、世界を神様へとお返しするのです。冷笑的な諦念をもって、世界が崩壊するのを待てば、私たち自身もその問題に対する答えではなく、問題の一部になってしまいます。神にとっては、**奇跡に難易度はない**ということを私たちも意識的に認知しなければなりません。愛はすべての傷を癒します。いかなる問題といえども神の注意を引くために小さすぎることはなく、いかなる問題といえども神の手に負えないほど大きいということはありません。

この世界におけるあらゆるシステムが、社会的にも、政治的にも、経済的にも、生態系的にも、私たち人間の残酷さの重みに耐えかねて崩壊しはじめています。奇跡でも起きなければ、もうすべては崩壊寸前で、世界を救うには手遅れだとさえいえるかもしれません。多くの人は、世界は避けることのできない崩壊に向かって突き進んでいると確信しています。少しでも分別のある人であれば、この世界は多くの点において、螺旋状に落下しつつあることを知っています。どこに行くにせよ、落ち続けて行くように思われます。この方向を変えるためには、これよりも強い反対勢力で立ち向かうしか方法はありません。奇跡こそ、その反対勢力です。愛が臨海点に達する時、すなわち十分な数の人が奇跡に基づいた心を持つようになった時、世界は大きな変化を遂げることになります。

今は土壇場ともいうべき時です。『コース』によれば、私たちが何を学ぶかは私たちが決めることではなく、喜びの中で学ぶか、それとも苦しみを通して学ぶかだけが私たちに決定できることです。私たちはいつかは、お互いを愛するようになるでしょう。しかし、苦しみの中でそれを学ぶか、それとも平和の中でそれを学ぶかは私たち次第です。私たちが暗黒の道をたどり、核戦争を起こし、戦いの後に地球上に五人の人が残ったとすれば、その五人は確かに教訓を学んで、お互いを見て、「これからは仲良くやっていこうよ」と言うかもしれません。しかし、私たちがそう望めば、ハルマゲドンのシナリオを経験する必要はありません。私たちの多くは、個人的な生活のレベルですでにハルマゲドンは体験済みです。人類全体でもう一度、それを体験する必要はありません。後になってから教訓を学ぶこともできますが、今それを学ぶことも可能です。私たちには選択があると知ることは、本当の大人としてこの世界を理解していることを意味します。

『オズの魔法使い』の中で、ドロシーがオズの国へのドラマチックな旅を体験した後で、善良な魔法使いがドロシーに向かって、家に帰りたければ、靴の踵を三回ならしながら「私は家に帰りたい、私は家に帰りたい、私は家に帰りたい」と言えば良かったのだと言います。黄色いレンガの通りを長い時間をかけて歩く必要はなかったというわけです。ドロシーはたぶん怒ったに違いありませんが、こう言います。「どうしてそれを教えてくれなかったの?」。すると、魔法使いは答えます。「教えてあげたとしても、あなたは信じなかったでしょう」。

古代ギリシャの悲劇で、「デウス・エクス・マキナ」と呼ばれる筋書きの仕組みがよく用いられます。話が悲劇のクライマックスに達し、すべての望みが断ち切られたかのように思われる瞬間に、神があらわれて救いをもたらします。これはすべての物事の原型ともなる重要な情報です。物事が最悪の状態に見える最後の瞬間に、神は確かにあらわれるという傾向があるようです。これは神がサディスティックなユーモアのセンスを持っているがゆえに、私たちがまったく絶望に陥るまで待って、姿をあらわして力を見せるというのではありません。神の登場にそれだけ時間がかかるのは、そういう状況になるまで私たちは神について考えてみようともしないからです。

これまで私たちは、神を待っていたのは私たちであると考えていましたが、実は、神が私たちを待っていたのです。

5　再生

私が「柔和な人が地を受け継ぐであろう」と言った意味はこれである。彼らは、彼らの強さのゆえに文字通り地を受け継ぐであろう。

今こそ、私たちの目的を実現し、地上にありながら天の思いだけを抱いて生きる時です。**かくして、天と地は一体となり、二つの分離した状態として存在することはなくなる。**奇跡に基づいた思考が容易ではないことがあります。その理由は、私たちの思考の習慣的なパターンには恐れが浸透しているからです。そういう場合、つまり怒り・嫉妬・あるいは傷つけられた思いが心にくっついて離れず、どうしても手放すことができないように思われる時、どうすれば奇跡を行うことができるのでしょうか。聖霊に援助を求めれば、それができます。

『コース』によれば、私たちにはたくさんのことができますが、聖霊に依頼して無駄足を踏むことだけは絶対にできない、と言います。**私たちは神にあまり頼みごとをしない。いや実際のところ、神への依頼が少なすぎる、**と『コース』は言います。道を見失ってしまったと感じる時、気が違ってしまったと感じる時、恐れを感じる時、そんな時はいつでも神の助けを求めさえすれば良いのです。神の助けは、私たちが期待するような形では来ないかもしれません。あるいは、私たちが絶対こうであって欲しいと望んだような形ではやって来ないかもしれません。しかし、助けは確実にやって来ます。私たちがどのように感じるかで、その助けを認知することができます。どんなに辛いことの真只中にあったとしても、心に安らぎを感じるはずです。

私たちは、人生には様々なカテゴリーがあると考えています。たとえば、お金、健康、人間関係、また人によっては「スピリチュアルな人生」などというわけです。しかし、このようにカテゴリーに分類するのはエゴだけです。人生で進行するドラマはただ一つ、神から遠ざかるか、それとも神に近づくかというドラマです。私たちは、この一つのドラマを様々な形で何度も何度も再演しているだけなのです。

『コース』は、**私たちは数多くの問題を抱えていると思っているが、問題は一つしかない**、と言っています。愛を否定することが唯一の問題であり、愛を受容することが唯一の答えです。愛は私たちのあらゆる関係を癒してくれます。お金との関係、肉体との関係、仕事との関係、セックスとの関係、死との関係、自分自身との関係、他人との関係……、あらゆる関係を癒してくれます。純粋な愛の奇跡的な力によって、いかなる領域においても過去を手放し、新たに出発することができます。

私たちが奇跡の原則をオモチャのように扱うならば、奇跡の原則は私たちの人生においてオモチャのようなものとなるでしょう。しかし、奇跡の原則を宇宙の力として扱うならば、それは私たちにとって宇宙の力となるでしょう。過去は終わっています。私たちが誰であるか、どこからやって来たか、母親が何と言ったか、父親が何をしたか、どんな間違いを犯したか、どんな病気にかかっているか、いかに憂鬱な気分に陥っているか、といったことは問題ではありません。未来はこの瞬間に新しいプログラムに組み替えることができます。これを実現するためには、セミナーに出ることもなければ、もう一つ学位を取る必要もなく、別な人生まで待つ必要もなく、誰かの合意を求める必要もありません。私たちがしなければならないことはただ一つ、奇跡が起きることを依頼し、奇跡に抵抗するのではなく、奇跡が起きることを許してあげるだけで良いのです。

新しい出発が可能です。これまでの人生とは似ても似つかない人生が可能です。様々な関係も新しいものになるでしょう。キャリアも新たなものとなるでしょう。私たちの肉体も新しくつくり変えられるでしょう。この惑星も新たに生まれ変わるでしょう。神の意志は天国におけると同じように、地上においてもなされるでしょう。いつかではなく今、どこかではなくまさにこの場所において、それがなされるでしょう。苦しみによってではなく、平和の中でなされるでしょう。

パートII

実行

［第6章］

様々な関係

聖霊の宮殿は肉体ではなく関係である。［『奇跡の学習コース』から引用、以下同（太字）］

1　神聖な出会い

誰であれ**人**と**会**う**時**には、それは**神聖**な**出会**いであることを**思**い**出**しなさい。あなたがその**人**を**見**るように、あなたはあなた**自身**を**見**る。あなたがその**人**を**扱**うように、あなたはあなた**自身**を**扱**う。あなたがその**人**のことを**考**えるように、あなたはあなた**自身**のことを**考**える。**決**してこれを**忘**れないことである。なぜなら、あなたはその**人**の**中**にあなた**自身**を**発見**するか、あなた**自身**を**見失**うかのどちらかなのであるから。

私は『奇跡の学習コース』を読む前に、様々な精神科学の本や哲学の本を読んで勉強しました。これらの本によって、私は膨大な数の階段を昇って心の中の巨大な大伽藍《がらん》へと導かれたように感じました。しかし、階段のいちばん上まで到達すると、教会のドアには錠がかかっていました。『コース』は、このドアを開ける鍵を私に提供してくれました。その鍵とは、簡単にいうと他の人たちです。

『コース』によると、天国とは状態でも場所でもなく、**完璧な一体性の意識**です。父なる神と神の子は一体なのですから、一方を愛することは他方を愛することでもあります。神の愛は私たちの外にあるのではありません。戯曲『レ・ミゼラブル』の歌の中に次のような歌詞があります。「人を愛することは神の顔を見ることである」。「キリストの顔」とは、私たちが皆かぶっている仮面の背後にある無邪気さと愛であり、自分自身の中に、また他人の中にその顔を見て、その顔に触り、その顔を愛することが神を体験することです。それが神聖な人間性です。それこそ、私たちが誰でも求めている恍惚感です。

あらゆる関係において、あらゆる瞬間において、私たちは愛か恐れのどちらかを教えています。**教えるということは身をもって示すことである。**私たちが他者に対して愛を身をもって示す時、私たちは愛すべき存在であることを学び、さらにより深く愛するための方法を学びます。私たちが恐れや否定的なあり方を身をもって示す時、私たちは自分を糾弾することを学び、人生をさらに恐れるようになります。私たちは自分が教える選択をしたことを常に学びます。**考えはその根源を離れることはない**のです。だからこそ、私たちは常に神の一部であり、私たちの考えは常に私たちの一部なのです。私が誰かを祝福するという選択をすれば、必ず私自身が祝福されるという結果になります。誰かに罪悪感を投影すれば、必ずや私が罪悪感を覚えるという結果に終わります。

様々な人間関係は、神へと至る私たちの歩みを早めるためにあります。私たちが聖霊に身を委ね、聖霊が私たちの認識の責任をとる時、人との出会いは聖なるものとなり、完璧な神の子との出会いになります。『奇跡の学習コース』は、私たちが会う人は皆、私たちを十字架にかける人か私たちの救世主かのいずれかになるが、それは私たちがその人に対してどのような存在になるかという選択にかかっている、と述べています。彼らの罪に注目すれば、自己嫌悪の釘を自らの皮膚に深く打ち込むことになります。彼らの無邪気さに注目すれば、私たちは解放されます。**中立的な思いはない**のですから、すべての人間関係は私たちを天国か地獄のいずれかに近づけてくれることになります。

2　人との関わりにおける許し

許しはあなたの兄弟とあなた自身の間にある壁を取り払う。

『奇跡の学習コース』は、実用的なゴールを達成するための実用的な『コース』であることを誇りにしています。実用的なゴールとは、内なる心の安らぎを達成することです。許しこそ、内なる心の安らぎに至る鍵です。なぜなら、許しは心のテクニックで、これによって私たちの思いが恐れから愛へと転換されるからです。他の人たちをどのように認識するかは、裁きを下したいエゴと、ありのままに受け入れたい聖霊の戦場になることがしばしばあります。エゴはアラ探しの名人です。エゴは私たち自身の、そしてまた他人の欠点を探し出します。聖霊は私たちの無邪気さを探し出します。聖霊は私たちを誰でもありのままに見ます。私たちは神の完璧な創造物なのですから、聖霊は私たちを見てそのままの私たちを愛します。私たちの性質の中には愛から逸脱する傾向のある部分もありますが、これは私たちの欠点ではなく、傷口です。神は私たちに罰を下したいのではなく、私たちを癒したいのです。他の人たちの傷についても、このように考えることを神は望んでおられるのです。

許しは「選択的な記憶」です。つまり、愛に焦点を絞るという意識的な選択をして、それ以外のものは忘れるのです。しかし、エゴは容赦しません。エゴは**最善の状態でも疑い深いものであり**、**最悪の状態では悪意をむき出しにする**のです。エゴは他の人たちを私たちの心から追放するために、隠微で意地悪な議論をふっかけてきます。**エゴの教えの要諦は神の子は罪深いであり**、**聖霊の教えの要諦は神の子は無実である**です。

奇跡を行う人は、意識的に聖霊をすべての人間関係の中に招じ入れ、他人を裁き、欠点を探すという誘惑から私たちを解き放してくれるように依頼します。私たちは、他人を糾弾しがちな自分のあり方から救ってくれるように聖霊に依頼します。自分自身の中にある無邪気さが見えるように、他の人の中にある無邪気さを私たちに見せてくれるようにと依頼します。

《神よ、私はこの関係をあなたに委ねます》［『奇跡の学習コース』の内容を著者が言い換え、かつ解釈したもの。以下《 》内、同］という祈りの意味は、《神よ、この人をどうぞあなたの目で見させて下さい》ということです。贖罪を受け入れることにおいて、私たちは神が見るように見、神が考えるように考え、神が愛するように愛することを求めています。他人の無邪気さが見えるようにと助けを求めているのです。

ヨーロッパで家族と休暇を過ごしたことがありました。母と私は仲良くするように高貴なまでの努力を払っていましたが、うまくいっていませんでした。攻撃と防御の昔ながらの行動パターンが、二人の間に絶えず顔を出すのです。母としては娘にもっと保守的であって欲しいと思い、私は母にもっと新しい考えに心を開いて欲しいと思っていました。私はインスピレーションが得られないかと『コース』を何度も何度も開いてはみたものの、残念なことに、いつも同じセクションを開いてしまうような感じでした。**神であれば考えなかったであろうどのようなことをあなたが考えたか、また、神があなたに考えて欲しいと思うことであなたが考えなかったことが何**

であるか、正直に考えなさい、という文章を私は何度も何度も繰り返して読みました。別な言い方をすれば、私の考えが神の考えとずれたのはどこかということです。私はもう気が狂いそうでした。唯一の間違いは私自身の考え方にあるなどとは、聞きたくもなかったのです。

ついに、ヴェニスの聖マルコの広場で、私は母親をしげしげと見つめ、心の中でこう思いました。〈確かに神様は彼女を見て、「ソフィー・アンは何と嫌な女だ」などとは考えないだろうな〉。私が母親をそのように見る限り、彼女の欠点に注目し続ける限り、私は心の安らぎを得ることはできませんでした。このことに気づいた瞬間、私は彼女の罪であると私が認識していたことに執着するのをやめました。その瞬間から、状況が変わりはじめたのです。奇跡としか思われないのですが、母親が私に対してずっと優しくなり、私も彼女に対して優しく接しはじめたのです。

私たちを怒らせるようなことを何もしたことがない人を許すのは簡単です。しかし、私たちを怒らせる人は最も大切な先生です。そういう人たちは、私たちの許しの能力の限界を示してくれます。**恨みを抱くことは、神の救済の計画に対する攻撃である。**他の人たちに対する恨みを手放すという決定は、自分自身の本当の姿をありのままに見るという決定です。なぜなら、他の人の完璧さに対して私たちを盲目にする闇は、私たち自身の完璧さに対しても私たちを盲目にするのですから。

あらゆる倫理基準・道徳基準・誠実さの基準に照らしてみて絶対に問題があると知っている人について、その有罪の認識を手放すのは、大変困難であるかもしれません。しかし『コース』は、**あなたは正しくありたいのか。それとも、幸せでありたいのか？**　という問いを発します。もしもあなたが兄弟を裁いているとするならば、あなたが正しいとしても、あなたは間違っています。ある人についての裁きの気持ちをなかなか手放すことができず、心の中で〈だって、私が正しいのだから〉と抗議し続けたことがあります。その人に対する私の価値判断を手放すことは、その行動を許してしまうことになると私は感じていました。〈この世界では、誰かが原則をしっかりと守らなきゃいけない。いつでも、どんなことでも許していたら、それこそ優劣の基準も崩れてしまう〉と私は感じました。

しかし、私たちが宇宙を取り締まることは神にとっては必要ではありません。ある人に対して非難のゲンコツを振り上げても、その人が変わるのには役立ちません。誰かが悪いという私たちの認識に何かできることがあるとすれば、その人を意固地にしてその状態にとどまらせるくらいのことでしかありません。比喩的にであれ、文字通りにであれ、誰かに対して非難のゲンコツを振り上げても、その人の間違った行動を正す可能性は低いでしょう。同情と許しの気持ちで接した方が、癒された反応が引き出されるはずです。人びとはあまり身構えることなく、自分の行動を訂正することにもっとオープンになるでしょう。私たちはだいたいにおいて、自分が間違っている時はそれを自覚しています。どうすれば良い方向に持って行くかが分かっていないだけなのです。この時点で、他人の攻撃は私たちが必要としているものではありません。助けが必要です。許しは新しい文脈をつくり出します。この新しいコンテクストの中では、人はより簡単に変わることができます。

許しは、人びとを今現在、ありのままに見るという選択です。私たちが誰かに対して怒りの気持ちを持つのは、今という瞬間よりも前にその人がやったこと、あるいは言ったことが原因です。しかし、人が言ったことややったことは、その人そのものではありません。私たちの兄弟の過去についての認識を手放す時、新しい関係が誕生します。《過去を現在に持ち込むことによって、私たちは過去とまったく同じ未来を創造します》。過去を手放すことによって、奇跡が起きる余地を残すのです。

兄弟に対する攻撃は、彼が過ちを犯した過去を思い出させることです。兄弟の罪悪を断言する選択をすることによって、彼の罪悪をさらに体験するという選択をすることになります。未来は現在にプログラムされます。過去を手放すということは、現在においては兄弟は無実であることを思い出すということです。その人の真実であると私たちが知っていることに基づいて人を受け入れるというのは、優雅にも寛大な行為です。その人自身がその真実を自覚していようといまいと関係はありません。

愛だけが実在します。愛以外には何も存在しません。誰かが愛情のない行動をとったとしても、またその行動がいかにマイナスなものであっても、その行動は恐怖心から生まれたものであり、したがって実際には存在しないという意味です。それは幻覚にすぎません。したがって、あなたはそれを許すしかありません。なぜなら、許すべきものは何もないのですから。許しとは、実在するものと実在しないものを識別することです。

愛情のない行動をとる時、人は自分が本来何であるかを忘れています。眠りに落ちて、自分の中にいるキリストを忘れてしまったのです。奇跡を行う人の仕事は、眠らずにいることです。眠りに落ちて兄弟の罪悪を夢見るという選択に、ノーと私たちは言います。こうすることによって、兄弟の眼を覚まさせる力が私たちに与えられます。

奇跡を行う人の最高の模範は、ポリヤーナです*。エゴはこれを知っています。だからこそ、アメリカの文化の中では彼女は常にこき下ろされます。ポリヤーナは、誰もが何年もの間、お互いに卑劣なことばかりしているといった状況に投げ込まれます。彼女は、そういった卑劣なありようを見ないという選択をします。卑劣さの向こ

*米国作家エレノア・ポーター（一八六八ー一九二〇）作の小説の主人公の名前で、非常な楽天家としてよく引用される。

うにあるものを彼女は信じたのです。肉体的な感覚が明らかにしてくれたものの向こうまで認識を延長し、すべての人間についてこうであると彼女の心が知っている真実まで届かせたのです。人がどのような行動をとろうと、それは問題ではありません。人の恐れの背後にあると彼女が知っている愛を信じたのです。こうして、彼女は彼らの愛を喚起して表現させます。ポリヤーナは許しの力を行使しました。ごく短期間のうちに、誰もが親切になり、幸せになったのです。誰かに「マリアン、あなたポリアーナみたい（楽天的すぎる）」と言われるたびに、私は密かに「私にもポリアーナほどの力があれば素晴らしいのになあ」と思うのです。

3 価値判断を手放す

価値判断は神の属性にはない。

『奇跡の学習コース』によれば、私たちが誰かを攻撃する思いを抱く時はいつも、その人の頭上に刀を振り上げています。しかし、その刀はその人の頭上にではなく、私たちの頭上に振り下ろされます。すべての思いは自分自身についての思いですから、誰かを糾弾するということは自分自身を糾弾することに他なりません。

どうすれば価値判断から逃れることができるでしょうか。だいたいは、私たちが裁いているものを再解釈することによってです。『奇跡の学習コース』は、罪と誤りの違いを説明しています。《罪は、私たちが非常に悪いことをしたために神が私たちのことを怒っているという意味です》。しかし、私たちの本質的な性質を変えるようなことは私たちにはできないのですから、神は怒るはずもありません。実在するものは愛だけです。それ以外には何も存在しません。《神の子は罪を犯すことはできませんが、間違いを犯すことはあります》。そして、私たちは確かに間違いを犯します。しかし、私たちの過ちに対して神が示す態度は、それを癒してあげたいという願望です。私たち自身が怒りに燃え、人を罰したいと思っているために、怒り狂って、人を罰したいと思う神を創造してしまったのです。しかし、私たちが神のイメージに創られているのであって、その逆ではありません。神の延長である私たちは、同情の思いに満ちたスピリチュアルな存在であり、心が正しい状態にある時は人を裁くことはせず、癒してあげようとするのが本来の私たちです。私たちはこれを、許しを通して行います。誰かが私たちに対して愛情のない行動をとった時、たとえば怒鳴りつけてきたり、私たちについて嘘をついたり、何かを私たちから盗んだりした時、その人は本来の自分との接触を失ってしまったのです。本来の自分を忘れてしまったのです。しかし、『コース』によれば、人のすべての行為は**愛であるか、それとも愛を求める叫び**です。誰かが愛情をもって私たちに接するならば、それに対する適切な反応はむろん愛情です。恐怖の心で私たちに接してきたならば、その行動は愛を求める叫びであると見るべきです。

アメリカの刑務所の制度は、罪を認識する選択と過ちを認識する選択の哲学的かつ実際的な違いを実証しています。私たちは犯罪者を罪人と見て、彼らに罰を下そうとします。しかし、私たちが他人に対してなすことは何であれ、自分自身にしているのです。統計の数字は、アメリカの刑務所が犯罪の養成学校であることを痛ましくも証明しています。計り知れないほどの犯罪が、すでに刑期を務めたことのある人びとによって犯されているのです。他の人びとを罰することによって、結局は自分自身を罰するという結果に終わっています。ということは、暴行の犯人を許してあげ、その日はたまたま気分が悪かったのでしょうと言って家に帰してやるべきなのでしょうか。もちろん、そうではありません。私たちは奇跡を求めなければなりません。ここでいう奇跡とは、刑務所を罰を下すための場所として認識することから、社会復帰のための場所として認識する方向に変えることです。刑務所の目的を恐怖から愛へと意識的に変える時、私たちは癒しの無限の可能性を解放するのです。

許しは意識の武術のようなものです。合気道やその他の武術においては、攻撃者の力に抵抗する代わりに、それをかわします。すると、攻撃のエネルギーはブーメランのように攻撃者の方向にもどって行きます。何も反応せずに、じっとしていることが強いのです。攻撃された時に反撃すると、防御するというのは反撃の一種ですが、誰も勝つことができない戦争を開始することになります。愛が存在しないということは実際にはあり得ないことですから、自分自身の場合でも、他人の場合でも、愛がないことによって翻弄されるということはありません。もちろん、問題はそうは思わないことにあります。私たちが奇跡を求める時、人生の様々な戦いに自分で取り組むのではなく、戦いの場から救い出してもらおうとします。聖霊は、戦いは実在しないことを思い出させてくれます。

「報復は我にあり、と神は言った」との聖書の言葉は、「報復の考えは放棄しなさい」という意味です。神はすべての過ちのバランスをとって正しますが、攻撃や価値判断、罰によってそうするのではありません。人を裁きたくて仕方がない誘惑に駆られる時には、とてもそのようには感じることはできませんが、正当な怒りなどというものは存在しません。私は子供の頃、弟や姉とよくケンカをして、母親が家に帰って来ると、私たちの口論で彼女を悩ませたものです。三人のうちの一人が必ず、「二人が先にやったんだ」と言うのです。「誰が先にやったか」というのは実際には問題ではないのです。あなたが先に攻撃しようと、あとから反撃しようと、あなたは攻撃の道具であり、愛の道具ではありません。

数年前に、カクテルパーティーの席で、アメリカの外交政策に関して大激論を交わしました。その夜遅くに、私は一種の白日夢を見ました。一人の紳士があらわれて私にこう言ったのです。「失礼ですが、ウイリアムソンさん、一応申し上げておいた方がよろしいかと思いまして。宇宙の出席点呼では、あなたは鳩ではなく鷹ということになっています」。

私は激怒して言いました。「とんでもない。私は完全な平和論者です。私は徹底した鳩派です」。

「そうではないと思います」と紳士は言いました。「ここにあなたのチャートがありますが、はっきりとこう書いてあります。マリアン・ウイリアムソン、戦争挑発者とね。あなたはロナルド・レーガン、カスパー・ワインバーガー、それにCIAと交戦中ですし、実際の話、アメリカの防衛組織全体と交戦中です。申し訳ありませんが、あなたは絶対に鷹です」。

それを聞いて、私にも彼が正しいことが分かりました。ロナルド・レーガンが頭の中に持っているのと同じ数のミサイルを、私も持っていました。彼が共産主義者を裁くのは間違っていると私は思ったわけですが、私が彼を裁くのはかまわないと思っていたのです。なぜ？　もちろん、私は正しいからです！

怒りの世代には平和をもたらすことはできないと悟るまで、私は長年の間、怒りに燃えた左翼でした。私たちが行うことのすべてには、それをするに当たって私たちが使うエネルギーが染み込んでいます。いみじくもガンジーが言ったように、「私たちは変化そのものでなければならない」のです。エゴが私たちに見せまいとする真理は、私たちが除去する必要がある銃は私たちの頭の中にある銃である、ということです。

4　愛するという選択

エゴは罪の意識の選択であり、聖霊は優しさの選択である。

エゴは、誰かが誤ってやってしまったことを常に強調します。聖霊は、人が行った正しいことを常に強調します。『コース』は、エゴは私たちの兄弟が犯した罪の証拠をくまなく嗅ぎ回って集めて来ては、それを主人の足下に持って来る犬のようなものである、と言います。聖霊も同じようにメッセンジャーを派遣して、兄弟が無罪である証拠を集めさせます。重要なことは、私たちは自分が見たいものはそれを見る前にすでに決めてしまうということです。私たちは自分が依頼したものを受け取ります。**投影が認識をつくる**のです。人生において私たちはどんなものでも探し出すことが可能であり、実際に探し出します。『コース』によれば、私たちはある人が愛するに値するかどうかを知る程度まで理解することができると考えていますが、実際には、その人を愛さない限り理解することはできません。霊的な道を歩むということは、兄弟の罪であれ無実性であれ、私たちが意識的に認識するという選択の責任を含みます。私たちがそれを本当に見たいと思った時、兄弟の無実が見えてきます。人間は完璧ではありません。つまり、自分の内なる完全性を外面的に表現しません。兄弟の性格の欠点に注目するか、魂の無邪気さに注目するか、それは私たち次第です。

人びとの罪であると私たちが考えるものは、彼らの恐れです。すべてのマイナスなあり方は恐れが原因です。誰かが怒っている時、その人は恐れているのです。誰かが不躾けな態度をとる時、その人は恐れています。誰かが人を操作しようとする時、その人は恐れています。誰かが残酷な行動をとる時、その人は恐れています。愛が解消できない恐れはありません。許しが転換することのできないものはありません。

暗闇は光が欠けているだけであり、恐れは愛情が欠けているだけのことです。野球のバットで殴っても、暗闇を消すことはできません。そもそも打つべきものが何もないのですから。暗闇を消したければ、明かりをつけなければなりません。それと同じように、恐れを除去したかったならば、恐れの代わりに愛情を与えなければなりません。

愛するという選択は、いつもやさしいとは限りません。エゴは、恐れに満ちた反応は簡単にはあきらめず、頑強に抵抗します。ここで聖霊の登場となります。私たちの認識を変えるのは私たちの仕事ではなく、それを私たちに代わって変えてくれるように聖霊に依頼するのが私たちの仕事です。

たとえば、あなたの夫があなたのもとを去って別な女性のところに行ったとしましょう。あなたには他の人を変えることはできません。また、神様に彼らを変えてくれるようにと頼むこともできません。しかし、この状況を違った目で見ることができるようにと依頼することはできます。心の平和を依頼することはできます。聖霊に私の認識を変えて下さいと依頼することはできます。これはまさに奇跡ですが、あなたの夫とその女性に対する価値判断を手放すと、あなたの胸の痛みは和らぎはじめます。

エゴはこう言うかもしれません。「あなたの夫が帰って来るまでは、あなたに心の安らぎは絶対にもどらないだろう」と。しかし、心の平和は外部の状況で決定されるのではありません。心の平和は許しから生まれます。苦しみは他人によって拒絶された愛情から生まれるのではなく、むしろ私たちが他の人に対して拒絶する愛情から生まれます。このような状況では、他人がとった行動のために私たちは傷つけられたように感じられます。しかし、ここで実際に起きていることは、ある人の閉ざされた心が私たちの心をも閉ざすように誘惑しているということです。そして、私たちを傷つけているのは、私たち自身が愛情を拒絶しているという事実です。奇跡とは私たちの考えをシフトさせることであるというゆえんは、ここにあります。私たちのまわりで起きていることとは無関係に、心を開いた状態に保とうとする積極的な気持ち、それが奇跡です。

奇跡はどんな状況でも常に可能です。なぜなら、誰も私たち自身の体験をどのように解釈するかを私たちに代わって決定することはできないからです。感情には二つしかありません。恐れと愛です。恐れは愛を求める叫びであると解釈することができます。奇跡を行う人は自分の利益を考えて他人に対して寛大である、と『コース』は述べています。自分の心が平和を保つことができるように、他の人を寛大に扱うのだというわけです。

私たちの怒りを他の人に投影しても、その怒りを自分自身が感じることはない、とエゴは言います。しかし、すべての心は連続体なのですから、私たちが他人に投影するものは私たち自身も感じ続けることになります。誰かに対して怒りを覚えることによって、少しの間は気分が良いと感じるかもしれません。しかし、最終的には恐れや罪の意識が自分自身のところにもどって来ます。私たちが誰かを裁けば、裁かれた人は私たちを裁きます。その人が私たちを裁かなかったとしても、私たちは裁かれたように感じます。

この世界の中で生活するうちに、私たちは不自然な心のあり方から本能的に反応することを身につけてしまいました。そして、怒り・猜疑心・過剰な自己防衛といった恐れの表現にとびついて行きます。不自然な考えが私たちには自然であるように感じられます。

『奇跡の学習コース』は、私たちの怒りをオブラートで包んで、そんなものは存在しないというふりをしなさい、と言っているのではありません。心理的に不健全なものは、霊的にも不健全です。感情を否定したり、抑圧することは不健全です。心の中が煮えくり返るような思いをしている時に、「私は怒っていません。本当です。私はいま『奇跡の学習コース』の一四〇ページを勉強しているのですから、もう怒ったりしません」などと言いなさいというのではありません。聖霊はこう言います。「私のところに来る前に、自分自身を浄化しようとしないで下さい。私が浄化します」。ある時、私は『コース』についての講演をするために出かける途中、私が苛立ちを覚えているある女性のことを考えている自分に気づきました。私はこの考えをあわてて隠そうとしました。まるで、こういう時にそんなことを考えるのは不謹慎だとでもいうようにです。すると、私の頭の中で、「あのですね、私はあなたの友達なんですよ。覚えてますか？」という声がしたような気がしました。聖霊は私が怒りを感じていることを裁かずに、私がその感情を通り過ぎて行くのを手伝ってくれたのです。

聖霊が何のために存在するのかを忘れてはなりません。私たちは、自分の気持ちが動揺していることを否定すべきではありません、同時に、私たちの感情はすべて愛のない思考から生まれているという事実を自分の責任として受け止め、そういう愛のないあり方を癒す気持ちを持つべきです。成長は誰かの教訓に注目するのではなく、自分自身の教訓にだけ注目することによってやって来ます。私たちは外部の世界の犠牲者ではありません。時には信じられないこともありますが、物事がどのように目に映るかはすべて私たちの責任です。救世主の必要がなければ、救世主はやって来ません。もちろん、この世界では愛することをほとんど不可能にするような、残酷で恐ろしいことがたくさんあります。しかし、聖霊は不可能なことを実現するために、私たちの心の中に存在しているのです。聖霊は、私たちが自分のためにできないことを、私たちに代わってやってくれます。聖霊は彼の力を私たちに差しのべ、聖霊の心と私たちの心が一体となる時、エゴの思考は閉め出されてしまいます。

しかし、エゴの感情を解放するためには、それを自覚しなければなりません。**聖霊はあなたが隠し続けるものに光を当てて解消することはできない。というのは、あなたはそれを聖霊に依頼してはおらず、聖霊はそれをあ**

なたから奪うことはできないからである。聖霊が依頼されていないのに、私たちの心のパターンを変えてしまえば、自由意志の侵害になってしまいます。しかし、私たちが変えてくれるように依頼すれば、聖霊は変えてくれます。何かの理由で怒ったり、気持ちが動揺している時、次のように言うことが求められています。「私は怒っています。しかし、この怒りを解放する気持ちを持っています。この状況を異なった目で見たいと思います」。私たちは聖霊に依頼してこの状況に登場してもらい、それを異なった展望から見せてもらうのです。

ある時、指の爪にマニキュアをしてもらっていました。すると、マニキュア師の友人がその部屋に入って来ました。私は、彼女の性格にはどうにも我慢がならないと思っていました。彼女が口を開きはじめた瞬間から、誰かが爪を黒板に立ててキーキー音を立てているような感じです。マニキュアはまだ終わっていませんから、部屋から出て行くわけにはいかず、マニキュア師は私の講演に来たことのある人だったために、私はそういう自分の態度を恥ずかしいと感じました。私は祈り、神に助けを求めました。神の答えはドラマチックなものでした。数分間のうちに、その嫌らしい女性は彼女の子供時代、とくに父親との関係について話しはじめたのです。彼女の生い立ちを聞いているうちに、彼女が自分自身に対する尊敬の念を持てない理由、そしてまたそれを補うために大仰で気取った性格を発達させていったということがはっきりと見えてきました。そうすれば、強く見えるだろうと彼女は考えたのです。もちろん、彼女のこの防御法はうまくいきませんでした。恐れから来ているために、こうした態度は人を遠ざける結果になりました。突然、五分前までは私を苛立たせていた同じ行動が、今や私の心の中に深い同情の思いを沸き立たせました。聖霊は、私の心を氷解させるであろう情報に、私の注意を引きつけてくれたのです。今や、彼女は私には違って見えました。彼女の行動が変わったのではありません。私が変わったのです。

5　教えのレベル

したがって、この計画には神についてのすべての教師との非常に具体的な接触が含まれている。

人間関係は課題です。それは私たちがさとりを開くための高遠な計画の一部で、聖霊がつくった青写真であり、それによって個々の魂がより広大な意識と拡大された愛へと導かれます。人間関係は聖霊の実験室であり、この中で聖霊は相互の成長の最大の機会を持つ人びとを一緒にかき混ぜます。ある時点において、誰が誰から最大限に学ぶことができるかを判断して、彼らを会わせます。まるで巨大な宇宙のコンピューターのように、聖霊はどのエネルギーの組み合わせが、どのような状況において、救済のための神の計画を前進させるかを厳密に知っているのです。いかなる出会いにも偶然はありません。**会うべき人が会う。なぜなら、彼らは共に聖なる関係の潜在的可能性を持っているから。**

『コース』によれば、人間関係には**教えの三つのレベルがある**とされています。第一のレベルは私たちが何気ない出会いであると考えるもので、たとえばエレベーターの中で会う見知らぬ人どうし、あるいは学校から家に帰る途中、たまたま一緒になった学生どうしの出会いです。二番目のレベルは、もっと持続的な関係で、二人の人がかなり強烈に、互いに教え合い学び合い、それから別れていくように思われる関係です。三番目の関係は、一度形成されると一生涯継続する関係です。このレベルにあっては、**それぞれが、学びのための限りない機会を提供してくれる、選ばれた学びのためのパートナーを与えられる**のです。

教えの第一のレベルにあってすら、エレベーターの中の見知らぬ人はお互いに微笑みを交わしたり、学校の帰りに一緒になった生徒どうしは友達になるかもしれません。私たちの性格の堅い部分を削り取るという微妙な技術を練習するのは、だいたい、さりげない出会いにおいてなされます。さりげない出会いの中でも明らかになる人間の性格の弱さは、より集中的な関係の中では不可避的に拡大されて見えるでしょう。もしも私たちが銀行の窓口の人に対して不機嫌な態度をとる人間であれば、自分が最も愛する人に対して優しくするのはさらに困難でしょう。

第二のレベルにおいては、人はより集中的な仕事をするべく一緒になります。一緒に過ごす時の中で、彼らの次に学ぶべき教訓を提供するための体験が何であれ、それを体験することになります。肉体的に近くにいることが二人の最も高度な教えと学びのために働かなくなった場合には、その課題は二人が肉体的に別れることを要求するでしょう。しかし、これは二人の関係の終わりのように見えますが、実は終わりではありません。関係は永遠です。人間はエネルギーであって、物質ではないために、人間の関係は肉体の関係ではなく、心の関係です。結合は心が結合することですから、肉体の結合は真の結合をあらわすかもしれませんし、あらわさないかもしれません。二十五年間、ベッドを共にしていた人が、真の意味では結合していないかもしれません。そして、何マイルも離れている人どうしが少しも離れていないかもしれません。

私たちは多くの場合、別居している人や、離婚した人たちは彼らの関係において失敗したと考えて悲しい目で見るものです。しかし、二人の人が学ぶべき教訓を学んだのであれば、彼らの関係は成功だったのです。教訓を学んだ今、肉体的に別れて別な方法でさらなる教訓を学ぶ時が来たのかもしれません。それは別な場所で、別な人から学ぶというだけではありません。現存する関係という形態を解放することから来る、純粋な愛の教訓を学ぶことをも意味します。

三番目のレベルの、一生涯にわたる関係は一般的にいって少ないものですが、その理由は、**彼らの存在は、関係している両者が教えと学びのバランスが実際に完璧な段階に同時に到達したことを暗示している**からです。しかし、第三のレベルのパートナーに会った時に、必ずしもすぐにそれと分かるとは限りません。実際の話、だいたいの場合、すぐには分からないのが普通です。そういう人に対して敵意を感じることさえあるかもしれません。一生涯にわたって教訓を共に学ぶ人は、人生において私たちが成長することを強制する人です。一生涯、愛情を持って共に生きていく人であることもあれば、長い間あるいは一生、バラの刺のような人であるかもしれません。誰かが私たちに教えるべき教訓をたくさん持っているということは、私たちがその人を好きになることを意味するわけではありません。私たちに多くのことを教えてくれる人は、多くの場合、私たち自身の愛する能力の限界を反射してくれる人であり、意識的であれ無意識であれ、私たちが恐れていることを見させてくれる人たちです。彼らは、私たちが持っている壁を見せてくれます。私たちの壁とは、傷口です。その傷口とは、愛することができないと感じている場所、深く人とつながることができないと感じている場所、あるところまでしか許すことができない場所です。この関係を持つ二人は、癒しを最も必要としている場所をお互いに教え合い、お互いの癒しを助けるために人生を共有します。

6　特別な関係

特別な愛の関係は、あなたを天国から遠ざけておくためのエゴの主要な武器である。

自分にとって理想の男性、あるいは理想の女性を見つけたいという願望は誰でも理解できるものです。それはほとんど、アメリカの文化的な強迫観念とさえいえるかもしれません。しかし、『奇跡の学習コース』によれば、私たちの問題をすべて解決してくれる完璧な人を見つけようとすることは私たちの最大の心の傷をつくるものであり、エゴが利用する最大の妄想の一つです。それは、『奇跡の学習コース』が**特別な関係**と呼んでいる概念です。「特別な」という言葉は、何か素晴らしいものという意味を暗示しますが、『コース』の観点からすると、特別であることは異なることを意味し、したがって分離を意味し、それは霊の特徴ではなくエゴの特徴であるとされます。特別な関係は、恐れに基づいた関係です。

神はただ一人の子を創造した。そして、神は私たちのすべてを一つのものとして愛しているのです。神にとって、誰も異なってはおらず、特別でもありません。なぜなら、誰も実際にはバラバラではないからです。私たちの心の平和は、神のように愛することにあるのですから、私たちはすべての人を愛するように努力しなければなりません。一人の特別な人、すなわち自分を完成させてくれる神の子全体の中の一人を見つけたいというのは、妄想であるがために、私たちを傷つけるものです。それは一体の中においてではなく、分離の中で救済を求めようとするものです。私たちを完成させてくれる愛は神の愛であり、神の愛はすべての人の愛です。だからといって、人間関係の形態がすべての人と同じであるということではなく、すべての人間関係の中に同じ内容を探求するという意味です。形態や肉体の変化を超越した兄弟の愛、友情がそれです。

《聖霊が分離に対する答えであったのとまったく同様に、特別な関係は聖霊の創造に対するエゴの答えであったのです》。分離した後に、私たちは自分の中に大きな風穴が開いていると感じました。ほとんどの人は、いまだにそう感じています。これに対する唯一の解毒剤は贖罪、すなわち神への回帰です。なぜならば、私たちが感じる痛みは実は私たちが愛を否定することによる痛みです。しかし、エゴは違った話をします。私たちが必要とする愛は誰か他の人からやって来るものであり、その穴を埋めてくれる特別な人がいる、と主張します。その人に対する願望は実は私たちは神から分離しているという信念に根ざしているために、その願望そのものが神からの分離を象徴することとなり、それゆえに感じる罪の意識を象徴することになります。したがって、この探求は分離のエネルギーを持っていることになります。それは罪の意識に関係しています。非常なばかりの怒りが最も親しい関係において呼び起こされる理由はここにあります。私たち自身の愛を切断している自分自身に対して感じている怒りを、相手の人に投影するのです。

『奇跡の学習コース』が示してくれるように、私たちが誰かを愛していると考える時、実際には愛しているのとはほど遠い場合があります。特別な関係は愛ではなく、罪の意識に根ざしています。特別な関係は、エゴが私たちを神から引き離そうとして用いる誘惑です。神以外の何かが私たちを完成させることが可能であり、私たちに平和を与えることができると考えるのは大変な偶像崇拝であり、誘惑の魔手です。エゴは、一人の特別な人が待っていて、すべての苦しみを取り去ってくれると言います。もちろん、私たちはそれを信じるわけではありませんが、一方においてはそれを本当に信じます。様々な本や歌、映画、広告を通して、さらに重要なことは、他のエゴの陰謀を通じて、私たちの文化はこの考えを私たちの頭の中に植え付けます。特別な愛のエネルギーを陰謀から神聖なものに転換するのが、聖霊の仕事です。

特別な関係は、特定の人びとをあまりにも重要なものにしてしまいます。その人の行動、その人の選択、その人が自分についてどう思うかといったことが、あまりにも重要になってきます。特別な関係は、私たちには別な誰かが必要であると錯覚させます。しかし、実際は私たちはこのままで完全であり、完璧です。特別な愛は、過ちの傷を癒そうとする盲目的な愛です。それは私たちと神との間にあるギャップを埋めようとするものです。そういうギャップはそもそも存在しないのですが、私たちは存在すると思っています。このギャップが実在すると考え、その原因と考えるものを他人にぶつけ、自分が訂正しようと模索している体験をつくり出します。

聖霊の導きのもとにあっては、私たちは喜びを分かち合うために人と一緒になります。エゴが示す方向に従った場合には、私たちは絶望感を分かち合うために人と一緒になります。しかし、マイナスの思考による産物は幻想であるがために、人と分かち合うことはできません。**特別な関係は融合が除外されてしまう一種の融合である。**

「関係」とは、情緒が不安定な二人の人間が腰の部分で結ばれることを意味するものではありません。関係の目的とは二人の不完全な人間が一緒になることではなく、二人の完全な人間が神のさらなる光栄を実現するために一緒になることです。

特別な関係は私たちを結び合わせる代わりに、私たちを分離させようとするエゴの手段です。自分の中には何もないと信じているために、エゴは常に「何を手に入れることができるだろう?」と問い続けます。それに対して、聖霊は「私は何を与えることができるだろうか?」と問います。エゴは、私たちが必要であると考えるニーズを満たすために、他人を利用しようとします。近頃は、誰かとの関係の中で自分のニーズが満たされているかどうかを常にチェックするのが流行しているようです。しかし、自分自身の目的を果たすために人間関係を利用しようとすると、必ずつまずきます。その理由は、そうすることによってニーズという幻想を強化しているからです。私たちはエゴに導かれていつも何かを探していますが、それにもかかわらず、自分が見つけたものをいつもなし崩しにしています。

女友達の一人がある日電話をしてきて、ある人とデートをしたけどとても良い人で気に入ってるんだ、と言いました。次の週にまた電話をしてきて、彼が遠くへ出張しなければならないという理由でデートをキャンセルしてきた。もうこの人は好きじゃない。「私、そういうのは許せない」と彼女は言いました。「私は男性と真剣に付き合う準備ができてるんだから」。

私は彼女に言ったものです。「いいえ、あなたにはその準備はできてないわ。相手の人が間違いを犯すことを許さないのだったら、あなたはそういう付き合いをする準備はできてないわよ」。

彼女のエゴはその男性を拒絶するようにと彼女に命じたわけですが、その理由は、彼女は男性と真剣に付き合う準備ができているからというものでした。しかし実際には、エゴは彼女が男性と関係を築かないようにしていたのです。エゴは愛する誰かを探そうとはしません。エゴは攻撃すべき誰かを探しています。エゴの愛情についての指示は、「探しなさい。しかし、見つけてはいけません」です。エゴは自らを映し出すもの、すなわちキリストの顔を隠すもう一つの仮面を探します。特別な関係においては、私は恐れとか自分の弱点といった私自身についての真実をあなたに見せることを恐れます。その理由は、そういうものをあなたに見せてしまったら、あなたは私のもとを去って行くだろうと思うからです。あなたも私と同じくらい価値判断をする人であると思い込んでいるからです。と同時に、私はあなたの弱点を一生懸命に見ようとすることもしません。というのは、私と特別な関係を持っている人が欠点があると考えると落ち着かない気持ちになるからです。こういう状況ではお互いの真実性は軽減され、したがって真の意味での成長も妨げられます。特別な関係は、本来の自分ではない人間になることによって、必死に愛を引きつけようとする自分を痛めつけるような虚構を永続化します。愛を求めているにもかかわらず、実際は、自己憎悪と自己尊敬の欠如を育むことになります。

ここで、私たちはどういう奇跡を起こすことができるのでしょうか。特別という考えから、神聖という考えにシフトすることです。関係に関する私たちの心理的なパターンは、恐れに満ちみちています。表面をいかに取りつくろうとも、攻撃や防御、罪の意識や自己中心主義に満ちみちています。そのため、ひざまずかされるという結果になります。常にそうなのですが、それは、いる場所としては悪くない場所です。私たちはひざまずいて、思いや感情をお導き下さいますようにと神に祈ることができます。《どのような関係であっても、聖霊に任せるならば、それが苦痛に終わることは決してありません》。

7 神聖な関係

神聖な関係とは、古く神聖でない関係が変容を遂げて新たな目で見られるようになった関係である。

特別な関係が聖霊の創造に対するエゴの答えであるとすれば、神聖な関係がそれに対する聖霊の答えです。**神聖な関係とは、古く神聖でない関係が変容を遂げて新たな目で見られるようになった関係である。**特別な関係においては、エゴが私たちの思考を導き、私たちはお互いに仮面をかぶって、恐怖心におののきながら出会います。神聖な関係においては、聖霊が愛の目的についての私たちの心のあり様を変えたために、私たちは心を開いて出会います。

『奇跡の学習コース』は、神聖でない同盟と神聖な同盟の違いを次のように説明しています。

なぜなら、神聖でない関係は違いに基づいているからであり、この違いにおいてそれぞれが相手は自分が持っていないものを持っていると考えるからである。彼らが一緒になるのは、そうすることによってそれぞれが自分自身を完全なものにし、相手から奪うためである。彼らは盗むものがもはやなくなったと考えるまでこの関係にとどまる。それから次の関係へと移って行く。かくして、彼らは自分とは異なる見知らぬ人びとの世界を彷徨することになる。肉体は同じ屋根の下に置きながらもその屋根は二人の避難所にはならず、同じ部屋の中にいながらも別々な世界に住んでいる。

神聖な関係は異なった前提から始まる。それぞれが自分の内部を見つめ、そこにいかなる欠如もないことを見て取る。自分自身の完璧さを受け入れ、自分と同じように十全な他者と一緒になることによってその完璧さを延長する。

特別な関係の目的は、私たちに自分自身を憎むことを教えることです。これに対して、神聖な関係の目的は、私たちの自己憎悪を癒すことです。特別な関係においては、私たちは常に自分の弱さを隠そうとします。神聖な関係においては、私たちには誰でも癒されていないところがあり、他の人と一緒になることの目的はそれを癒すことにあるということが理解されています。自分の弱さを隠そうとはせずに、関係とはお互いに許し合うことを通して癒すための文脈であると理解しています。アダムとイブはエデンの園で裸でしたが、恥ずかしくはありませんでした。これは、彼らが肉体的に全裸であったということを意味するのではありません。感情的に全裸で、完全にリアルであり正直でありながら、お互いに恥ずかしいということはなかったのです。その理由は、自分がありのままに完全に受け入れられていると感じていたからです。

『奇跡の学習コース』は特別な関係のイメージを、額にはめられた一枚の絵のようなものであるとして呈示します。エゴは、その絵の中に描かれている私たちよりも額縁の方に関心があります。額縁はバロック様式のもので、ルビーやダイヤモンドがちりばめられています。しかし、『コース』によれば、ルビーは私たちの血であり、ダイヤモンドは私たちの涙であるというのです。それが特別であることの本質です。それは愛ではなく、搾取です。私たちが愛と呼んでいるものは多くの場合、憎悪であり、せいぜいのところが、強奪です。意識はしていなくとも、私たちが探し求めているのは自分が持っていないと思うものを持っている人であり、いったんそれを手に入れてしまえば、次の関係へと移って行きます。神聖な関係では、私たちは絵そのものに関心があります。額縁に求めることは、絵がいるべき場所にいられるように軽くサポートすることだけです。私たちが兄弟に関心を持つのは、彼が私たちのために何ができるかで決まるわけではありません。私たちは兄弟に関心がある、ただそれだけです。

神聖な関係は、何よりもまず、二人の兄弟の友情です。私たちがここ地球に来ている理由は、お互いをオーディションにかけ、誰かを裁判にかけ、自分のエゴのニーズを満足させるために他人を利用するためではありません。あるいは、他の人の問題を解決し、他の人を見下すためでもありません。お互いをサポートし、許し、癒すためにここに来ているのです。私は、悪戦苦闘しながら関係を完了しつつあったご夫婦のカウンセリングをしたことがあります。男性は他の女性とデートをしており、奥さんはこのことに怒りを感じていました。セッション中に、奥さんがこの新しいガールフレンドに言及して彼に向かってこう言いました。「あなたが彼女を好きなのは、彼女はいつもあなたは素晴らしい人だって言ってくれるからじゃないの！」。彼は彼女を真剣な目で見て静かに言いました。「そうね、それは関係あるかもしれない」。

どうすれば、神聖な関係を見つけることができるのでしょうか。神様にどうぞパートナーを変えて下さいとお祈りをすることによってではなく、神様にどうぞ私の気持ちを変えるお手伝いをして下さいと祈ることによってです。特別であることを恐れて、魅力を感じる人から逃げてしまったのでは話になりません。愛へと向かう潜在的な可能性があれば、そこには特別な関係の可能性もあります。私は講演会で聴衆の方々によくこういう質問をします。「誰かに魅力を感じたら、最初に私たちがするべきことは何ですか?」。すると、皆、壮行会で誰かを送り出すような調子で「祈ることでーす!」と答えます。その祈りはこういう感じです。「神様、あなたもご存じのように、私もよく承知しているのですが、男女関係ほど私にとってノイローゼの種になるものはありません。この人について私が感じる魅力、思い、感情をどうぞあなたの目的のためにお使い下さい。この関係があなたの意志に従って展開しますように」。

スピリチュアルな進歩は解毒のプロセスのようなものです。あるものが解放されるためには、いろいろなものが表面に出て来なければなりません。いったん私たちが癒しを依頼すれば、癒されていない場所が表面に出て来ざるを得なくなります。聖霊が活用する関係は、愛に対する私たちのブロックが抑圧されたり否定されたりすることなく、むしろそうしたものを意識に上らせる場所になります。神聖な関係にあっては、本当に魅力を感じている人のそばにいる時のように狂乱状態にはなりません。したがって、自分自身の機能障害をはっきり見て取ることが可能となり、準備ができた段階で、神に別な道を教えてくれるようにと求めることができます。

癒しの宮殿である「関係」は、神聖な医師のオフィスに行くようなものです。医師に自分の傷口を見せずに治してもらうことはできません。私たちの恐れに満ちた場所を癒すためには、それを露わにしなければなりません。

『奇跡の学習コース』は、**暗闇を光のもとへ連れて来なければならない。その逆であってはならない**、と教えています。関係が私たちの癒されていない場所をただ避けることを許すだけであるならば、私たちはその関係に隠れて、成長していないということになります。宇宙はそれは支持しないでしょう。

　エゴは、完全な関係とは誰もが完璧な顔をしている関係であると考えます。しかし、これは必ずしもそうではありません。というのは、力の顕示は必ずしも正直ではないからです。それは必ずしも、私たちが誰であるかということの本当の表現ではありません。私が実際には強くない領域で強いようなふりをしたとすれば、私は自分自身についての幻想を抱いていることになります。私がそうしている理由は恐れからであるとしか考えることはできません。つまり、あなたが私についての真実を見て取ったならば、私は拒絶されてしまうだろうという恐れです。

　良い関係についての神の考えとエゴのそれは、完全に異なったものです。エゴにとっての良い関係とは、相手の人がこちらが望むように行動し、決してこちらの痛いところを突いて怒らせたりすることはなく、不快に感じさせたりすることは決してない関係です。しかし、関係が私たちの成長をサポートするためにあるとすれば、多くの場合、そのようなことをする必要があります。限りある寛大さしかない自分、無条件に愛することができないでいる自分を、関係の中で強制的に改めなければなりません。関係における相手がどのような行動をとっても、私たちの内なる場所が微動だにしないようになって初めて、私たちは聖霊と一体になったといえるのです。私の人生の中で、関係について「これはひどい」と感じたことが何度もありました。しかし、いま振り返ってみると、神はおそらく、「これはなかなか良い」と考えておられたに違いありません。別な言い方をすれば、その関係の中でマリアンは自分自身のノイローゼをよりはっきりと見ることができたというわけです。

女友達の一人が、ボーイフレンドと別れたという話を私にしました。

「どうして?」と私は聞きました。

「どうしてって、彼ったら五日間も電話してこなかったのよ」。

私は何も言いませんでした。

「私には毎日、言葉の保証が必要だってことを彼は知ってるの」。彼女は続けました。「だから、私は制限をつけるわけ。いい考えだと思わない?」。

「そうは思わないわ」と私は答えました。「それは子供じみていると私は思う」と少し間をおいて言いました。そして続けました。「彼をありのままに受け入れるってことを考えてみた?」。

「サポートしてくれてありがとう」と彼女は言いました。

「どういたしまして」と私も応じました。

サポートするのであれば、ボーイフレンドに非があると同意することであると彼女が考えていることは私にも分かっていました。誰かが悪いと信じることをサポートするのは非常に簡単です。しかし、本当のサポートは誰かが間違っているという考えを超越し、裁くのをやめ、その向こうにある愛を見ることができるようにしてあげることです。

人との関係におけるノイローゼは、普通の場合、相手にこうであって欲しい、あるいはこの関係はこうであるべきだというこちらの目論見が原因です。人との関係を自分がこうあるべきだと考えるものにするのは、関係の中で目指すべきことではありません。相手が素晴らしくロマンチックなパートナーのように行動しなかったとすれば、その人は私のタイプではなかったのです。だからといって、その人が間違っていることにはなりません。

すべての男女関係が究極的なロマンスであるわけではありません。列車があなたの駅に止まらなかったならば、それはあなたが乗るべき列車ではないのです。エゴは、私たちが自分にはこれが必要だと自分で思っているニーズを満たすために関係を利用しようとします。聖霊は、神の目的のために関係が用いられることを求めます。聖霊の目的は常に、私たちが他の人びとをより純粋に愛するようになることです。他の人びとを解放してありのままにあることを許す時、私たちは純粋に愛しています。エゴは支配と罪の意識を通して親密さを求めます。聖霊は受容と解放を通して親密さを求めます。

神聖な関係とは、相手を変えようとするのではなく、その人がすでにとても美しい存在であることを認識することです。したがって、祈りの言葉はこうあるべきです。「神様、どうぞ私の目から鱗《うろこ》を取り去って下さい。私の兄弟の美しさが見えるようにお助け下さい」。関係の中で私たちが苦痛を体験するのは、人びとをありのままに受け入れることができないからです。

私たちのエゴは私たちの恐れに過ぎません。私たちには誰でもエゴがありますが、だからといって、私たちが悪い人間であるということにはなりません。私たちのエゴは私たちが悪いことを示しているのではなく、私たちが傷ついていることを示しているだけです。『コース』は、私たちは**皆、あるレベルで、人びとがありのままの自分を見たならば、恐怖のあまりすくみ上がるだろうことを恐れている**と言っています。それが理由で、私たちは真実の自分を隠すために仮面を発明します。しかし、真実の自分、すなわち私たちの内なるキリストは最も美しいものです。私たちが本当はいかに愛すべき存在であるかを発見するためには、最も深いレベルで自分自身を露わにする必要があります。私たちが自分の真の性質を求めて深く掘り下げるならば、そこに見出すものは暗闇ではありません。果てしない光がそこにあります。それは、エゴが私たちに見つけて欲しくないものです。つまり、私たちの安全は実は仮面を捨てることにあるということをエゴは私たちに知って欲しくないのです。しかし、いつも裁かれることを恐れていたのでは仮面を捨てることはできません。神聖な関係は、私たちの暗闇が裁かれることはなく許されるであろうことを知っているがゆえに、安心して自分自身でいることができる文脈なのです。こうして、私たちは癒され、本当の自分の光の中へと解放されます。私たちは成長したいと思っています。神聖な関係とは、**共通した心の状態であり、この状態においては、両者が一体となって幸せに癒されるように、過ちを喜んで訂正する**、ことなのです。

8　ロマンチックな愛

神の愛以外にいかなる愛も存在しない。

《愛には異なったカテゴリー（範疇）はありません。母親と子供の愛は一つの愛で、恋人どうしの愛は別な愛で、友達どうしの愛もまた別な愛であるということはありません。実在する愛はすべての関係の核心に横たわる愛です。それは神の愛であり、形や状況によって変わることはありません》。

女友達の一人が最近、私にこう言いました。「あなたの赤ちゃんとの関係はまったく新しい種類の愛をあなたに見せてくれてるんじゃない？」。「そんなことないわ」と私は答えました。「でも、これまでになく深い優しさを教えてくれてるわ。愛が何かっていうことについて、さらに深く教えられているわ」。

人はよく聞きます。「どうして私は、深遠で親密な関係を見つけることができないんだろう？」。こう聞きたい気持ちは分かります。なぜなら、皆、孤独なのですから。しかし、親密でロマンチックな愛というのは、愛のあり方について博士課程を取るようなものです。しかも、私たちの多くは小学校を出たかどうかというくらいのところにいるのです。私たちが何の関係も持っていない時、誰かと関係さえあればすべての苦しみは消えてなくなるかのようにエゴは見せかけます。しかし、その関係が長く続けば、私たちの実存的な苦しみがどんどん表面に出てきます。それが人との関係の目的の一部です。同情、受容、解放、許し、無私における最大限の能力を、関係は要求してきます。誰かとの関係の中にいない時には、関係がもたらす様々な難題を忘れてしまいますが、いったん関係を持てば、それをはっきりと思い出すことになります。

人との関係は必ずしも苦痛を取り去ってくれるとは限りません。苦しみを取り去ってくれるのは、苦しみの原因となっているものの癒し以外にはありません。私たちに苦しみをもたらすのは、私たちの人生のパートナーがいないことではなく、パートナーがいる時、その人にどう対処するかということです。純粋な愛は兄弟の心の安らぎ以外、何も求めることはありません。そうすることによってのみ、自分の心の安らぎを得ることができることを知っているからです。「彼に心の安らぎを体験して欲しいのだろうか、それとも彼に電話をかけて欲しいのだろうか?」と何度、私は自問したか分かりません。誰かを純粋に愛するということは、心のつながりを復活するということです。したがって、エゴはそれに対しては戦闘態勢をとります。いかなる形の愛の体験であれ、エゴはそれを阻止しようとして全力を尽くします。二人の人が神において一緒になる時、私たちを隔てているように思われた壁は消えてなくなります。愛する人はただの人間とは思えなくなります。しばらくの間は、何かそれ以上のより大きな存在に見えてきます。真実をいえば、彼はずっと大きな存在です。いかなる人といえども、完璧な神の子以下のものではありません。私たちが恋に落ちる時、その人についての完璧な真実が見えるという瞬間を体験します。完璧なのです。それは私たちの想像力のなせる業ではありません。

しかし、狂気がすぐに忍び寄って来ます。光が現われるとすぐにエゴがその光を閉め出そうとします。突然、スピリチュアルな局面でふと垣間見た完璧さが、物質的な局面に投影されます。スピリチュアルな完璧さと物質的な非完璧性は共存できることが分からずに、物質的・肉体的な完璧性を探しはじめます。相手の人が霊的に完璧であるだけでは十分ではないと考えます。着ているものも完璧でなければならない、通人でなければならず、かっこも良くなければならないというわけです。したがって、誰も人間であることを許されなくなってしまいます。お互いを理想化し、相手の人がその理想に応えることができなければ、私たちは失望します。

ただ人間であることを理由として他人を拒絶するというのが、現代の集合的なノイローゼになってしまいました。人びとはこう質問します。「私のソウルメイトはいつやって来るんだろう？」。しかし、理想の人に会えますようにといくらお祈りしても、そういう人を受け入れる準備ができていなかったら何の役にも立ちません。私たちのソウルメイトも私たちと同じように人間であり、成長のプロセスを体験している人です。誰も「完成する」ということはありません。一つの山を登ったと思っても、それはもう一つの山の麓であるのが常です。自分が最高の状態にあると感じている時に誰かと出会ったとしても、おそらく、それから間もなく大きな試練に直面することになるかもしれないのです。私たちが成長することにコミットしていれば、このようなことは必ず起こります。しかし、エゴはあなたが何かの苦しみを体験している時のあなたの表情が好きではありません。それは魅力的ではありません。他の場合でも同じことですが、関係における問題は、私たちに素晴らしい機会がなかったとか、素晴らしい人に会ったことがないということではありません。問題は、与えられた機会を最大限に活用するにはどうすれば良いのかを知らないということです。時として、その人と会っていた時にはその人がどんなに素晴らしい人であるかに気づかなかったということもあります。愛は常に私たちのまわりに存在しています。愛の存在に対する自覚を妨げているのはエゴです。完璧な人がいるけれども、その人はまだ私の前に姿を現わしていないという考えは大きな障害の一つです。

理想的な彼という神話に私たちが弱いのは、ロマンチックな愛を美化し過ぎるのが原因です。エゴはロマンチックな愛を特別な目的のために利用して、私たちが持つ関係のロマンチックな内容を過度に評価することによって関係を危機に陥れます。友情とロマンスの違いは、茎の長いバラを例にとって説明できるかもしれません。茎は友情で、花はロマンスです。エゴは感覚志向ですから、私たちの注意は自然に花の方に向けられます。しかし、花が生きて行くために必要な滋養は茎を通って花に到達します。花に比べれば、茎は見た目にはつまらないものですが、花を茎から切り離してしまえばすぐに枯れてしまいます。講演でこの話をした時に、一人の女性が素敵な考えをシェアしてくれました。長い期間にわたるロマンスはバラの茂みのようであるという考えです。シーズンが終わればバラの花は散るかもしれませんが、滋養さえ与えておけば、その季節が再び巡って来てバラは新しい花を咲かせてくれるというのでした。

ロマンチックな情熱がなくなっても、必ずしも素晴らしい関係が終わりを告げるわけではありません。もっとも、エゴにとっては違いますが。神はいかなる衰退の中にも再生の種を見ることができます。『奇跡の学習コース』によれば、**愛を探すのは私たちの仕事ではなく、愛がやって来るのを妨げるべく私たちが築いた壁を探すことが私たちの仕事である**のです。私たちを救ってくれる誰かがどこかにいると考えることは、純粋な愛を妨害する壁です。それはエゴの武器庫の中にある重要な兵器です。それはエゴが私たちを愛から遠ざけておくための手段ですが、もちろんエゴとしては私たちにそれを悟られたくはありません。私たちは必死に愛を探し求めていますが、その愛が私たちのところにやって来た時、その必死さがその愛を破壊することになります。一人の特別な人が自分を救ってくれると考えていると、理想らしき人がやって来るとその人に対してあまりにも大きな感情的圧力をかけてしまうことになりかねません。

私たちは素晴らしい関係を望んでいるんだということを神様に思い出させる必要はありません。神様はそれをはっきりと知っておられます。『奇跡の学習コース』は、願いは祈りである、と教えています。最も素晴らしい祈りは、「神様、どうぞ私のところに誰か素晴らしい人を送って下さい」ではなく、「神様、どうぞ私は素晴らしい人間であることを自覚させて下さい」です。何年も前のことですが、素晴らしい男性が私の前にあらわれて、私を絶望から救ってくれますようにとお祈りをしていたものです。最後には、私は自分に向かってこう言いました。「その素晴らしい男性があらわれる前に、問題に対処しておけばいいじゃない?」。男性が友達に向かって次のようなことを言うとは想像できません。「何とまあ、夕べ素晴らしいけれども絶望的な女性に会ったよ」。理想の男性を探し求めることは絶望につながります。なぜなら、理想の男性は存在しないのですから。自分にとって間違った男性もいないがゆえに、自分にとって正しい男性もいないのです。誰であれ、一人の人が目の前にいて、その人から私たちは完璧なレッスンを学ぶことができるということにすぎません。あなたの心が親密なパートナーを求めれば、聖霊は究極的なまでに親密なパートナーではないけれども、それよりも望ましい人を送ってくれるかもしれません。つまり、あなたが最も深遠な関係を持つために、あなたの中にある癒す必要のある場所に働きかける機会を提供してくれる人を送ってくれるかもしれません。特別な関係を信じていると、究極的な関係でないものは何であれ、ないがしろにしてしまう傾向があります。私自身、これまでの人生の途中で、いくつかのダイヤモンドを見逃し、私の成長を促進することに役立つ以外の何物でもなかった状況をうまく生かすことができませんでした。私たちは時として、理想の人があらわれて初めて本当の人生が始まると考えて、今現在、目の前にある関係の中で自分をつくって行くということを怠ってしまうことがあります。これもまた、エゴの策略であり、私たちに探し求めることはしても見つけることはさせないようにと計らっているのです。相手の人が理想の人ではないと感じた場合には、その人との関係を真剣に考えないという態度の問題はこうです。時々、理想の彼が登場します。時としてその人は私たちの理想ではない人に姿を変えて姿をあらわすかもしれません。こうして、私たちはチャンスをフイにしてしまいます。彼は姿をあらわしたのに、私たちの準備ができていなかったのです。私たちは自分を磨くことをせず、ただ理想の彼を待っていたのです。

『奇跡の学習コース』は、いつか私たちが心の外では何も起こっていないということを実感する時がやって来るだろう、と言います。人がどのような存在として私たちの前にあらわれるかは、私たちがどのような存在としてその人の前にあらわれるかと密接なつながりがあります。人間関係においての最も生産的な反応は、相手の人についての様々な事柄に焦点を絞ることではなく、私にできる最高のレベルでその関係の中での自分の役割を果たすことにコミットすることだと、私は体験で学びました。愛情は参加を要する感情です。神聖な関係では、私たちは二人の関わり合いが最も建設的に展開できる文脈を創作することにおいて積極的な役割を果たします。そのことに自分が関心を持つかどうかを手をこまねいてただ待つのではなく、自分にとって面白いことを自分から創作します。

誰だって、いつも華麗でいられるわけはありません。どんな人でも、いつもセクシーであるとは限りません。しかし、愛は決断です。誰かが自分にとって十分に良い人であるかどうかを見極めるために待っているというのは子供じみた行為であり、その人はあるレベルでオーディションを受けているように感じることになります。そういう状態では私たちは緊張してしまい、緊張すれば、最善の自分は出て来ません。エゴは、サポートするに値するだけの魅力のある人を探します。分別があって奇跡志向の人は、人びとが魅力的になれるようにサポートします。深遠な関係に向けて準備するために自分自身を磨くことは、他の人が可能性として持っている最善の自分になれるようにどうすればサポートできるかを学ぶことでもあります。パートナーはそれぞれの人生において、僧侶のような役割を果たすことになっているのです。それぞれが自分自身の内部にある最高の部分にアクセスするのを助け合うのがパートナーです。

私は、私のことを十分に美しいとは決して考えないように思われる男性と一緒だったこともあります。また、賢明にも、「今夜の君は美しいよ」と私にたびたび言うことによって私の自尊心を高め、そうすることによって私がより美しく人生の中で顕現するようにしてくれた男性と一緒だったこともあります。私たちの誰一人として、客観的に美しい人はいません。あるいは、客観的に醜い人もいません。そんなものは存在しないのです。私たちの誰もが持っているキラキラとした輝きの潜在的可能性を顕在化する人と、顕在化しない人がいるだけの話です。それを顕在化する人は、これまでの人生のどこかで、両親か恋人に、「あなたは素晴らしい。あなたは美しい」と直接言葉で聞かされるか、他の行動によってそういうメッセージを伝えられた人です。植物が水を必要としているように、人は愛を必要としています。

過去を検証することによって私たちが抱えている問題の多くが明らかになることはありますが、癒しが過去において起こることはありません。癒しが起こるのは現在においてです。近頃は、いま抱えている問題の責任を幼年時代の出来事のせいにするのが病的なばかりに流行しています。エゴが私たちに見て欲しくないのは、私たちの苦痛は過去において与えられなかった愛が原因ではなく、現在私たちが与えていない愛が原因であるという事実です。救済は現在にしか見出すことはできません。現在のプログラミングを変えることによって、一瞬一瞬のうちに過去および未来を変えるチャンスがあります。そのような考えはエゴにとっては冒瀆的行為であり、それを支持したことで私たちはエゴによって厳しく裁かれることになります。愛のないやり方を私たちの両親から学んだかもしれないとしても、彼らに対して愛を否定することによってそのパターンを持続するのは解決の道とはほど遠いものです。暗闇をいくら調べても、光にたどり着くことはできません。ある点まで到達すると、議論は堂々巡りになってしまいます。光に至る唯一の方法は、光の中に入ることです。

「私の両親は、私が美しいとは言ってくれなかった。可哀そうな私」という考えは、奇跡志向の考えではありません。それは犠牲者意識を支持するものです。奇跡志向に基づいた考えはこうです。「私の両親は私が美しいとは言ってくれなかった。これをいま知ることの価値は、誰かが私は美しいと言ってくれる時、なぜ私がそれを気軽に受け入れることができないのかが今はっきりと分かったということにある。また、そういう言葉を他人に対して言う習慣がなぜ自分の身に付いていないのかがこれで分かった。これからその習慣をつければいいんだ。私が受け取らなかったものを与えるという選択は常に可能なのだから」。最近、一人の男性が子供の時、父親は一度もプレゼントをくれなかったと私に言いました。私は彼に向かって、その癒しは今、彼が父親にたくさんのプレゼントを送ってあげることによって得られるだろうと提案しました。

昔の私は、自分が人によってサポートされているかどうかばかりを心配して、他の人たちを私が積極的にサポートしているかどうかをあまり考えませんでした。ロマンチックな関係についていえば、相手の男性が十分に男性的であるかどうかを心配することに時間をかける代わりに、彼が男性的であると感じられるように手伝ってあげることが必要だと実感しました。私たちは自分自身の最高の可能性にアクセスすることによって、他の人が最高の可能性にアクセスする手伝いをすることができます。成長は自分自身の教訓に焦点を合わせることによって訪れるものであり、誰かの教訓に焦点を合わせることによって訪れるのではありません。『奇跡の学習コース』は、**いかなる状況であれ、欠けているものがあるとすればそれはあなたが与えていないものだけである**と教えています。私は長年の間、私を本当の女に感じさせてくれる男性を待っていました。私の女性的なエネルギーは男性からの私への贈り物ではなく、私からの私自身への贈り物なんだと実感した時、初めて周囲の男性が私が渇望していた男性的なエネルギーを発揮しはじめたのです。

『カエルの王子様』というお伽話は、人びとに対する私たちの態度とその人たちの変貌の能力には深い心理的な関係があることを明らかにしています。この物語の中で、お姫様がカエルに口づけをすると、カエルは王子様になります。これが何を意味するかといえば、愛には奇跡的な力があって、人びとがごく自然に花開き、彼らが持っている最高の潜在的な能力を発揮するための文脈を創作するということです。人を変えようとして文句を言ったり、批判したり、あるいは、代わりに問題を解決してやったとしてもこれはできません。『コース』は、私たちは誰かが愛に値するかどうかを調べるためにその人を理解しようとしますが、実際には、私たちがその人を愛するまでは理解することはできない、と述べています。何であれ愛さなければ理解することはできないのです。私たちは自分自身を他の人たちから分離させ、彼らが私たちの愛を勝ち得るまで待っています。しかし、人は誰であれ、神によってそのようなものとして創造されているがゆえに私たちの愛に値するのです。彼らがもっと良くなるのを待っている限り、私たちは失望し続けることになります。同意と無条件の愛によって彼らと一緒になるという選択をする時、双方に奇跡が起こります。これが人間関係における最も重要な鍵であり、究極的な奇跡です。

9　恐れを捨てる

完璧な愛は恐れを放逐する。

良い関係というものは、いつもクリスタルや虹のようにキラキラしているわけではありません。それは一種の出産であり、痛みを伴うものであり、多くの場合、めちゃくちゃなものです。私の長女が生まれた時、彼女は血やその他いろいろなものに覆われていました。可愛い赤ちゃんが見えてくるまでには、いろいろな物を取り除かなければなりませんでした。

スピリチュアルな関係は、二人の人がいつもにこにこ微笑んでいる関係とは限りません。スピリチュアルであるということは、私に言わせれば、何よりもまず真正なものでなければなりません。昨年の大晦日に私が行った礼拝の場で、私たちが集まっている理由は、過去を忘れて祝うためではなく、過去を承認した上でのお祝いのためであると私は言いました。過去一年の悲しみや失望を承認することも、それには含まれます。過ぎ行く年を告げる除夜の鐘が鳴って、新しい年の訪れを心から祝うことができるためには、そういった悲しみや失望を処理し、許さなければなりません。

私たちが人と関係を持つのは、お互いに真剣にやるべき仕事があるからです。本当の仕事は、過酷なまでの正直さがあって初めて可能になります。私たちは皆、それを求めていますが、正直に自分の気持ちを伝えることを恐れています。その理由は、相手の人が本当の自分を知ったならば、自分のもとを去って行くだろうと恐れているからです。

私の講演を聞きに来たある夫婦が、二人そろって私のところにカウンセリングに来たことがあります。その日、夫が別れたいと彼女に言ったのでした。ショックを受け、傷ついた彼女は、この苦しみを乗り越えるために一緒に私に会いに行って欲しいと彼に依頼したのです。この二人が私の前に座った時、私は夫のボブに、二人の仲を元にもどそうとするのは私の意図することではなく、心の安らぎを求める道を一緒に模索することだ、と言いました。

私自身がかつて同じような状況に置かれた時のことを、私は覚えていました。私のセラピストは信じられないほど、上手に対処してくれました。私も、彼女が言ったこととまったく同じことをボブに向かって訊ねました。

「ボブ、なぜそんなにデボラのことを怒ってるのですか」。

「彼女のことを怒ってなんかいませんよ」と彼は言いました。

「でも、私には怒っているように聞こえますが」と私は言いました。

「デボラを直すのは私の仕事ではないぐらいは知ってますから。彼女を変えたいとは思ってないんです。この関係から抜け出したいだけです」。

「それはとてもスピリチュアルなことだと思ってるんじゃないですか」と私は言いました。彼は驚いた様子でした。彼は『奇跡の学習コース』の教えを立派に守っていると信じていたのではないかと私は思いました。

「あなたはデボラについての価値判断を猶予したわけではありません。あなたがやったことは、デボラから重要な情報を奪うということです。デボラがあなたとの関係の中でうまくやっていくためには、その情報は必要なものだったのです。なぜ、デボラのことを怒っているのか彼女に言ってみたら？」。

「彼女のことを怒ってなんかいません」と彼は再び繰り返して言いました。

「それじゃあ、役者になったふりをしてみたらどうでしょう。やってみましょう、ボブ。ここは安全な場所です。彼女に思い切り気持ちを表現してみなさい」。

ボブがいったん怒りを表現しはじめた時、それはもう凄いものでした。デボラは他の人と一緒に住むことについて何も分かっていない、と彼は言いました。彼女は何でも自分が好きなようにやるだけで、彼がたまたまそれについて来ればそれはそれで良いし、ついて来なくても別にかまいはしない。この他にどういう具体的な話が出てきたか正確には覚えていませんが、溜め込んでいたコミュニケーションが次から次へと出てきたものです。デボラは彼の話を聞いて明らかに心を動かされたらしく、静かに、そして真心を込めてこう言いました。「全然知らなかったわ。正直に話してくれてありがとう」。

こうして彼らとの話は終わりましたが、二人は別れずにすみました。あとで彼らから聞いた話ですが、彼らの関係はあの日のセッションで生まれ変わったのだそうです。ボブはデボラに感じていた様々な思いをシェアするのはスピリチュアルなことではないと考えていたために、それを溜め込んで、それが鬱積したエネルギーになっていたのです。

感情を抑圧するよりも、正直に気持ちを伝え合った方がずっと良いことは明らかです。怒りは、多くの場合、様々な完了していないコミュニケーションが心の中に鬱積し、最後に爆発したものです。神聖な関係においては、いま自分がどのように感じているかを相手に伝え、同時に、相手もそうするようにサポートするのがコミットの一部であると考えなければなりません。そうすれば、怒りの思いは自然に吐き出されることになります。

それができるようになるまでは、目の前にある現実に対処していかなければなりません。怒りが出てきたら、それを受け入れる必要があります。もし怒ったりしたら、パートナーはもう愛してくれないだろうと考えたりすれば、自分に対する正直さを失い、二人の関係は破滅に向かうことになります。私は夫婦に対するカウンセリングの中で、何かのことで争ったことを原因として別れることはしないようにという忠告をしてきました。喧嘩をするための安全なスペースがあるということはとても大事なことです。私に言わせれば、喧嘩はいつも喧嘩であるとは限りません。ある時、私は友達とドラマチックな議論をしていました。共通の友人の一人がたまりかねて私たちに言ったものです。「君たちがいつも喧嘩するのには耐えられない」。「喧嘩してるわけじゃないわ。私たちはユダヤ人なのよ」と私は言いました。彼は、私たちは喧嘩をしていると思ったわけですが、私たちは情熱的な議論をしていると思っていたのです。

スピリチュアルな道の探求者にとって、怒りは刺激的な主題です。たとえば、イエスが両替商に対して怒りを露わにしたことについて多くの人は問題を感じています。もしもイエスが本当に純粋な人であったならば、怒りを感じることはなかったのではないか、と彼らは問います。しかし、ユダヤ人やイタリア人にとっては、あの場面は全然問題ではありません。エゴを除去することは個性を除去することではありません。イエスの怒りと呼ばれているものはエネルギーのあらわれにすぎません。感情をあらわしたからといって、すぐに怒りというレッテルを貼る必要はありません。それは単なるエネルギーの発露にすぎず、ネガティブであるとか、スピリチュアルでない感情であると考える必要はないのです。

ところで、誰かが怒りを何も表現していないからといって、その人が何の怒りも持っていないというわけではありません。外に向けられた怒りは怒りと呼ばれますが、内部へと向けられた怒りは腫瘍やガンなどと呼ばれるわけです。怒りへの対処法として最も不健康なのは、怒りを抱いていることを否定することです。奇跡につながる態度は、怒ってはいるけれど、怒りを手放す気持ちは十分にあります。怒っていないふりをするのではなく、「怒ってはいるけれど、怒りを手放す気持ちは十分にあります。

神様、私に見えていないことをどうぞ見せて下さい」と言ってみることです。怒りの感情を攻撃という形で表現せずに、人びとと分かち合う方法があります。たとえば、「あなたのせいでこう感じている」と言う代わりに、「今、こう感じてる。あなたのせいでこう感じているとか、あなたが悪いっていうわけではないんだけど。ただ、この感情を解放するために、癒しを可能にするための手段として気持ちをシェアしてるだけなの」と言ってみるのです。こうすることによって、あなたは自分の感情に対して責任を持つこととなり、単なる口論にしかなり得なかったもの、あるいは避けるべき不快な体験にしかなり得なかったものが、二人の関係を癒す重要な会話になり得るのです。そうなると、そのような会話においては二人は敵どうしではなく、パートナーになります。本当の関係は正直なコミュニケーションを要求します。それがどんなに苦痛に満ち、どんなに恐ろしいことであるとしても。『奇跡の学習コース』は、奇跡はすべてを伝え、すべてを受け取った時に起きる、と言っています。

神様に私の人生を癒して下さいと依頼すると、神はあなたが見る必要のあるものすべてに非常に明るい光を当てます。あなたは結局、自分としてはできれば見たくないものを見ることになります。私たちは心をたくさんの鎧で守っています。それは恐れに他ならないのですが、私たちは自分自身を正当化してそれを別な名前で呼んでいます。心理療法に真剣に取り組んだことのある人なら誰でも知っているように、人間的な成長というものはやさしいとは限りません。自分自身の醜悪さを直視することが必要です。ある種の行動パターンを捨てるためには、それがうまく働かないという事実を苦しいほどに自覚しなければなりません。自分自身の成長のために深いレベルで取り組みはじめると、多くの場合、人生は良い方向に向かうどころか悪くなっていくようにさえ見えます。人生が悪くなるということは実際にはありません。ただ、無意識なあり方による麻酔から目覚めたがために、逸脱に対して、より敏感になるだけです。否定や分断によって、自分自身の体験から自分自身を隔てることがなくなります。自分がどういうゲームをしているかについての真実が見えはじめます。

このプロセスは非常に苦痛に満ちたものであるために、逆もどりしたいという誘惑に駆られます。これはよく「スピリチュアルな戦士の道」と呼ばれますが、一生を無意識の鈍い痛みよりも自己発見の鋭い痛みに耐える選択をするには勇気が必要です。『奇跡の学習コース』は簡単な脱出の方法を示してくれるものだと言う人がいますが、私はそのたびに笑ってしまいます。この『コース』についていろいろと言うことはできますが、簡単と言うことはできません。エゴを放擲《ほうてき》するだけの力を身につけるには、エゴを直視しなければなりません。

エゴは別に怪物ではありません。それは怪物の影に過ぎません。私たちは誰でも自分の中に悪魔を抱えていますが、同時に、颯爽とした王子様も私たちの中に住んでいます。巨大な竜が王子を打ち負かすというお伽話はありません。私は、自分がはまり込んだパターンから抜け出したくてそれを誠実にかつ謙虚に祈った時は、必ず神の恩寵を頂くという体験をしてきました。「悪いことも良いことも一緒に取り入れるものだ」と、子供のころ父がよく言っていたものです。自分自身の中にある光について学べば学ぶほど、自分が完全ではないことを許すのが、よりやさしくなっていきます。仮に私たちが完璧であったならば、この世に生まれてくることはなかったでしょう。しかしながら、完璧になることが私たちの使命であり、したがって、私たちの完璧ではないところを見つめるのはそのプロセスの重要な部分です。私たちは自己の内部にすでに存在するスピリチュアルな完全性を受け入れることによって、完成された人格になります。

レオナルド・ダ・ヴィンチの話で、私がいつも感動させられる話があります。絵を描きはじめて間もない頃、彼はキリストの姿を描いていましたが、イエスのモデルとして非常に美しい若者を発見しました。それから何年もの歳月が流れ、レオナルドはユダも入っている一枚の絵を描いていました。この大いなる裏切り者の完璧なモデルを捜すべく、レオナルドはフィレンツェの町を歩き回りました。ついに、ユダのモデルにふさわしく陰鬱で、邪悪な感じの人物を見つけました。レオナルドはモデルになってくれるように依頼すべく、その人物に近づいて行きました。すると、その男は彼を見てこう言ったのです。「あなたは覚えていないでしょうが、私はあなたを知っています。何年も前のことですが、私はあなたのためにイエス・キリストのモデルになったことがあります」。

映画『スターウォーズ』に登場するダース・ベーダは、昔は良い人であったことが判明します。ルシファーは天から落ちるまでは、天国でも最も美しい天使でした。エゴは、何かがうまくいかなくなってしまった場所、電線がショートしている場所、愛が塞がれてしまった場所に登場します。私はこれまでの人生の中で愛の代わりに否定的なことを何度も言葉にしてきましたが、一つだけ確信を持って言えることがあります。それよりももっと良い方法さえ知っていたら、そうしていただろうということです。そういう時に愛情を持って表現してもいいのだ、愛情を込めて表現しても自分のニーズは満たされるんだということを感じていたら、私は愛情を持って表現していただろうと思うのです。

エゴとは私たちの中に棲む詐欺師であることが十分に理解できるまでは、他人に対してはもちろんのこと、自分自身に対しても恥ずかしくて、自分がどういうゲームをやっているかを多くの場合認めることはできないものです。神経衰弱は自分の傷であることを思い出しては恥ずかしいと感じて、それを直視することができません。私たちは自分は悪い人であると思っています。《私たち、いや他の誰であれ、私たちについての真実を知ることができたら、驚愕のあまり後ずさりしてしまうだろうと私たちは思っています》。しかし、真実のことをいえば、私たちであれ誰であれ、私たちについての真実を知ることができたならば、その光に目をくらまされてしまうでしょう。しかしながら、私たち自身の内部を深く見つめる時、まず最初に『奇跡の学習コース』が**恐れの響き**と呼んでいるものに直面しなければなりません。王子様が危険の真只中にあるお姫様を救い出すためには、お城を包囲したドラゴンを殺さなければなりません。私たちも同じです。私たちにとってのドラゴンとは、内なる悪魔であり、私たちの傷であり、エゴであり、自分自身に対してまた他の人に対して、愛を否定する巧みな手段です。私たちの内部にある純粋な愛が外に出て来るためには、エゴの様々なパターンを根こそぎにし、私たちの体内からエゴの毒素を取り去らなければなりません。

インドのあるマスターがかつて、灰色の空などというものは存在しないと指摘したことがあります。それは常に青い。しかし、時として灰色の雲がやって来ては青空を覆う。すると、私たちは空は灰色だと思う。これは私たちの心についてもいえることです。私たちは常に完璧です。完璧でないなどということは不可能です。私たちの恐れに満ちた思考パターンや機能障害を犯した習慣が私たちの心の中に根を下ろし、私たちの完全性を覆ってしまいます。ただし、これは一時的なことです。それだけのことです。それでも私たちは完璧な神の子です。明けない夜はありません。灰色の雲が永遠に継続することはありません。青空は永遠です。

それでは、私たちの恐れ、怒り、内なる愛を隠してしまう雲をどうすればよいのでしょうか。手放して、聖霊に任せることです。聖霊はそれを、愛によって変容させるでしょう。他人に対する攻撃によってそうすることは決してありません。破壊をもたらすのは怒りそのものではなく、攻撃です。一部の人たちの間では枕に向かって怒鳴り散らすのがはやっていますが、これにはもっともな理由があります。祈りが最も必要な時にそれを困難にする肉体の緊張を解きほぐすには、多くの場合、エネルギーを高めて吐き出すのは効果的な方法です。私たちの怒りは、愛の前に立ちはだかってしまいます。怒りを発散するのは、怒りを放棄するプロセスの一部です。スピリチュアルな人生や、スピリチュアルな関係は常に静けさに満ちていて、常に至福に満ちたものだという油断のならない妄想は絶対に信じてはいけません。

10　自分に働きかける

いかなる状況であれ、欠けているものがあるとすればそれはあなたが与えていないものである。

人との関係が意味があるのは、それが私たちの心を拡大し、より愛情深くなるための機会だからです。聖霊は奇跡の媒体であり、他の人との関係において自分自身を異なった目で見るためのガイドです。私の赤ちゃんが会う人のすべてに愛情を振りまいているのを、私は見ています。彼女は安全でない人がいるなどということはまだ知りません。彼女の愛したいという衝動と、その愛の表現の間には何も邪魔するものはありません。彼女は真実の感情の優しさを込めて微笑みます。いつか彼女に、愛をいつも表現することは適切ではないと教えなければならない日が来るのでしょう。しかし、家のドアに鍵をかけるのと、心に鍵をかけるのは大違いです。現代の恐ろしい世界で子育てをする親にとっての最大の挑戦は、子供が心を開き続けるようにとサポートしてあげることです。

私たちは子供たちに、自分が持っていないものを与えることはできません。その意味で、私の娘に対する私の最大の贈り物は、自分自身を向上させ続けることかもしれません。子供たちは、どんな教えよりも、真似をして学んでいきます。他の人の人生にプラスの影響を及ぼす最大の機会は、神の愛を自分自身の人生に受け入れることによって訪れます。

それが人との関係における主要な原則の一つです。他の人と安らかな関係を築くためには、私たちは自分自身を見て、自分自身の教訓、思い、行動を見直さなければなりません。**奇跡を行う人の唯一の責任は自分自身のために贖罪を受け入れることである。**エゴは、二人の関係が崩壊したのは相手の人が間違った行動をとったからであり、相手の人が無理解だからであり、相手の人が教訓を学ぶ必要があるからだと考えるように、いつも私たちを誘惑してきます。しかし、焦点は自分自身に合わせ続けなければなりません。他人の愛のなさによって私たちが影響を受けるとすれば、そのことで私たちがどの程度相手を裁くかというその程度だけ影響を受けます。さもなければ、私たちはエゴに対して不死身です。それこそが、神の子の本来の姿です。

時々、私にこう言う人がいます。「だけど、マリアン、この問題の九〇パーセントは相手の責任だと思うわ」。それに対して、私はこう言います。「いいでしょう。それじゃ、あなたにも一〇パーセント分は探究して教訓を探すべきところがあるんでしょう」。「あなたの」部分であるその一〇パーセントをしっかりと見つめて、そこから教訓を学ぶべきなのです。それは、あなたが次の関係の中に持って行くことになるものです。エゴにはこれが分かっています。だからこそ、エゴは焦点を相手の人に当てようとします。エゴの目的は、私たちが自分ではそれと知らずに常に自分を破壊するように仕向けることです。自分自身の間違いを正していくだけでも大変なことです。他人の過ちを正そうとするのはエゴの策略で、あなたがあなた自身の教訓を学ぶことを邪魔しようとします。人との関係から最大限の教訓を学ぶためには、自分自身の問題に焦点を絞らなければなりません。

最近、問題はいつも間違った相手を選んでしまうことだという不満をよく耳にします。これについてはエゴはなかなか狡猾です。このように考えることで、私たちがこの問題に関して責任をとっているかのようにエゴは思わせようとします。しかし、実際には私たちはほんのわずかしか責任をとっていません。このように問題を考えることによって、自分以外の誰かに罪を被せているために、さらに深い暗闇に入って行くだけで、光に向かうことはできません。「私にコミットできない人ばかり選んでしまうの」というのは、奇跡志向の認識ではありません。光志向の質問はこういう感じでしょう。「実際の話、私自身はどの程度コミットしているのだろう。親密な、そしてコミットした形で愛を与え、愛を受け取るために、私の存在の最も奥深いところで、どの程度準備ができているのだろう？」。あるいは、「私との関係で一定のところまで来ると恐れの壁にぶつかって、それを乗り越えることができない人たちを、どうすれば許すことができるのだろう？　彼らの恐怖心の原因となった私、あるいはその恐怖心に関わった私をどうすれば許せるのだろう？」。

時には、まるで病みつきになってしまったかのように感じることもあります。ある人に夢中になり、衝動的な欲求を感じます。こういう場合、あるレベルでその人を責めています。問題の原因や答えを求めて、自分以外のところを見たいという誘惑に駆られても、自分自身の内部を見ることによって、奇跡志向の考え方を固持しなければなりません。あなた自身の苦しみについての責任をとらないと、思いを変えることによってあなたが置かれた状況を変えることができることを実感できないという代償を払うことになります。苦痛に満ちた二人の関係の原因を誰がつくったのか、あるいは、間違いの大部分は相手にあるということとは無関係に、あなた自身が許すことによって苦痛から完全に自由になる方法を聖霊は提供してくれます。相手の人はあなたのこの変容に意識的に参加する必要はありません。

その時に、より正気であった人が聖霊をその状況に招じ入れることが可能である、と『奇跡の学習コース』は述べています。神を招じ入れようとするこちらの気持ちに相手が同意するかどうかは問題ではありません。人生においてあなたが必要としていることは、すべてあなたの頭の中にあります。

私はゲイの男性に夢中になったことがあります。不条理な話かもしれませんが、どうしても彼のことを忘れることができませんでした。それで私は奇跡を求めて祈りました。すると、次のような考えが頭に浮かんだのです。〈マリアン、あなたは取り付かれていますね。あなたが彼を解放してあげないがために、自分が束縛されています。ありのままの彼を受け入れてあげなさい。彼を解放して、彼が好きなところに行かせてあげなさい。彼が好きな人とすることを許してあげなさい。ここで欠けていることがあるとすれば、それはこの状況に対してあなたが与えていないものです。あなたに苦しみを与えているのは、彼に対してあなたがしていることです。あなたのエゴが感情的に彼を支配しようとしているのです。そのために、あなたは感情によって支配されていると感じるのです〉。私もはっと気がつきました。心の中で彼を解放すると、私自身も解放されたと感じたのです。

11 閉ざされた心

誤審をデッチ上げるエゴの巧みな手腕を、誰も疑うことはできない。

異性との関係が始まるとすぐに強く言い寄るにもかかわらず、女性が心を開きはじめるやいなや、心を閉ざしてしまう男性を知っていました。この種の行動は、異性関係の「初期段階中毒症」という名前で呼ばれているのを知っていました。この男性は別に悪意があって女性たちの心を傷つけていたわけではありません。彼は純粋で、コミットした関係を持ちたいと心から願っていたのです。彼に欠けていたのはスピリチュアルなアプローチで、それがないために、対等なパートナーとしっかりとした関係を築き上げるまで十分な時間、一つの場所にとどまることができないでいたのです。女性の中に人間としての欠陥や弱点を見つけるやいなや、彼は逃げ出してしまうのです。自己耽溺的な性格は完璧さを探し求めます。それは、愛が決して花開くことがないようにするための一つの方法です。異性との関係が始まったばかりに体験する高揚した気分はめくるめくものがあり、焦燥感を募らせるものであるために、そのあとの段階はあまりにも退屈で、コミットするのが難しいということがあります。相手の人も一人の人間であるということが見えてくるやいなや、エゴが反発して、別な人と遊びたいと言い出します。

こういう人との関係が終わった後は、まるでコカインをやったような気分になります。猛スピードでわくわくするような乗り物に乗った気分で、それに乗っている時は何か非常に意味のある体験をしていると感じます。それから麻酔が切れたかのように目が覚めて、実は意味のあることは何も起きてはいなかったと分かります。それはみな、作りごとだったのです。今あるのは頭痛だけで、こういったことは良くないし、体にも悪いし、二度と繰り返したくはないと思います。

しかし、私たちがこのような関係に引かれるのには理由があります。私たちは意味があるという幻想に引かれているのです。時として、本当の関係において提供するものなど何もない人が、世界全部をあなたにあげますという感じで迫って来ることがあります。彼らは、自分自身の感情から完全に切り離されているために、私たちの幻想が望むことを何であれ、きわめて巧みに演じることができる役者です。しかし、自分の苦痛に対する責任は依然として自分自身のものです。私たちが安っぽい刺激を求めたりしなければ、嘘にだまされることは決してありません。

私ってどうしてこんなに馬鹿なんだろう？　このような体験の後で私たちが自問する質問は常にこれです。しかし、こういった体験を十分に積むと、自分が本当は愚か者ではないということを自分自身に対して認めるようになります。これは麻薬ではないかと、私たちにも分かってはいたのです。問題はそれと知っていて、私たちがそれを望んだことです。この人と付き合えば、どういうゲームをすることになるかは分かっていたのです。だいたいの場合、最初の十五分でこれは分かります。しかし、あの高揚した気分の気持ちよさの魅力に負けて、見て見ぬふりをします。一晩だけ、いや一週間だけ、あるいは二人の関係が続く間はいいじゃないかと思うわけです。会ってまだ一時間もたっていないというのに、「君は信じられないような人だ。素晴らしい女性だ。これは最高のデートだ。君とデートできるなんて、僕はなんてラッキーなんだろう」などと言う男性は、ちょっとでも頭のある女性なら赤信号であることはすぐに分かります。問題は、私たちが受けている傷があまりにも深いために、私たちはこのような言葉を聞くことに飢えているかもしれないということです。そのために、このようなほめ言葉を聞くと、諸々の合理的な考慮を捨ててしまいます。餓死寸前であれば、誰でも必死になります。

時々、私に次のような質問をする女性がいます。「マリアン、私はどうして虐待好きな男性としか会わないんでしょう?」。私はいつもこう答えることにしています。「問題は、あなたが彼にあなたの正体を見破らせてしまったことよ」。別な言い方をすると、私たちがある種の男性を引きつけるのではなく、私たちがある種の男性に引かれるというところに問題があるのです。たとえば、感情的に近寄りがたい男性は、自分の両親のどちらか、あるいは両方を思い出させるかもしれません。「彼のエネルギーは近寄りがたい、そして微妙に不同意を伝えている。これはお馴染みの懐かしい場所だ」。したがって問題は、私たちに問題が提供されただけでなく、私たちはそれを居心地が良いと思っていることにあります。それは私たちがずっと慣れ親しんできたものです。

私たちに何も提供することができない人に危険にも引かれるということの一側面は、私たちに何かを提供するものを持っている人には、私たちが退屈を覚えてしまう傾向があるという事実を物語っています。私たちのシステムに異質なものが入っても、長くとどまることは決してできません。私たちの肉体であっても、心であっても、これは同じことです。もし仮に私がアルミニウムの薄片を飲み込めば、私の体はこの異物が体から吐き出されるまで吐きつづけるでしょう。私に合わない考えを飲み込んでしまえば、その異物を吐き出すために私の心理体系も同じようなプロセスを体験するでしょう。

もしも私が自分は立派な人間ではないと信じていたとすれば、私は立派な人間であると信じている人を自分の人生に受け入れるのに困難を覚えるでしょう。グルーチョ・マークス症候群で、自分を入れてくれるようなクラブには入りたくはないという考え方です。誰かが私のことを素晴らしいと思ってくれるのを受け入れるためには、私自身が自分は素晴らしいと思わなければできることではありません。しかし、エゴにとっては自分をそのように受け入れることは死を意味します。

私たちを欲しがらない人に引かれる理由はここにあります。後になって裏切られ、激しくも短期間の付き合いの後に彼らが去って行くと、私たちは驚いたふりをして見せます。彼らはエゴの計画にぴったりと合致していますす。私は愛されることはないからです。感じが良くて入手可能な人びとが私たちにとって退屈に思えるのは、彼らは私たちを破綻させるからです。エゴは感情的な危険性を興奮と同一視して、感じが良くて、入手可能な人は十分な危険性を備えていないと主張します。皮肉なことに、真実はこれと正反対です。入手可能な人こそ、危険な人です。なぜなら、彼らは本当の親密さを持つという可能性で私たちに迫るからです。彼らは、私たちを本当に良く知るようになるまで、長い間にわたって私たちのところにとどまるかもしれません。彼らは暴力ではなく愛によって、私たちが築いた防御の壁を打ち破るかもしれません。エゴはこれを私たちに知って欲しくはありません。入手可能な人は恐ろしい人です。彼らはエゴの城壁を脅かします。私たちが彼らに引かれない理由は、私たち自身が入手可能ではないからです。

12　傷の癒し

癒しこそ分離を克服する唯一の方法である。

愛に対して私たちが築いた壁が意識的に選択されることはまれです。このような壁は心が傷ついている場所を守ろうとする努力のあらわれです。いつかどこかで、心を開いたことが原因で苦痛を味わったり、辱めを受けたことがあるかもしれません。私たちは子供のように心をオープンにして愛したのに、相手の人は気にもかけてはくれなかったかもしれません。あるいは嘲笑して、私のそういう努力に対して罰をもって報いたかもしれません。そのような瞬間に、それは何十分の一秒のような瞬間だったかもしれませんが、そのような屈辱から絶対に自分を守ろうと心に決めたのです。自分を開いて傷つきやすい状態には二度としないと心に決めたのです。こうして私たちは感情を守るための防御壁を築きます。冷酷な攻撃から自分を守るために、心のまわりに城壁を築きます。『コース』によると、そうした場合の唯一の問題は、私たちは避けようとするものをまさに創作しているというのです。

私の人生の中で、私の心を私が望むような形で尊重してくれない人には、あまり心を開くべきではないと感じた時期がありました。私を傷つけたと私が感じた人に対して怒りを感じていましたが、その怒りの感情と向き合って、神に解放してあげる代わりに、私はその怒りの感情を否定しました。これは『奇跡の学習コース』を学ぶ人たちが陥りがちな落とし穴です。怒りを感じていたならば、それを意識の上に持ってこないと、それは行き場がありません。すると、それは自分自身を攻撃するエネルギーになったり、無意識のうちに他の人を攻撃するという結果になります。

自分がどれくらい怒っているのかを自覚せず、学ぶべき教訓はあまり正直に自分の気持ちをあらわさないことだぐらいに考えて、いうなれば、ツーストライクを取られた状態で私は男性との関係に突入して行ったのです。ストライクのまず一つは、心は閉ざされ冷たくなっていたということ。もう一つは、自分でも意識していない怒りのために感情的なナイフを隠し持っていたということでした。こういう状態でなければ、もっと感じの良い自分を前面に出すこともできたでしょうが、私が男性に見せた自分はあまり感じの良いものではなかったわけです。このような冷たさで身を固め怒っていた私ですから、聖人のような男性でも簡単に追い払ってしまいました。もちろん、そのこと自体が私の怒りと不信を増大させました。

私はある時、非常に分別のあるセラピストと話していました。「私の同年代の女性の多くは、愛情が豊かで、コミットする気持ちがあって、しかも結婚していない男性をなかなか見つけられないでいるようね」と私が言いました。これに対する彼女の答えは、教会の鐘のように私の頭の中に鳴り響きました。「女性がそういうことを私に言う時、問題を十分に深いところまで掘り下げて見てみると、男性に対する軽蔑が底にあるのが普通ね」。

男性に対する軽蔑ですって。男性に対する軽蔑！　この言葉は私の頭蓋の中で高らかに鳴り響きました。彼女からこの言葉を聞いた女性がすべてこのように感じたかどうか、それは私には分かりませんが、私についていえば、そのものズバリでした。私は『コース』の中に出てくる次のような考えについて、しばしば考えることが多かったのです。それは、私たちは兄弟が私たちに対してやった何かに対して怒っていると考えますが、実際は、私たちが兄弟に対してやったことを怒っているという考えです。私はおぼろげながらもこれが真実であることは知っていましたが、私に対してひどいことをしているこれらの男性に対して、私が何か悪いことをしているということが見えてくるまでには、心の中を深く掘り下げなければなりませんでした。『コース』は、私たちが自分の過去から引きずっている影の人物について語ります。私たちは現在、誰に出会っても、その人をありのままには見ない、と『コース』は語っています。私たちは過去に誰かがやったことについて、現在、誰かを責め続けるというのです。一人の男性が私に向かってこう言ったとします。「あのさ、日曜日の夜、帰る予定だったんだけど、帰れなくなったんだ。このプロジェクトの仕事を継続しなければならなくて、火曜日まで帰れそうにないんだ」。彼のこの話は、私の猫が死んでしまった、犬が死にかけているというニュースと同じように私をアップセットさせます。問題の本質は、彼の帰宅が数日遅れることにあるのではなく、彼がこう言うのを聞いて私が心の中でどういう反応をしたかにあります。私の胸はもの凄いばかりの絶望感で締め付けられ、それはもう言葉に表現することもできないほどのものです。私はこの男性に、あるいはその状況に対して反応していたのではありません。私は重要な存在ではない、私には魅力がない、パパは私を抱いてくれない、ある男性がもう私とセックスをしたくないと感じた過去の出来事を思い出していたのです。

『コース』の観点からすると、この状況がいま私の目の前にあらわれたのは、私がそういう感情を体験して、しかも、それは現在とは何の関係もないということを知るためであるということになります。私は奇跡を下さいと頼みました。《私はこれを違った目で見る気持ちを持っています。本当の私が誰なのかを思い出す気持ちはありません》。私の苦しみに対する神の答えは、この悲しみから抜け出す唯一の方法としてエゴが主張する答えと同じではないでしょう。つまり、「君は凄い、素晴らしい人だ。愛してる。君が欲しい」と一日に六十回も私に向かって言ってくれて、私がどんなに性的に魅力的な存在であるかを一日に二回、理想的には三回ぐらい言ってくれる男性の答えではありません。実際の話、私の癒しは究極的には、私のニーズの高さ、あるいは罪の意識を容赦しない男性からしかやって来なかったのです。実のところ、どんな男性でも私のニーズの高さには耐えられませんし、私は自分のニーズを満たそうとして罪の意識を男性に投影していたのです。私はこれが自分には必要だと思ってそうしていたのです。もちろん、私が本当に必要としていたことは、この飽くことを知らない感情的なニーズのようにしか感じられないものを満たすには男は必要ではないと実感することだったのです。ニーズそれ自体は実体のあるものではなく、私が自分自身を完全ではないと見なしていたという事実の反映に過ぎません。私は完璧じゃないという考えを捨てることによってしか、私は救われなかったのです。捨てられることから自分を守ることによって、それがまさに起こるしかない現実を創作し続けていたのです。

男性はなぜ、コミットできないのでしょうか。私の体験の範囲でしか答えられませんが、男性がコミットしないのは女性がコミットされないように鎧甲《よろいかぶと》で自分を守っているからです。そういう鎧の一つは、私たちが持っている闇の部分です。つまり、心の闇、苦しみの闇、そして私たちが例の意地悪な言葉を吐く時に体験する心の闇です。

私たちの防御は、私たちの傷を反映しています。しかし、これらの傷を癒すことができる人はいません。男性が愛情を無邪気に誠実に与えてくれたとしても、私たちが人は信頼できないという確信をすでに持っていたならば（それが私たちがすでに下した決定である場合の話ですが）、相手の行動がどのようなものであっても、それは自分がすでに下した結論の証拠であると解釈するでしょう。『コース』によれば、私たちは見る前に何を見るかをすでに決定しています。現在のアメリカの大都市にデートの相手をしてくれるさとりを開いたマスターがそんなにたくさんいるとは思えませんから、相手の男性がこちらの感情を尊重する能力が欠如しているということに焦点を合わせたかったならば、それは必ず見つけることができるに違いありません。しかし、たくさんの人たちは私たちが思っているよりも一生懸命努力しています。しかも、私たちのエゴが、男性も女性もくだらない人ばかりで、誰も私たちのことなど気にかけてもくれない、あるいは良い人などそもそもいないのだと私たちに信じさせることに成功している状況の中で、非常に不利な条件のもとで頑張っているのです。

13　私たちの気持ちを変える

基本的な変化は考える人の気持ちの変化とともに起きる。

スピリチュアルな修行の目標は完全な回復にありますが、あなたが回復する必要があることはただ一つ、バラバラに砕かれてしまった自分を回復することです。あなたが自分はこれでオーケーなんだと信じなければ、誰もあなたにそれを信じさせることはできません。他の人たちが、まるであなたはこのままでオーケーであるかのように振舞ったとしても、あなたは彼らを信じないか、彼らの力づけにべったりと依存し、その依存によって彼らの気持ちを変えてしまうでしょう。いずれにしても、あなたは自分はこのままではオーケーではないと信じ続けることになります。『奇跡の学習コース』の『ワークブック』の中のレッスンで、何度か繰り返されるものは一つしかありませんが、それは、**私は神が創造したままに在る**というレッスンです。前にも述べたことですが、『コース』によれば、私たちの唯一の問題は本来の私たちが誰であったのかを忘れてしまったということです。

あなたは、誰か他の人の中に完全性を見たいという願望によって、自分自身の完全さに目覚めます。時として、これはやさしいことではありません。お馴染みの暗闇が私のまわりを包みはじめたと感じるような時、たとえば、相手の男性が私について何かを言って、それはおそらくは何の罪もない言葉であると頭では分かっていても、自分は見捨てられてしまった、愛されていない、拒絶されてしまったと感じるような時があります。私はこれまでの人生の体験によって、悪いのは彼の言葉ではないということは知っています。彼は敵ではないのです。敵は、この私のこの感情です。これまではこの感情に動かされて相手を攻撃したり防御したりして、相手の男性が感じていると私が感じていながらも、実際には感じていないことを相手が感じるように強制したものでした。これが私の壁です。この壁にぶち当たった時、それをしっかりと意識して、神に訴えなければなりません。奇跡を依頼するのです。「神様、どうぞ私をお助け下さい。これが私の問題です。ここで私は剣によって心を貫かれてしまうのです。ここで私はすべてを駄目にしてしまうのです」。

痛みが最大の時こそ、素晴らしい機会です。私たちが痛みを絶対に直視しなければ、エゴは喜びます。危機に直面した時、思わず神に助けを求めることになるかもしれません。エゴは、私たちが危機に直面しないことを好みます。エゴが好むのは、背景に穏やかな苦難の川が流れており、その苦難は自分自身の選択がつくり出しているのではないかと問いかけざるを得ないほどには厳しくなることは決してない、そういう人生です。苦しみがある時こそ、悪魔を打ち負かし、永遠に放逐するチャンスです。一人の男性が私にこう言ったことがあります。「マリアン、この問題に、セラピストや、『奇跡の学習コース』や、君の編集者や、君の女友達と一緒に取り組むことはもちろんできるさ。しかし、僕と一緒にそれに取り組むことによって得られる機会は、彼らには絶対に提供することはできないと思うよ」。もちろん、彼が言おうとしたことは、彼らに対して私の気持ちを描写することができるだけであるのに対して、彼とならそれを感じることができるということでした。その瞬間に、もしも私が子供っぽい、自己耽美的な逃避の道を選択せずに、恐れに直面して、恐れを通り抜ければ、彼との関係の目的は達成されることになります。私たちの暗闇の部分が白日のもとにさらされ、許された時、私たちは前進できるのです。

私たちは気づき、そして祈ることによって成長します。気づきだけでは、私たちは癒されません。問題の分析だけで私たちの傷が癒されるのであれば、私たちの誰もとっくの昔に癒されているはずです。私たちの強迫観念は、生命に関わる臓器に広がったガン細胞のように、私たちの精神構造の中に深く食い込んでいます。

奇跡的な変化のプロセスは二段階から成っています。

（1）自分の過ちないしは機能不全のパターンに気がつく。

（2）それを取ってくれるように神様に依頼する。

第二の原則がなければ、第一の原則は無力です。「アルコール依存症者匿名会」で言っているように、「あなたの最善の考えが今いる場所にあなたを連れて来た」のです。あなたは問題であって、答えではありません。

しかし、第二の原則も私たちを変えるのに十分ではありません。聖霊は私たちが彼に向かって解き放たないものを、私たちから奪うことはできません。聖霊は私たちの同意を得なければ動きません。聖霊といえども、私たちにその気持ちがなければ私たちの性格的な欠点を除去することはありません。なぜなら、もしそうしたならば、私たちの自由意志を侵害することになるからです。たとえそれが過ちであったとしても、私たちがそのパターンを選んだのですから、聖霊はそれをあきらめるようにと強制はしません。

神様に癒しを依頼する時、あなたは癒されるという選択にコミットしています。これは変化する選択を意味します。これに対するエゴの抵抗は強烈です。エゴは私たちに、古い習慣はそう簡単に直るものではないと考えさせようとします。たとえば、「私はアルコール依存症であることに怒っている」という気持ちはあなたの怒りの気持ちをあらわしているかもしれませんが、それを正当化することはできません。自分が怒っていることを知ることの唯一の利点は、そうでない選択をすることができることです。何年もの間、セラピーに通い続けても、違ったやり方をするという選択をするまでは、同じところをぐるぐる回り続けるだけです。いま突然に、自分に優しくするようにと言われても、長年の間、自分に厳しくしてきたあなたには不自然に思われるかもしれませんが、だからといって、それを口実にしてはいけません。

『奇跡の学習コース』は、子供に教えるための最も効果的な方法は「それをしてはいけません」ではなく、「これをしなさい」である、と言っています。暗闇をどれほど分析してみても、光に到達することはできません。光を選択することによって初めて、光に到達することができます。光は理解を意味します。理解を通して、私たちは癒されます。

人と関係を持つことの目的が癒されることであるとするなら、そして癒しは傷をさらけ出した時に初めて可能になるとするなら、エゴは私たちに非常に厳しいジレンマで迫って来ます。自分自身を出さなければ成長はあり得ない。成長がなければ究極的には倦怠が訪れ、それは二人の関係の終わりを意味する。しかし、私が自分自身を正直にさらせば、私は魅力のある存在には見えず、相手は私のもとを去って行くだろう、というジレンマです。

エゴは自己陶酔症であるために、私たちに完璧な人が登場するのを待たせようとします。聖霊は、別な人の中に完璧さを探し求めるのは煙幕であって、それは私たちが自分自身の中に完璧さを発達させる必要があるという事実を隠してしまうということを知っています。そして、もしも仮にあなたにとって完璧な人がどこかにいるとしたら、実際はいないのですが、その人はあなたにデートを申し込むでしょうか。自分にとって理想の人を求めて憑かれたように探し回るという子供じみた行為をやめれば、思いやりのある関係を築く技術を発達させることができるようになるでしょう。人びとを裁くことをやめ、その代わりに人びとに共感を覚えるようになるでしょう。まず第一に、人と関係を持つのは相手の人がどれほど上手に教訓を学んでいるかに焦点を合わせるためではなく、自分が教訓を学んでいるかどうかに焦点を合わせるためであることを認めるようになります。

エゴは恐れに対してではなく、愛に対して身を守ろうとします。人間関係における苦しみは、それはすでに知っているという意味で、奇妙な満足感を与える苦しみであるかもしれません。アメリカのスピリチュアルなリーダーの一人であるラム・ダスのカセットテープの中で、ある新聞記事が話題に取り上げられていました。母親が子供を虐待していたために、婦人警官が子供を保護するために家に行った時、子供は母親のもとを離れまいとして必死だったというのです。母親に殴られていたにもかかわらず、彼女は子供にとって知っている人でした。彼女に馴れていました。子供は自分が知っている場所にとどまりたかったのです。

このエピソードは、私たちとエゴの関係を例証しています。エゴは私たちの苦しみですが、それは私たちがよく知っているものであるために、私たちはエゴから抜け出すことに抵抗します。苦しみに満ちた行動パターンから成長して抜け出すのに要する努力は、そのパターンにとどまるよりも不快な感じがするものです。人間として成長することは、苦しみを伴うという可能性があります。なぜなら、自分自身の暗闇に直面しなければならないために、恥ずかしく思ったり、また屈辱を覚えることでもあるからです。しかし、人としての成長の道は私たちに苦しみを与える暗い情緒的なパターンから脱出して、安らぎを与えてくれるパターンへと向かう旅です。『心理

療法　その目的、プロセス、実践』によれば、それが頂点に達した状態では、心理療法と宗教は一つになるということです。両者は思考と体験の関係を象徴するもので、聖霊はこれを用いて人間の最も輝かしい潜在的な可能性の一つである、変化する能力を誉め讃えるのです。

最近、私たちは自分の強迫観念を嫌になるほど分析しますが、その分析結果を傷の癒しに用いるのではなく、傷を正当化するために使う傾向があります。分析もある程度まで進めば、一定のパターンが見えてきます。たとえば、「父は感情を分かち合ってくれなかった」、「母は私を虐待した」といった具合です。そして、そうした体験が私たちの性格に及ぼした影響といったものも見えてきます。たとえば、「男性を自分に近づけさせるにはどうすれば良いのか分からない」とか、「権威ある存在はなかなか信頼できない」といった感じです。しかし、実際の変化はこうした分析による理解からではなく、私たちの決断の結果として起こります。癒すという決断、変わるという決断です。私たちがなぜ怒っているのか、なぜ防御的になるのかといったことは、究極的には重要ではありません。重要なことは、自分は癒されたいと決断し、神様に助けを求めることです。

役者が脚本の台詞《せりふ》を読むのと同じように、人生に対する新しい反応の仕方、つまり新しい台詞を選択することができます。こういうことを言うと、「それは否定だ！」などと怒鳴る人がいるに違いありません。しかし、ここで私が否定しているのは自分自身の中にいる詐欺師です。私たちが正直な感情をあらわしたからといって、それが正直な私たちであるということにはなりません。怒っている私は、本当の私ではないのです。怒っている私を承認する必要はあるでしょうか。答えはイエスですが、ただしその怒りを超えるという目的のためにです。一度自分の怒りを見たならば、「アルコール依存症者匿名会」の人たちが言うように、まるで自分には異なった行動がとれるかのような「ふりをする」準備ができたのです。なぜかといえば、それができるからです。私たちのエゴは、私たちが自分の個性であると考える架空の登場人物をつくり上げました。しかし、私たちは絶えずその個性を創造しており、選択すれば、絶えずそれを再創造することもできます。

ある時、友達と話をしていた時に、彼は私と親密な関係になるとどちらかが傷つくことになるのが怖いという意味のことを言いました。「私たち二人のうちのどちらを心配してるの?」と私が聞くと、「君だよ」と彼は答えました。

私は前もって彼に拒絶されたように感じました。私は怒りを感じ、その気持ちを彼に伝えました。

「僕が言ったのはまさにこのことだよ」と彼は言いました。「君は何でも自分が攻撃されていると受け止めるから、僕はそれに長く耐えられないと思うんだよ」。

この瞬間こそ、私が何度も様々な人と繰り返してきた瞬間であるということを私は知っており、何度も癒しを求めて神に祈ってきたことでもありました。私はオープンな気持ちでした。それで、彼に聞いてみたのです。「正直に答えて欲しいんだけど。どうすれば違った行動をとることができたと思う? 私はあなたに何と言えば良かったの?」。

「ただにっこり笑って、あなたってうぬぼれ屋さんね、って言えば良かったんだ」と彼は言いました。

私は何となく浮きうきしてしまいました。まるで名監督に指導を受けている女優の気分です。「それ、いいじゃない」と私は言いました。「あの場面にもどって、もう一度やり直してみましょうよ」。

「マリアン、何かこういう感じがするんだ。僕らが一緒になれば、どちらかが傷つくことになるってね」。

「どちらのことを心配してるの?」。

「君の方さ」。

私は彼を見てにっこりと笑って、「あなたって、うぬぼれ屋さんね」。

彼は笑い出し、私も大笑いしてしまいました。これは私にとって少なからぬ発見でした。これまではこういう場面に遭遇すると、にっちもさっちも行かない行動を無意識のうちにとっていたのですが、こうしてみると、本当に力づけられ、感情のコンピューターをプログラミングし直したような感じでした。今や、私には新しいパターン、新しい可能性を導く道が開かれたのです。これまでは、怒りの道を選択していました。今や、私は愛の道を選んだのです。私は傷ついた動物の役割を演じる必要もありませんでした。私は自分自身の力と一体感を覚え、それを演じることの方が私にとってずっと自然なことでした。寛大な、信頼に満ちた目で他の人を見るという選択をすることができました。私の兄弟は私を攻撃しようとしているのではない、私を愛するためにここにいると感じました。それを信頼し、彼に愛を返すかどうかは、まったく私自身に任されていました。

私たちの認識の訂正である贖罪を受け入れる時、私たちは本来の自分にもどります。真実にして純粋な、愛情に満ちた自己を消滅させることはできません。幼年時代に受けた傷のような体験によって、本来の性質から逸脱することはあるかもしれませんが、真実そのものは聖霊が私たちを信じて保ち続け、私たちがもどって来るのを待っているのです。

14　許しの行使

許しが唯一の正気の反応である。

エゴにとって、愛は犯罪です。許すということは危険な立場をとることであり、不公平な犠牲を払う結果になるとエゴは説得しようとします。許すことによって、誰かに踏みにじられるような状況に身を置くことになるとエゴは主張します。《エゴにとって、愛は弱さです。聖霊にとって、愛は力です》。

数年前のことですが、オリンピックがロサンゼルスで行われた時、私はある男性と付き合っていました。開会式のセレモニーは実に素晴らしい劇的なショーでしたが、入場券を手に入れるのはとても大変でした。メディアの仕事をしていた関係で、直前という時になって、マイクは入場券を手に入れることができました。

私は彼のためにとても喜びました。誰もが、これは素晴らしいセレモニーになるということは確信していました。私は開会式をテレビで見て、その後にデートをすることにしました。放送が終わって、私は身支度を整え、一時間かそこらすれば彼から電話があるだろうと待っていました。スタジアム周辺の交通渋滞は大変だろうと知っていたからです。

一時間が過ぎ、さらに一時間がたちました。テレビの仕事をしている彼のことだから、何か仕事でもできたのかもしれない。さらに一時間が過ぎ、また一時間がたちました。やがて真夜中になり、私は服を脱ぎ、メークを落としました。午前二時になっていました。ベッドに入ったものの、うつらうつら眠っては目を覚まし、暗闇の中で天井を見つめました。激しい怒りの感情に駆られたかと思えば、彼のことを心配し、事故でも起こしてどこかに倒れているのかもしれないと心配になりました。彼の家に電話をしてみました。答えはありません。もう一度かけてみました。答えはありません。ほとんど眠らない状態で朝が訪れ、六時頃、電話をすると彼が電話に出ました。

「もしもし」と彼は答えました。

「マイク？　マリアンだけど」と私は言いました。

「やあ」。

「あなた大丈夫？」。

「大丈夫だけど、どうして？」。

「昨日、デートの約束だったでしょう。忘れたの？」。

「そうだった」と彼は言いました。「遅くなってしまったものだから」。

そのあと何と言って電話を切ったかは覚えていませんが、私がその時どう感じたかはよく覚えています。良い気分でなかったことは確かです。デートで待ちぼうけを食わされ、私の自尊心は深く傷つけられ、何ともいえない暗い気持ちを味わいました。呆然として、何とか眠りにつきました。目を覚ました時、私はこの状況を別な角度から考えはじめました。彼は目を覚まして、自分が犯した間違いを悔いて、バラの花束を持って謝りに来るだろうことを私は確信しました。「本当にごめん。これからブランチを食べに行こう」と彼は言うはずです。私が頭の中で考えたシナリオでは、私は怒りなど少しも見せずに、「いいわね、行きましょう」と朗らかに、あどけない女の子のように答えることになっていました。問題はただ一つ、彼は来ませんでした。来なかっただけでなく、電話もよこさなかったのです。

　私は真っ暗闇の中でした。こういう状況では『奇跡の学習コース』は何と言うのでしょうか。奇跡が必要であることは私にも分かっていました。しかし、この状況に対処するために私が思いつく選択は二つしかなく、それはこれまでも同じような状況の中で試してみたものでしたが、どちらも後味は悪く、私が望んだ結果を得ることもできませんでした。第一の選択は、まず烈火のごとく怒って、それを相手に知らせることでした。「私をそんな目に遭わせるなんて、あなた何だと思ってるのよ、ろくでなし」。この選択の問題点は、私が同じように悪者になってしまうということです。彼はこう思うでしょう。「マリアンはなかなかいい女だけど、気性がちょっとね。自分の思い通りにならないとすぐヒステリーを起こすから」。

これ以外に考えられる方法はただ一つ、彼を許して、手放すことしかありません。でも、この選択も気分の良いものではありません。「マイク、私とのデートをすっぽかしたけど、別にかまわないわ。わたし気にしてないから。別に問題じゃないわ」。無条件の愛は分かりますが、無条件のデートはそうはいきません。私はどうしたら良いのか分かりませんでした。私は奇跡を神様にお願いしました。別な可能性があるという可能性について考えてみました。私はすべてを神様に委ねることにして、私は何もする必要がないんだということを思い出しました。

『コース』の観点からすると、私がまずやるべきことは私自身の裁きの気持ちに対処することです。私の心が安らぎの中になければ、私がどういう行動をとっても心の葛藤のエネルギーがついてまわります。葛藤に満ちた行動から心の安らぎは生まれません。より多くの葛藤を生み出すだけです。まず自分の認識をどうにかしなければなりませんでした。それさえきちんと対処すれば、あとは自然にうまく行きます。

そこで、私は一つのエクササイズを決めました。誰か他の人と一緒にいる時、できれば声を出して、できない時は心の中で次の言葉を唱えることにしました。「マイク、私はあなたを許します。あなたを聖霊の御許へと解放します。マイク、私はあなたを許します。あなたを聖霊の御許へと解放します。マイク、私はあなたを許します。あなたを聖霊の御許へと解放します」。

マイクは翌日も、翌々日も、電話をして来なかったので、私には追い散らさなければならないネガティブな思いがいっぱいありました。この許しのチャントはまるで香油のように、波立った私の心を静めてくれました。この言葉のお陰で、マイクの行動に焦点を合わせる代わりに、私自身の気持ちに焦点を合わせることができました。私の目標は内なる安らぎであり、マイクに罪があると思っている限り、それを得ることはできないということを私は知っていました。

ところで、マイクが謝罪の電話をかけて来るまでに二週間の時間がたっていました。「マイク、私はあなたを許します。あなたを聖霊の御許へと解放します」と絶えず言い続けることによって、人を喜んで許すという気持ちがまるで快感をもたらす薬のような効果を私の脳にもたらしてくれました。マイクから電話があってもなくてもいいという気持ちになっていました。

ある日、たまたま私が家にいる時にマイクから電話がかかって来ました。電話に出ると、聞き覚えのあるマイクの声が、「マリアン？」と語りかけて来ます。

意識して何かを考える前に、何か暖かい愛の思いが私の胸に溢れて、「マイク、声が聞けて嬉しいわ」という答えが私の口から出ていました。本当にそうだったのです。彼の声を聞いて私はとても嬉しかったのです。

「元気？　君と会えなくて寂しかったよ」（彼がこんなことを言うなんて信じられますか？）。

私も彼に会えなくて寂しかったと言ったかどうかは覚えていませんが、次のやりとりは覚えています。マイクはこう言いました。

「いつ会えるかなあ？」。

「あなたはいつがいいの？」と私は聞きました。

「今夜はどう？」。

その瞬間、私の口から、彼だけでなく私をも驚かせるような言葉が出てきました。私はたくさんの愛情と優しさを込めてこう言ったのです。「マイク、私は本当にあなたのことが好きだし、それはこれからも変わらないわ。何があっても、私はあなたの友達のままよ。だけど、デートに関しては、私たちはどうも合わないみたい。昼食を一緒に食べようということなら、電話をちょうだい。でも、デートについてはパスするわ」。

私たちはそれから何か感じの良い言葉を交わして電話を切りました。私は兄弟を拒絶してしまったかもしれないと心配でした。しかし、その気持ちが胸をよぎった瞬間、天国の中心で、たくさんのシャンパンのコルクが抜かれているイメージが心に浮かびました。私は兄弟を拒絶したのではなかった。自分自身をまったく新しい形で受け入れたのです。彼にとってもそれは勝利でした。彼が望めば、それは一つの教訓をもたらしてくれたわけですし、友情の道も開かれていました。許すことで、私は踏みにじられることはなかったのです。許すことによって、怒りの感情を持たずに、威厳と愛を持って、イエスと言い、ノーと言う方法を学ぶことができました。

15　愛を伝える

コミュニケーションをすることは一緒になることであり、攻撃することは分離することである。

聖霊は私たちを無条件に受け入れます。エゴにとって、これはとんでもない考えです。なぜなら、無条件の愛はエゴの死を意味するからです。私たちがお互いをありのままに受け入れながら人生を生きて行く中で、成長することができるのでしょうか。人をありのままに受け入れることには、その人の成長を助けるという奇跡的な効果があります。受容は成長を阻害するのではなく、成長を育みます。

私たちの欠点をいつもあげつらう人は、私たちを助けてくれるどころか、恥ずかしさと罪の意識で私たちを萎縮させてしまいます。私たちを受け入れてくれる人は、私たちに自分も捨てたものではない、リラックスしてもいいんだと感じさせてくれ、そこから自分の歩むべき道を発見することが可能になります。人を受け入れるということは、私たちが建設的な提案を決して分かち合わないということではありません。しかし、何事についてもいえることですが、大切なことは行動そのものよりも、行動に付随するエネルギーです。誰かを変えようとして批判するとすれば、それは私のエゴが話しています。しかし、私の裁きの気持ちを癒して下さいとお祈りをして、それでもなお何かを伝えるべきであると感じたならば、私の分かち合いは恐れの代わりに愛情に満ちたものとなるでしょう。攻撃のエネルギーはなくなり、相手をサポートするエネルギーがそれに取って代わるでしょう。行動の変化では十分ではありません。攻撃を甘い言葉や、感じの良い声の調子や、セラピーで使われるような専門用語で隠しても、それは奇跡ではありません。奇跡とは、恐れから愛へとスイッチを真に切り替えることです。私たちが自分のエゴのスペースから話をすると、相手の中にあるエゴを呼び出すことになります。聖霊に導かれて話をすると、聞く人の愛を呼び起こします。過ちを犯している兄弟は攻撃を求めているのではなく、教えを求めている、と『コース』は教えています。

『コース』の次の一節は、人との関係における正しい心のコミュニケーションへと力強く導いてくれるものです。

過ちはエゴの発するもので、過ちの訂正はエゴを放棄することにある。あなたが兄弟を訂正する時、彼は間違っているとあなたは彼に告げる。その時点では、彼のやっていることは意味をなさないかもしれない。彼

がエゴのスペースから話しているとすれば、彼が意味をなさないであろうことは確実である。しかし、それでもあなたのやるべきことは、彼は正しいと彼に告げることである。彼が思慮を欠いた話をしているならば、このことを言葉で彼に言うべきではない。彼は別なレベルで訂正を必要としている。というのは、彼の過ちは別なレベルで犯されているからである。しかし、彼はそれでも正しい。なぜなら、彼は神の子であるから。

奇跡は目に見えない世界で創造されます。聖霊は私たちのやり方を改善してくれます。聖霊は攻撃のエネルギーからではなく、愛のエネルギーでコミュニケーションをする方法を教えてくれます。人はよくこういう言い方をします。「私は彼らに言ったんだから。本当にコミュニケーションはしたんだから」。しかし、コミュニケーションは一方通行ではありません。一人の人が話をして、もう一人がその話を受け止めて初めてコミュニケーションは成立します。二人の人が話し合っていても、どちらも相手の話が聞こえていないという会話は誰でも経験しています。あるいは、二人の人が何も話していなくても、お互いが相手のことを完璧に理解しているというような会話も経験しています。

本当の意味でコミュニケーションをするためには、自分と相手との間に存在する心の空間に対して責任をとらなければなりません。コミュニケーションが奇跡に満ちたものになるか、それとも恐れに満ちたものになるかを決定するのは、その心のスペースがあるかないかで決まります。もちろん、時にはそれが口を閉ざして何も言わないことを意味する場合もあります。沈黙が強烈なばかりの愛に満ちたコミュニケーションであることもあります。これまでの人生において、私が間違っていたことがたびたびあります。自分が間違っていることを私自身も自覚し、まわりの人たちも私が間違っていることを知っていることを私も知っていたというような状況で、心やさしくも何も言わなかった人たちに、私は感謝と愛の気持ちを持ったものです。そのお陰で、威厳を失うことなく立ち直る機会を与えられたからです。

私たちが言葉を発する時、コミュニケーションの鍵となるのは言葉ではなく、言葉の背後にある態度です。心は一つしかないのですから、私たちは皆、いつもテレパシーでコミュニケーションをしていることになります。瞬間、瞬間、私たちは一緒になるかそれとも分離するかの選択をしており、私たちが語りかける人は誰であれ、私たちが言っていることとは無関係に、私たちが何を選択しているかを感じ取ります。一緒になる選択がコミュニケーションの鍵です。なぜなら、それがコミュニオンに至る鍵だからです。大切なことはコミュニケーションの中で自分の目標を探求することではなく、私たちのメッセージを仕掛けるための純粋な存在のあり方を見つけることです。言葉によって人と一緒になることを私たちは求めません。言葉を発する前に、すでに私たちは一緒であるという考えを受け入れます。この受容そのものが奇跡です。

神を教える人は、繊細に調律された直観の道具です。『奇跡の学習コース』は、私たちは何よりもまず、**私たちの兄弟に耳を傾けなければならない**、と言っています。私たちが何かを言うべきであるとすれば、神が教えてくれます。イエスはある時、使徒を田舎に遣わし、福音を教えるように命じました。使徒たちは、「何と言えば良いのですか?」とイエスに聞きました。イエスの答えは、「あなた方がそこに着いた時に教えよう」でした。私たちは兄弟に対して何を言うべきかを自分で考える必要はありません。私たちがやるべきことは、他の人たちについての私たちの認識を浄化してくれるようにと聖霊に依頼するだけで良いのです。私たちの内なるその場所において、いや、その場所においてだけ、言葉の力と沈黙の力を見出すことが可能であり、それが神の安らぎをもたらしてくれます。

16 コミットメント

神が一緒にしたものをエゴが離散させることはできない。

『奇跡の学習コース』によれば、私たちはすべての関係において完全なコミットを持つべきであり、それらの関係がお互いに競合することは決してないということです。一つの関係においてコミットするということは、お互いに理解し合い、お互いに許し合うプロセスにコミットすることです。そのためにどれだけの会話が必要であっても、その会話がどれほどに不快なものであってもコミットするのです。

これまで関わりを持ってきた人と肉体的に別れても、その関係が終わったということではありません。人との関係は永遠です。「別れ」は人との関係における別な章が始まるということにすぎません。多くの場合、古い形態の関係を手放すと、二人が一緒にとどまることによって学んだであろう教訓よりもずっと深い教訓と純粋な愛を学ぶものです。普通にいえば二人の関係の終わりという段階で、別れることになったその人とこれまでになく深く恋に落ちて行くように感じた経験が私にはあります。私が自分の体験の中で発見したことは、聖霊がこの瞬間にすべてのこだわりを解放してくれるということです。というのは、関係していた人と別れるには私たちが持っているすべての愛を総動員しなければならないからです。「私はあなたをあまりにも愛しているから、あなたがいる必要のあるところに、あるいはあなたが行く必要のあるところに行けるようにあなたを解放します」。異性との関係におけるこの瞬間は、終わりの瞬間ではありません。どんな関係であれ、その関係の目的が究極的な意味において達成される瞬間です。つまり、純粋な愛の意味を発見するということです。

人との関係の中で学ばれるべき教訓は、その関係にしっかりととどまって、二人で問題を解決することであるという場合もあります。場合によっては、学ぶべき教訓は自分のためにならない状況から抜け出すことであることもあります。どの状況においてどの原則を応用すべきであるかは、本人以外の誰にも決めることはできません。究極的には、私たちの直感的な導き手である聖霊とのつながりによってのみ、最も深遠な理解を通して、より高い次元の具体的展開へと導かれます。

私は多くの講演の中で、「別れる人を決して見捨ててはいけません」と言ってきました。これはどういう意味でしょうか。人との関係の永遠の資質を尊重することが大切であるという意味です。関係の形が変わっても、その内容が減ずる必要はありません。エゴはこう言うでしょう。「見て、あの人とはもう終わりなの。彼とはうまく行かなかった。もう一緒じゃない。済んだことは済んだこと。今はもう、新しい人と一緒にいるんだから」。過去の人は二流の市民に格下げされます。新しくパートナーになった人は、いかにも当然というようにこのように言います。「どうして彼と話してるの。今一緒なのは僕たちじゃないか」。男性または女性とかつてのパートナーの癒しをサポートしない人は、悲しみを体験することになるでしょう。あなたの現在のパートナーが別れた人をどのように扱ったかというのは、その人があなたをどのように扱うかとまったく同じであることを発見することになるからです。私たちは嫉妬を覚えたり、今あるものを手放さずにしがみついていようとするものです。その理由は、この領域においては、他の場合と同じように、人にあげることのできる愛情には限りがあるのだよ、誰かがいい目に遭えばあなたの良いことはその分少なくなるのだよ、とエゴが囁くからです。エゴは資源は限定されていると信じていますが、愛は無限です。あるシステムの一部に愛が付加されれば、システム全体の愛が増大することになります。愛はさらに多くの愛を生み出します。私の夫、あるいは男友達が過去の関係を癒すことができれば、癒されて十全になった心のスペースからもっと私を愛することができるようになります。彼の人生で最後に一緒だった女性は、私の競争相手ではありません。私の姉妹なのです。

ある時、一人の男性を私の家に食事に招待したことがあります。私たちは短期間ですがデートをしていました。私は、その日に彼がどういうことをしたのかと尋ねてみました。すると彼は、別れたばかりのガールフレンドと一緒に脚本を書いていたと答えました。彼女は脚本家としての彼のパートナーでもあったのです。仕事をしている時に、二人の関係についてかなり厄介な話になったと彼は言いました。彼女はまだ傷が癒えず、なかなか手放せないでいるという、お馴染みの話でした。どういう風にさよならをしてきたのか聞いてみると、彼女はかなり気持ちが乱れているようだったと言います。私は料理をしていた手を休めて、彼の目を直視して言いました。「彼女に電話しなさいよ」。私たちがロマンチックに食事をしている同じ時に、その女性が同じ町のどこかでひどい苦しみを味わっているというのは、私には耐え難いものでした。私も彼女と同じことを体験したことがありました。今の彼女をサポートしないというのは、まったく非人道的なことでした。

「本当にいいの?」と彼が聞きました。

「もちろんよ」と私は答えました。「食事はその後で問題ないわ」。

私たちが必要としていることとは別々なものではありません。もしも私たちが誰かに苦しみを与えれば、その苦しみは必ず私たちのところにもどって来ることになります。誰かを助けてあげれば、必ずいつか誰かが同じことを私たちのためにしてくれます。誰かが傷ついて苦しんでいるのに、自己中心的なあり方に対する言い訳として「あれは私の責任ではない」とか、「ここで関わったりしたら相互依存の関係をつくることになってしまうから」などという言葉で片付けて、何もしないのは十分ではありません。私が裏切られたと感じたことがあった時、それに関わった一人の女性が私に言いました。「あなたを傷つけるつもりではなかったの」。私はこう答えました。「でも、私を愛することを意図しなかったのも事実でしょう」。愛は中立ではありません。愛は一つの立場をとることです。愛はその状況に関係している人が皆、心の安らぎを達成できるようにコミットすることです。

17 関係の中の信頼

信頼とは一体性を承認することである。

多くの場合、私たちが別れた人を希求するのは、目に見えない、触知できない世界で、その人とコミュニケーションをしており、まだつながっていて、未だに解決を求めているからです。人はこう言います。「あなた、ノイローゼよ。いい加減にしてあきらめれば」。夫を亡くした女性が一年間、喪服を着た時代もありました。悲しみは理解され、承認され、正当性を認められていたのです。人との関係の終焉を悲しむのは、ノイローゼではありません。そうしないことこそ病気です。私たちがどんなに自分の感情から切り離されていたとしても、あるレベルでは、すべての関係は希望をもたらします。様々な戦いを経てたどり着いたこの関係こそは、安全な場所、避難所、安息の地になるかもしれないという希望です。

ですから、理由が何であれ、二人の関係がうまくいかなかった時に失望するのは当然です。深い関わりをもたらす出会いの一つひとつは、深く複雑なカルマのつながりを意味します。関係の終わりは死に似ていますが、多くの場合、その悲しみは死よりも深いものがあります。誰かが死んだ場合、そこには一種の完了の思い、一種の理解がありますが、生きている二人が必ずしも学び合いに伴うさとりを得ることもなく別れる場合には、それはありません。あなたがまだ愛している人が、同じ町のどこかで誰かと一緒に寝ています。場所はそれほどに近くても、あなたが希求する心の和解はまだ得られていないために、心はいくつもの宇宙を間に挟んでいるかのようです。心にナイフを突き立てられている状態ではないというふりをする必要はありません。心にナイフを刺されているのです。その傷口から流れ出る血のように溢れ出る涙は、ただ流すしかありません。

今こそ信頼の時です。私たちが流す涙で心を慰めるのです。感情のナイフが心を突き刺す時、そもそもあるべきではなかった心の壁が崩れはじめます。その時、学びが可能になります。何が幻想で、何が現実なのかを学ぶことができます。偶像は絶対に信頼できないこと、そして決して去ることのない愛について学ぶことが可能になります。

人との関係には様々な相克があり、それが私たちの信頼を試練にさらしますが、その一例が裏切りです。裏切りという言葉は、実際に自分の身に起きて初めて理解できるものです。裏切りのナイフを手にしているのが信頼していた友人である時、その苦しみは何物にも例えることはできません。

『コース』の中で、イエス・キリストは、世間の考えからすれば裏切られたことになっているけれども、私はそういう認識は選択しない、と述べています。別な言い方をすると、裏切るということ自体が不可能であることをイエスは知っていたのです。なぜなら、愛でないものは現実ではないからです。ですから、私たちが他人に攻撃された場合、つまり非常に苦い薬を飲まされてその苦しみに耐えることが精一杯のような時、私たちはどうすれば良いのでしょうか。慰めを何に見出せば良いのでしょうか。

クジャクの羽根は棘を食べることによって作られるという話を聞いたことがあります。何と美しいイメージでしょう。消化するのが困難な厳しい事柄が私たちの美しさに貢献するというのです。しかし、常にそうなるとは限りません。奇妙なことですが、心を十分に開いて本当にその厳しい体験を自らの内に取り入れた時に限るようです。抵抗や防御はその過ちをますます現実的なものにして、私たちの苦痛が増すことになります。イエス・キリストが十字架の上から「お前たち皆が憎い」と叫んでいたとしたら、話はまったく異なった展開となったでしょう。「復活」は起こらなかったはずです。イエスの勝利を可能にしたのは、イエスの無防備な態度であり、自分に対してなされた不当な仕打ちにもかかわらず、愛を保持し続けたことにあります。肉体を破壊することはできますが、真実を破壊することはできません。象徴的な意味を持つ三日間という時間を与えられれば、真実は常に再び姿を現わします。三日間という時間は、キリストが十字架にかけられてから復活するまでの時間を象徴しており、受けた傷に対して心を開いた後に必ずやって来る再生の体験までの時間を象徴しています。

私は自分自身に、あるいは友達に、「三日だけ、三日だけ待つのよ。それまで頑張って！」と何度言ったことでしょう。友達に裏切られたり、騙されたり、嘘をつかれた時、自分を守り、逆襲したいという誘惑は実に強いものです。しかし、『コース』はこう言います。**無防備な態度にこそ安全がある。**ここでもまた、「私は一歩退いて、聖霊の導きに任せよう」と言うことによって、私たちは自らの力を得ることができます。私たちの内なるキリストは、どのような攻撃にも対処することができます。というのは、それは愛の欠如によっても影響を受けることがないからです。恐れによって影響を受けるという信念があるために、影響を受けるだけなのです。攻撃に対する防御は、攻撃をしている人が力を持っていることに同意を示す一つの方法であり、その結果、恐れの体験は私たちの人生において現実になります。

大きく傷つけられた時に、自分の核とでもいうべき部分の中にしっかりととどまるというのは勇気の要ることであり、内面的な力も必要です。反発すれば、偽りのドラマの炎をかき立てる結果になるだけです。愛は私たちのまわりに不思議な盾をつくり、混沌から私たちを守ってくれます。私たちが何か大切なものを失った時、裏切りにあった時、危機の真只中にいる時、**静かにして、自らがただ在ることを知りなさい**という言葉は私たちを力づけてくれます。真実を破壊することはできません。**喪失は時間の中においてしか存在せず、しかも時間は存在しない**、と『コース』は言います。

18　結婚

あなた方は共に聖霊を二人の関係に招じ入れた。

他のすべての場合と同じように、結婚はエゴによっても聖霊によっても利用されることがあります。その中身がどのようなものになるかがあらかじめ決まっているということは決してありません。結婚は生命を持った有機体であり、関係している個人の不断の選択を反映します。

現代の世界では、神聖とされるものがほとんどなくなってしまいました。しかし、少なくとも一つのことは尊重されなければなりません。さもなければ、この世界の道徳的な構造は瓦解することになります。それは二人の人間の間における約束です。光に満ちた結婚とは、神に対する奉仕を共通の目的とする二人が、お互いの成長の過程にコミットすることです。

ある男性がこういうことを私に話してくれました。結婚した最初の一年は、妻との関係はとても良くいっていた。当時は、二人とも自己啓発に関わる組織で積極的に活動していた。しかし、二人がこの組織を離れるやいなや、彼らの結婚は崩壊したというのです。これは二人がうまくやっていけるだけの要素がなかったということではなく、関係する当事者の一人、ないしは二人の個人的な関心事よりももっと大きな文脈が重要であることを物語っています。

同棲しているカップルのような関係に比べて、結婚というコミットはなぜ、より深遠なのでしょうか。結婚という関係は、お互いが怒り狂い、怒鳴り合っても、その部屋から出て行かないことにコミットすることです。自分の奥深くから湧き起こってくる感情がどんなものであっても、それを出して安全なのが結婚です。自分に本当に忠実である場合には、心が本当に乱れていることが表面化したりするものです。しかし、結婚という関係ではそれをしても安全です。誰もその場を去らないからです。

結婚のコミットは人の前で宣言されます。結婚式で招待客がいて、宗教的なセレモニーが行われる場合は、一つの儀式が行われ、その中で、集団の祈りが光の輪を形成し、二人の関係を守ることになります。

結婚は、人間の男女への神の贈り物です。それはまた、人間から神へと返されるべき贈り物でもあります。男の妻は文字通り神から男への贈り物であり、女の夫は神から女への贈り物です。しかし、神の贈り物はすべての人のために与えられるものでもあります。したがって、結婚は世界全体に対する祝福として意図されています。なぜなら、結婚とは二人の人間が一人であった場合よりも、より大きくなるための文脈であるからです。癒された人びとの存在は、世界全体を癒します。『コース』の『ワークブック』の練習問題の一つに、**私が癒される時、癒されるのは私だけではない**と書いてあります。

パートナーのサポートと許しによって、私たちはこの世界においてより壮麗な光を放つ存在になることができます。『奇跡の学習コース』は、愛は排他的ではなく、包括的なものである、と言っています。数年前にはやっていた歌の歌詞に「あなたと私で世界に立ち向かう」という一節がありました。男性が私にそんなことを言ったら、付き合いはその場でお断りするかもしれません。私たちは世間から逃れるために結婚するのではありません。世間を共に癒すために結婚するのです。

聖霊の導きのもとに、結婚する二人は一つの文脈を創造し、その中で物質的・感情的・霊的な資源をお互いのために分かち合います。私たちがどのように与えるかは、私たちがどのように受け取るかと同じです。奉仕とは、自己犠牲を意味するのではありません。相手のニーズに対して、自分自身のニーズに対するのと同じ優先権を与えることです。誰かが勝てば、それは誰かの犠牲においてなされる、とエゴは主張します。聖霊はどのような状況の中にも入って行き、関係するすべての人に勝利をもたらします。結婚の中で、私たちのニーズは別々なものであるという幻想を見透かすという素晴らしい機会を与えられます。結婚した二人は、彼のために、あるいは彼女のために良いことは何かと考えるのではなく、二人のために良いことは何かと考えます。結婚は神の子の癒しの役割を様々な形で果たすことができますが、これはその一つです。

他のすべてについてもいえることですが、結婚を成功させるための鍵は神の存在を自覚することにあります。結婚を神の目的に奉仕するために委ねるのです。「共に祈る家族は共にとどまる」ということわざは真実を述べています。光に満ちた結婚には、神秘的な第三者が存在します。聖霊は、他のすべてにおいて、そしてまたこのことにおいて、神の意志が天国におけると同じように地上においてもなされるように、私たちの認識・思い・感情・行動を導いてくれます。

19 両親を、友人を、そして自分自身を許す

この地上において最も神聖な場所とは、長年の憎しみが今や愛へと変貌を遂げた場所である。

私たちの両親を許さずして、意識が目覚めることは不可能です。私たちが好むと好まざるとにかかわらず、母親は大人の女性の主要なイメージを象徴する存在であり、父親は大人の男性の主要なイメージを象徴する存在です。母親に対して何らかの不満を抱いていれば、もし男性であれば、人生の中で出会う他の女性に対して罪の意識を投影することは免れ得ません。また女性であれば、成長して女になるにつれてどうしても自分を責めることになります。父親に対して不満を抱いていれば、そしてあなたが女性であれば、人生の中で出会う男性に対して罪の意識を投影することから免れることはできません。また、男性であれば、成長して男になっていく過程でどうしても自分を責めることになってしまいます。

それだけのことです。ある時点で、私たちは許すという決定をしたというただそれだけの理由で許します。癒しは現在において起きるのであって、過去において起きるのではありません。私たちは過去において受け取らなかった愛によって抑制されることはありませんが、いま現在、愛を与えなければそれによって抑制されます。神には私たちの人生を一新する力があるか、それともないかのどちらかです。神が私たちを見て次のようなことを言うということがあり得るでしょうか。「あなたに喜びに満ちた人生を提供してあげたいけれど、あなたのお母さんがあまりにもひどい人だったから、私にはどうにもできない」。

最近は、機能障害を起こしている家庭で育った人の話をよく耳にします。しかし、機能障害の家庭で育った人

などいるのでしょうか。この世界そのものが機能障害を起こしているのですから。しかし、私たちが体験したこと、見たこと、やったことで、これからの人生をより価値のあるものにする上で役立たないものは一つもありません。私たちはどのような体験からでも成長することが可能であり、どのような体験でも超越できます。この種の話はエゴにとっては冒瀆です。エゴは、苦痛を尊敬し、苦痛を誉め讃え、苦痛を崇拝し、苦痛をつくり出すのですから。苦痛はエゴの目玉的存在です。エゴは許しを敵と見なします。

許しこそが、地獄を抜け出すための唯一の道です。許しの対象が両親であれ、誰か別な人であれ、自分であれ、心の法則は同じです。愛する時、私たちは苦しみから解放され、愛を否定する時、私たちは苦しみの中にとどまることになります。瞬間、瞬間において、私たちは愛を放射するか、それとも恐れを投影するかを選択していきます。そして、こうした思いの一つひとつが私たちを天国か地獄のいずれかへと近づけてくれます。「方舟にはそれぞれつがいで乗船した」という言葉を忘れるべきではありません。天国には誰かと一緒でなければ入ることはできません。

コミットと実行が、愛に至る鍵です。私自身の体験からして、また他の人たちの体験を見ていて感じるように、愛の力は誰も認めているのです。愛に関わるすべての原則が真実であることはよく分かるのです。しかし、不満や恨みといった感情を手放すことができないと、愛を体験することに抵抗することになります。世界全体が恐れを土台としてつくられています。恐れの体系は、一夜にして瓦解することはないでしょう。生きている瞬間、瞬間の中で、まず自分から始めることはできます。この世界は、私たちが抱く愛情に満ちた思いの一つひとつによって癒されて行きます。マザー・テレサは、「偉大な行為というものはない。あるのは、偉大な愛が込められた小さな行為だけである」と言われました。

私たちの誰もが様々な恐れを持っています。その結果、恐れが様々な形であらわれてきます。しかし、誰でもまったく同じテクニックを使うことによって救われます。私たちの心を救い、私たちの生命をお救い下さいと神に呼びかけるのです。「神様、どうぞ誘惑から私たちをお守り下さい。そして、邪なるものから私たちをお救い下さい。愛こそは神の国であり、愛こそは栄光であり、愛こそは永遠に、永遠に続く力なのですから」。

［第7章］

仕事

私は真の意味で役に立つ、ただそのためにここにいる。
私は私を遣わされた神を代表してここにいる。
何をすべきか、何を言うべきかについて私は思い煩うことはない。
なぜなら、私を遣わされた神が私を導いて下さるから。
私は神が望まれる場所であればどこにいても満たされている。
神が私とともにそこに行かれることを知っているから。
神が私に癒しを教えて下さるままに任せる時、私は癒される。

1　キャリアを委ねる

あなたの長所をありのままに正確に判断し、それをどこに適用すれば最善であるかを同様に自覚し、すなわち、それを何のために、誰に対して、いつ使うべきかを知っている神が、あなたに代わ

ってあなたの役割を選択し、受け入れる。

成功とは、自分の才能や能力が人のために役立つ形で活用されたと感じながら、夜、眠りにつくことです。自分に与えられた物質的な資源の中で、喜びをもって元気よく人のために何かをすることができた時、人の目に宿る感謝のまなざしによって、そして少しは世界救済の役に立つことができたという素晴らしい実感によって、十分に報われたと感じるものです。

贖罪は愛を第一に優先することを意味します。あらゆることにおいてです。他の場合と同様に、仕事でも同じことです。私たちは愛を広めるために仕事をしています。あなたが脚本家であれば、愛を広めるために脚本を書くのです。あなたが経営する美容室も、愛を広めるのが目的です。あなたの代理店も、愛を広めるためにあります。あなたの人生そのものが愛を広めるべきです。キャリアにおいて成功するための秘訣は、仕事は人生の他の部分から分離しているのではなく、あなたの最も基本的な自我の延長であることに気づくことです。そして、あなたの最も基本的な自我の部分とは愛です。

あなたが誰であるか、なぜここにやって来たのか、あなたは神の子であること、あなたがここにやって来たのは癒し癒されるためであることを知るのは、あなたが何をしたいのかを知ることよりもずっと重要です。あなたが何をしたいのかは重要な質問ではありません。あなたが聞くべき質問は、「どんなことであれ何かをやる時、どのようにそれをすれば良いのでしょうか?」という質問です。答えは、「親切に」です。普通、人は仕事を親切と結びつけることはしないかもしれません。その理由は、仕事は単にお金を得るための手段と見なされるようになってしまったからです。奇跡を行う人は、ただお金を稼ぐだけのために仕事に従事するのではありません。愛をこの地球に注入するために仕事をしているのです。

私たち一人ひとりが、神の救済計画の中で果たすべき独自の役割を担っています。聖霊の仕事は私たちの役割を明らかにし、私たちがそれを実行する手伝いをすることにあります。『奇跡の学習コース』によれば、《聖霊が私たちに任務を課すだけで、それを達成するための手段を提供しないとすれば、それは理にかなったことだろうかと私たちに問いかけます》。

再び繰り返しますが、私たちが人生の中でどのような役割を演じるかを自分では決めずに、私たちがどこに行って何をやるべきかを聖霊が明らかにしてくれるように依頼するのです。いうなれば、私たちのキャリアを聖霊に委ねるわけです。第二次世界大戦時に、連合軍の将軍は司令部から全軍の行動を概観し、命令を発しました。各地に散在する戦線の指揮官は、全体的な戦略の中で自軍の動きがどのような意味を持つかについて必ずしも理解していなかったかもしれません。しかし、意味があることを彼らは確信していました。なぜなら、命令の背後には司令部の全体的な展望があることを知っていたからです。私たちについても、同じことがいえます。私たちは自分の才能をどのようにすれば、どこに適用すれば、最も良い形で活用されるかを知りません。しかし、聖霊はそれを知っています。『奇跡の学習コース』は、《自分で計画を始めることを避け、その代わりに神に計画を委ねる》ようにと教えています。

人によってはこう言います。「でも、キャリアを神に委ねるなんて怖くてできない。私は音楽家なのに、神が会計士になることを私に望んだりしたら困ってしまう」。そういう不安に対する私の答えは、「神はそんなことを望まれるでしょうか？」です。会計士の仕事は音楽の才能がある人ではなく、数が分かる人に任せるのではないでしょうか。

あなたに音楽の才能があるならば、その才能は神に属するものです。あなたの心が歌いたくて仕方がないとすれば、それは神があなたにして欲しいと願っている貢献が何であるかを教えてくれているのです。自分が持っている才能を分かち合うのが、幸せになるための秘訣です。私たちは素晴らしい力を持った存在です。私たちが幸せである時、神の力はこの地上において最も明らかに顕現します。

『奇跡の学習コース』は、**唯一の真実の喜びは神からやって来る**と述べています。どのような領域においてであれ、私たちが救済されるための秘訣は目的の意識を転換することにあります。他の人との関係、キャリア、肉体といったものを世界を癒すための手段として使うことを願って、神の目的に委ねると、それらはみな霊的によみがえります。

その転換が奇跡です。いつもそうですが、それを意識的に求めるのです。「神様、どうぞ私の人生に意味を与えて下さい。あなたの安らぎの道具として私をお使い下さい。私の才能と能力を、愛を広げることのためにお使い下さい。私の仕事をあなたに委ねます。私の仕事はこの世界を愛して健康な状態にもどしてあげることだということを、私が思い出せるようにどうぞ手をお貸し下さい。ありがとうございます」。

2　神の意志

私にどこに行って欲しいのですか？
私に何をして欲しいのですか？
私に何を言って欲しいのですか？　それを誰に言って欲しいのですか？

人はこう自問します。「私は神に奉仕したいのだろうか。それとも、幸せになりたいのだろうか」。ある種の組織宗教は、スピリチュアルな生活とは犠牲と厳しさを必要とする生活であるとしてきたために、神に近い生活は喜びに満ちたものであるということを想像することが難しい人もいるかもしれません。『奇跡の学習コース』によれば、**唯一の真の喜びは神の意志を実行することにある**のです。

神は犠牲を要求しません。より高い帰属性と目的を発見するまでは、私たちは犠牲の人生を生きます。それは、私たちが本来はどれほどに素晴らしい存在であるかという記憶を犠牲にし、重要な任務を果たすために、この地上にやって来たという記憶を犠牲にした人生です。これは大きな犠牲です。なぜなら、どこかに行こうとしていても、なぜそこに行くのかが分からなければ、目的地に着いたとしても、持てる力を発揮することはできません。愛はエネルギーと方向性を与えてくれます。愛はスピリチュアルな燃料です。

どのようなキャリアであれ、聖霊に委ねれば、世界を復活させるための計画の一部として活用することができます。神にとっては、いかなる仕事も活用するに当たって小さ過ぎることも、大き過ぎることもありません。あなたの中には無限の宇宙の力が秘められています。すべての人の中に無限の宇宙の力が秘められています。それは自慢することでもなければ、恥ずべきことでもありません。私たちの真の力は私たちの内なる力から発しますが、それは私たちに属するものではありません。**神の前にあっては謙虚であれ、しかし神においては偉大であれ**、と『コース』は言います。これを覚えていれば、私たちは無邪気さとつながっていることができます。無邪気さがある限り、その力が私たちを通って流れて行きます。この無邪気さを忘れれば、この力が流れて来る管がすぐにも詰まってしまうかもしれません。この宇宙を祝福することをやめると、宇宙もあなたを祝福することをやめてしまうように思われます。あなたのキャリアで何をするにしても、それが世界を祝福するために活用されるようにと依頼することが大切です。

ある時、私は女友達のジューンにとても不幸だとこぼした時のことを覚えています。ジューンは私にこう言いました。「マリアン、厳しいこと言いたくはないけど、あなた、他人のために何かしてあげることあるの？」。私は額の真ん中をレンガで叩かれたようなショックを受けました。しかし、その時はそのことについて、とくに何もしませんでした。それから数年後、私は非常に落ち込むという体験をして、人間の苦しみが私個人にとっても意味のある問題になりました。私はその時、思ったものです。他の人たちが私の苦しみの千分の一でも苦しんでいるのだったら、私は深く同情する。そういう人たちのために少しでも役に立つことができたらいいな、と。その時、神が私にこう言ったように思いました。

「マリアン、人は深く苦しんでいる。あなたのこれまでの人生の中でも、まわりには苦しんでいる人たちがたくさんいたのです。あなたはそれに気がつかなかっただけです。あなたは買い物を楽しんでいたんですよ」。

他の多くの人たちがそうであるように、私の人生で私は何をするべきなのだろうとよく心配したものです。どういうものか一つのことを長いあいだ続けることはできず、仕事をしてもお金にならず、満足を得ることもできませんでした。私は身動きがとれないような感じでした。この状況を変えるためには何を知ることが必要なのか、神様どうぞ教えて下さいとお願いしたことを覚えています。私はひざまずいて大仰にも瞑想の状態に入って行きました。すると、光に満ちた天国のイメージが浮かび、一団の天使たちが雲の合い間から姿をあらわし、神の答えを持って来てくれたのです。二人の智天使が巻物を持ってあらわれ、それを開きはじめました。神のメッセージがひもとかれるのを待つ間、私の心臓は早鐘のように鳴っていました。巻物に書かれた文字がだんだん見えてきました。そこには、こうありました。「マリアン、あなたは手に負えない甘えん坊です」。

私が全身麻痺したような感覚を覚えた理由は、そもそも私はなぜ地球にやって来たのかについての記憶を失くしてしまったからでした。私は手に負えない甘えん坊であるというのは完璧な情報であり、私のエネルギーを解放する鍵だったのです。問題は、私のわがままにありました。演技を学ぶためにあまりにも多くの時間を費やしたがために、人生をどう生きるのかを忘れてしまって、表現すべき人生についての究極的な真実を自らの内に持たないがために二流で終わってしまう役者のように、自分が本来持っているものを忘れてしまうことによってその力そのものを失ってしまうことがあります。私たちは、お金を儲けること以外にどういう目的があって仕事に携わっているのかを考えもせずに、ただ仕事をどうやって成功させるかだけにエネルギーを費やします。これがつくり出す光は、霊的に力強い光ではありません。九〇年代が展開して行く中で、こういった光に対する宇宙の許容度はますます薄れて行くことでしょう。

3　個人の力

すべての力は神に属する。

素晴らしいキャリアを下さいと神に依頼するのではなく、あなた自身の内なる素晴らしさを見せて下さいと依頼することです。私たちが持っている素晴らしさを認知する時、それが解放され具体的に表現されます。安定した、意義深い変化は、私たちが内なる目覚めを体験するまでは起こりません。いったん内なる目覚めがあれば、外的な影響は必ず起こります。私たちは誰でも皆、内なる目覚めを体験することが可能です。そのようなコードが埋め込まれているのです。達成は私たちがすることからではなく、私たちのあり方から生まれます。私たちの世俗的な力は、内なる力がもたらす結果です。私たちのキャリアは人格の延長なのです。

深遠なる達成を成し遂げる人は、必ずしもたくさんのことをやる人ではなく、その人のまわりでたくさんのことが成し遂げられる人です。マハトマ・ガンジーとケネディー大統領はその好例です。彼らが達成した最も高貴な貢献は、他の人たちの中にあるエネルギーを覚醒したことにあります。彼らは、自分の周囲にある目に見えない力を解放しました。自分自身の中にある深みに触れることによって、他の人たちの中にある深みに触れたのです。

この種のカリスマ、すなわち内なる目に見えない世界の力によって地上に物事を現前させる力は、神の子が誰でも持っている生得の権利であり、機能です。「カリスマ」という言葉はもともとは宗教的な用語で、「霊に属する」という意味です。新しい辺境は、内なる世界の辺境です。本当の意味での拡大は、常に自分自身の内部におけるものです。外に出て何かを手に入れるための能力あるいは意欲を拡大する代わりに、すでに私たちの内部にあるものを受け取る能力を拡大するのです。

個人個人が内に秘めている力は、人生と真剣に取り組む時に顕れてきます。私たちがこの宇宙をどれだけ真剣に受け止めるか、その度合いに比例して宇宙も私たちを真剣に受け止めてくれます。愛の力と重要性を一〇〇パーセント評価することほど、真剣なあり方はありません。愛が私たちのキャリアの目的であるという認知から、奇跡が湧き出て来ます。

『奇跡の学習コース』は聖霊の贈り物というキリスト教の伝統的な概念について論じています。この考えは、私たちが聖霊の目的に役立てるために人生を聖霊に預けると、新しい才能が私たちの内部に顕現するというものです。私たちの人生をしっかりと建て直してからそれを神に捧げるのではなく、人生をそのまま神に委ねる。そうすると、すべてがうまく働きはじめます。心が開かれるにつれて、才能が花開きはじめます。社会的に成功をおさめて、お金がたくさん手に入ったら、世間の役に立つつもりだ、とたくさんの人が私に話してくれました。しかし、これは遅延戦術で、エゴはこの戦術によって私たちが人生を一〇〇パーセント生き生きと生きることを妨げようとします。まだ自分は成功していないと思っていても、世界の癒しのために仕事を捧げることはできます。私たちがその選択をした瞬間から、キャリアは飛躍を開始します。

私たちが何をやるにしても、それを自分の聖職にすることができます。私たちの仕事や活動がどのような形をとろうとも、その内容はすべて同じです。私たちは人の心に奉仕するために、この地球にいます。人と話をする時、誰かに会う時、誰かのことを考える時、それはすべてこの宇宙により多くの愛をもたらすための機会です。ウエイトレスから映画撮影所の所長に至るまで、エレベーターガールから一国の大統領に至るまで、その人の仕事が重要でないということは神にとってはありません。

あなたがこれを自覚する時、そして癒すための機会を一〇〇パーセント活用する時、世俗的な努力においてあなたを成功に導くエネルギーを自分のものにすることができます。愛は、私たちを魅力的にします。ということは、愛を持っていると私たちは、磁石のように人を引きつけることを意味します。そのうえ、人を引きつけるだけでなく、あなたの献身のエネルギーをあなたに反映するような様々な状況をも引きつけることになります。あなたが持っている内なる力は、いつか未来の時点で姿を現わすものではありません。それを露呈しようというあなたの決定の結果として現われるものです。どの瞬間であれ、あなたがそれを選んだ瞬間に、あなたの力は発揮されます。今、この場所で、この瞬間に、愛の道具として自分を活用するという選択こそ、自分を力づける選択なのです。

『奇跡の学習コース』は、神の子にはみな力があるけれども、誰も特別な力は持っていない、と言っています。《私たちはみな特別です》。しかし同時に、誰も特別ではありません。神の愛と光を広めるにあたって、誰も他の人よりもより多くの潜在的な可能性を持っているということはありません。成功についての従来の考えの多くは、自分自身を説得して自分だけが特別で、したがって特別な何かを提供できると信じることに依存してきました。本当のところは、私たちの誰も特別ではありません。なぜなら、特別な人は他の人とは異なり、分離してしまうからです。キリストの一体性がこれを不可能にします。したがって、特別性に対する信念は妄想であり、恐れを育むものです。

ベートーベン、シェイクスピア、ピカソといった人たちがやったことは、何かを創作したというよりも、自分自身の内なる場所にアクセスして、神によって創造されたものを表現したのです。ということは、彼らの天才は実際には表現であって、創造ではないのです。偉大な芸術を目の当たりにした時に、私たちは何かにハッと思い当たり、自分もそれを表現するんだったのにと思う理由はここにあります。私たちがすでに知っているものを思い出させてくれるものに出合う時、私たちの魂はゾクゾクとした興奮を覚えるのです。

《いつの日か、神のすべての贈り物はすべての人によって等しく共有されるでしょう》と『コース』は言っています。私たちは誰でも、偉大になるための潜在的な可能性を持っています。しかし、それが人生の幼少期に取り除かれてしまいます。私たちの人生に、一等賞、二等賞、三等賞があるという話を聞かされた時、つまり、ある種の努力はAに評価され、Bに評価される努力もあれば、Cにしか評価されない努力もあると聞かされた時、恐怖が芽生えたのです。しばらくすると、やってみることすら恐れるようになってしまいます。私たちはこの世界を自分なりに把握して、それを世界に与えるだけでよいのです。しかし、エゴはそれでは十分ではないと主張します。エゴは私たちをけしかけて単純な真実を隠蔽し、もっと良い真実を発明させようとします。しかし、エゴは私たちを守ろうとしているわけではありません。いつものように、私たちを守るふりはしていますが、そうではありません。愚かなことをすることから、私たちを守っているのではありません。私たちが本来の自分を体験し、それを表現する喜びを体験し、その表現が他の人たちおよび自分自身にもたらす喜びを体験することを妨げているのです。

一人の少女が自分で描いた一本の木の絵を先生に見せた話を、私はとても気に入っています。その木は紫色でした。その木を見て先生は言いました。「あなた、紫色の木なんて見たことないわ、そうでしょう?」。

「そうですか? それは残念です」と女の子は答えました。

私たちは本物であるふりをすることはできません。私たちは自分の性格にいろいろ手を加えながら、自分自身を創作する必要があると思っています。その理由は、今あることに集中するよりも、特別であろうとするからです。悲劇的なことですが、私たちは他の人たちと同じことをして、他の人に合わせようとしています。

チューリップの花は、人の心を打とうとして努力するわけではありません。バラの花とは異なった花を咲かせようと努力はしません。そうする必要はないのです。チューリップはバラとは違います。そして、庭にはいろいろな花が花を咲かせるスペースが十分にあります。あなたの顔を、他人の顔とは異なったものにするために努力する必要はありません。あなたの顔は他の人の顔とは異なっています。あなたがユニークであるのは、そのように創造されているからに他なりません。幼稚園の子供を見て下さい。別にそうであろうと努力をしているわけではないのに、皆、それぞれに違います。とくにそれを意識せずに、自分自身である限り、子供たちはそのままで輝きます。子供たちが自然に持っている光が歪められるのは、競争を教えられ、他の人とは異なるように努力しなければならないと教えられるからです。

私たち一人ひとりの中にある神の光を、『コース』は「雄大さ」と呼んでいます。私たちの自然な状態を虚飾で飾り立てようとするエゴの努力を、『コース』は「偉そうな気取り」と呼んでいます。**威厳を偉そうな気取りから区別するのは簡単である**、と『コース』は述べています。なぜなら、愛はもどって来るが、誇りはもどって来ないからです。エゴは、私たちが本来持っている力に何かを付加することによって、その力の明確な表現を妨げようとします。これは実はエゴの策略で、これによって私たちが本来の自分を表現し、その見返りに他の人たちから完全に認知されるという能力を妨害します。

再び言いますが、分離がエゴの目指すゴールです。昔の私は、感情のローラーコースターに乗っていたものです。ある時は他人よりも自分は優れていると思っていたかと思うと、いや、自分は他の人よりもずっと劣っていると思いはじめるのです。私は他人よりも素晴らしい、いや、他の人たちの方が私よりも素晴らしいと交互に思うのです。この二つの考えは、どちらも同じ間違いです。真実をいえば、私たちは他の人と同じです。私たちは本質的にはみな同じであるがゆえに、他の人より優れてもいなければ劣ってもいないと自覚することは、あまり冴えたものとはいえないかもしれません。しかし、私たちが皆、どんなクラブに所属しているかが完全に分かると、これは一変します。人間は、無限の力を持った存在から成るグループです。《しかしながら、私たちの力は私たちの中にあるのであって、私たちに属するのではありません》。私たちの生命に光を与え、生き生きとしたものにするのは、私たちの中にある神のスピリットです。私たちだけでは、大した存在ではないのです。

私のキャリアの中で、この考えによってずいぶん助けられてきました。私は壇上に上がって、時には千人もの聴衆に向かって話をします。これだけの人たちに対して、何か特別なものを私が提供できるということを自分自身に説得するのがどれほど難しいものか想像もつきません。私はそんな説得を試みません。私は誰かに格好の良いところを見せる必要はありません。そのように考えるので、リラックスするだけです。私は壇上に上がる時、そこにいる人たちに私は特別だと考えてもらう必要は感じません。なぜなら、私は特別ではないことを自覚しているからです。私はただ、友達に向かって話すだけです。それだけのことです。他に何もありません。それ以外のことはすべて幻影です。神の子は本来の自分を虚飾で飾り立てる必要はありません。

私たちは、気取って自分は格好がいいと考える誘惑に駆られます。もちろん、私たちはとくに格好がいいわけではありません。そのような気取りを演ずる時の私たちは、どちらかといえば哀れなものです。『コース』は、**偉そうな気取りは常に絶望の隠れ蓑である**と言っています。私たちがリラックスして、あるがままでいると、キリストの光が私の中で最も強い光を放ち、偉そうな気取りといった妄想を消してしまいます。しかし、私たちは仮面を外すことを恐れています。無意識にですが、ここで何が起きているかというと、私たちは自分自身の矮小性から自分を守ろうとしているのではありません。このような瞬間において、エゴは神から自分を守ろうとしているのです。

『コース』の中に次のような一節があります。**私たちが最も深く恐れているのは、私たちが不十分な存在であるということではない。私たちが最も深く恐れていることは、私たちが計り知れないほどに力に満ちた存在であるということである。私たちを最も怯えさせるのは私たちの闇ではなく、光である。**私たちは自問します。「私が素晴らしく、ゴージャスで、才能があって、信じがたい存在だなんてことはあり得ない」。実際には、私たちはどんな存在にでもなれます。私たちは神の子なのです。自分を過小に評価して、その役割を演じるのは世のためになりません。他の人たちがあなたのまわりで圧倒されないように気遣って、自分を小さくすることには、啓蒙的な要素は何もありません。私たちは誰でも、子供たちがそうであるのと同様に、光り輝くことになっている存在です。私たちは自分の中にある神の栄光を顕在化するために、この世の中に生まれて来ました。それは一部の人にだけあるのではなく、すべての人にあります。私たちが自分自身の光を輝かせる時、他の人たちにも同じことをする許可を与えます。私たちが自分自身の恐怖感から解放されると、私たちの存在そのものが他の人たちを自動的に解放します。

奇跡を行う人は、魂のアーチストです。良い人生を生きることほど、高等な芸術はありません。芸術家は、私たちが皆かぶっている仮面の背後に何があるのかを世界に教えてくれます。それが私たちがここに存在する理由です。私たちの多くがスターになる考えに取り付かれているのは、自分自身の人生においてまだスターになっていないからです。宇宙のスポットライトは外からあなたに向けられるのではなく、あなたの内部から輝き出ます。私は以前は、誰かが私を発見して、私をデビューさせてくれるのを待っていたものです。最終的には、私が待っていたのは私自身であるということに気がつきました。私たちは自分が輝くために世間の許可を待っていたならば、その許可を受け取ることは絶対にありません。エゴはその許可を与えてはくれません。神だけがその許可をくれますが、神はすでにその許可を与えています。神は自分の個人的な代理人としてあなたをこの世界に派遣し、神の愛を世界に伝えるようにとあなたに依頼しています。あなたはもっと重要な仕事を待っているのですか。そのような仕事は存在しません。

私たち一人ひとりのために計画があります。そして、私たちの一人ひとりが貴重な存在です。私たちが心を開くにつれて、行くべき方向に進むことになります。私たちの中にある贈り物は溢れ出し、自然に外に向かいはじめます。そして、私たちは楽々と何事でも達成することができます。

レオナルド・ダヴィンチにとって絵を描くことはまったく自然なことでした。シェイクスピアが戯曲を書くのも当然のことでした。『若き詩人への手紙』の中で、リルケは若い作家に対して、どうしても書きたいという欲求があって初めて書くべきである、と言っています。心理的にも、感情的にも、どうしてもやりたいという深い欲求を感じることをやるべきです。それが私たちの力の源泉であり、輝きの源泉です。私たちの力は合理的に、あるいは計画的に喚起できるものではありません。それは神聖な摂理の賜であり、神の恩寵です。

4　お金

喜びにはお金はかからない。

あなたが大好きなことをやりなさい。あなたの心が喜びのあまり歌を口ずさみたくなるようなことをやりなさい。決して、お金のためにやってはいけません。お金を稼ぐために仕事に出かけるのではなく、喜びを広めるために仕事に出かけるのです。まず最初に神の国を求めれば、お金は来るべき時にやって来ます。

神には貧乏意識などありません。神は、あなたが退屈な人生や、退屈なキャリアを生きることを望んでいるわけではありません。神はこの世の物を全然否定してはいません。《お金は悪いものではありません。それはまったく何でもありません》。他のすべてのものと同じように、神聖な目的のために使うこともできれば、神聖でない目的のためにも使うこともできるものです。

私は小さな書店を経営していたことがあります。ある日、一人の男性が来て、お金の儲け方を教えてあげよう、と言いました。「あのドアから入って来る人は皆、本を買う可能性のある人です。お客さんが店に入って来た瞬間から、心の中でこの人が本を買いますように、本を買いますようにと思い続けるのです」と彼は言うのです。

彼の忠告は、私には搾取的な感じがしました。他の人すべてを、私の計画の中の駒に見立てるべきだと言ってるようでした。私は祈りました。すると、次のような言葉がやって来ました。「あなたの店は教会です」。教会の秘教的な意味は魂の集合です。それは外面的な世界ではなく、内面的な世界の現象です。人びとがあなたのビジネスの場所にやって来るのは、あなたにお金を儲けさせるためではありません。あなたが彼らに愛を与えることができるように、あなたのところに派遣されて来るのです。

お祈りをしてこの言葉を受け取り、私の店は教会なんだということを感得し、私がやるべきことはただ一つ、店にやって来る人を愛することであることが分かりました。私は実際にそれをやりました。お客が店に入って来るのを見るたびに、私は何も言わずに心の中でその人を祝福しました。店にやって来た人がすべて本を買うことはありませんでしたが、たくさんの人が、私を彼らの本屋さんであると考えるようになりました。お客さんは店の安らかな雰囲気に魅かれるのかもしれません。それがどこから来るのかは分からなくても、愛が彼らの方向に送られると、人びとはそれを感じることができます。

店員によっては非常に不躾けで、まるで店にいさせてあげてるのだからありがたいと思いなさいという態度で接してくることがありますが、そんな時、私は驚いてしまいます。不躾けな態度は、この世界にとって破壊的です。私が育った場所にあった店はそのような感じで、店を出る時にはこの種のエネルギーを感じたものです。店にいても、いい感じはしなかったのです。

私たちの目標がお金を儲けることにあると、創造性が歪められます。講演者としてのキャリアの究極的な目的がお金を儲けることにあると私が考えたとすれば、自分で大切だと思うことを話すよりも、聴衆が聞きたいと思っていることを考えて話すようになるでしょう。講演会に来た人がまたもどって来るように、この次には友達を連れて来るように、私の講演を気に入ってもらおうという努力で私のエネルギーは乱されるでしょう。しかし、私のキャリアの目標が神の愛を伝えることであれば、私はただそこに行き、心を開き、脳を働かせ、口を開くだけで良いのです。

お金のためにだけ仕事をしていると、私たちの動機は与えることではなく、手に入れることになります。ここで可能な奇跡的なシフトは、セールスマンの考え方から、サービスマンの考え方に切り換えることです。この切り換えをするまでは、私たちはエゴによって動かされ、愛情に心を集中する代わりに、この世の物に集中することになります。この偶像崇拝は奇妙な感情領域へと私たちを連れて行き、そこでは私たちはいつも恐れを抱くことになります。そこでは、私たちは失敗を恐れるだけでなく、成功も恐れます。成功に近づくと、成功を恐れます。問題は、成功でも失敗でもありません。問題は、恐れの存在であり、愛がない時に厳然としてある恐れの不可避性です。

他のすべてのものがそうであるように、心がどのような目的を与えるかによって、お金は神聖にもなれば、神聖さを失うことにもなります。私たちは、お金をセックスと同じように扱う傾向があります。つまり、それを欲しがりますが、その欲求を裁きます。この欲求を歪めて、醜い表現に変えるのは価値判断に他なりません。お金とかセックスが欲しいということを認めるのは恥ずかしいがために、そんな欲望はないというふりをするために様々なことをします。たとえば、それを実際にやっているにもかかわらず、その欲望を悪者にします。純粋さの喪失は、お金やセックスにあるのではなく、私たち自身の中にあるわけです。お金もセックスも一枚のキャンバスにすぎず、それに私たちが自分の罪の意識を投影しているのです。

恐れに満ちた心が男女の乱交の源泉で、セックスはただそれを表現する手段にすぎないのと同様に、お金は貪欲の源泉ではありません。心が貪欲の源泉であり、お金は心の貪欲さが表現される場所の一つであるにすぎません。お金もセックスも、神聖な目的のためにも、神聖でない目的のためにも活用することができます。核エネルギーと同じように、問題はエネルギーではなく、それをどのように活用するかです。

富に対する私たちの価値判断は実はエゴの作戦で、私たちが富を絶対に持たないようにそうするのです。私はある時、ヒューストンの非常に富裕な住宅地をドライブしていましたが、思わずこう考えていました。「ここに住んでいる人たちは、第三世界の貧しい人たちを搾取する多国籍企業で仕事をしている人たちだ」。それから、私はそう考えている自分に待ったをかけました。ここに住んでいる人たちが何をして生計を立てているのか、私には知りようもないではないか。お金をどのように使っているかも、私には分かるはずもない。政治的な意識に見せかけた私のこうした価値判断は、実は、私が絶対にお金持ちにならないようにしようとのエゴの作戦に違いない。私たちが心の中で他の人たちに対して拒否することは、自分自身に対しても拒否します。他の人たちの中にあるものを私たちが祝福する時、それは私たちのところに引きつけられます。

若い頃の私は、自分は貧しいことによって、貧しい人たちとの同志としての愛情を示しているのだという思いを大切にしていました。しかし、いま考えてみると、この考えの裏には、私がお金を儲けようと努力しても失敗するだろうという恐怖感が潜んでいました。究極的には、貧しい人たちは私の同情心よりも現金を必要としているということに気がつきました。貧しいことは純粋でもなければ、スピリチュアルなことでもありません。貧しい人びとの中に非常に神聖な人たちを見かけることがよくありますが、その神聖さを生み出しているのは貧しさではありません。非常にスピリチュアルでありながら、非常に富裕な人たちを私は知っています。貧しくても、スピリチュアルとはほど遠い人も知っています。

聖書の中に、金持ちが天国に行くのはラクダが針の穴を通り抜けるよりも難しい、という言葉があります。その理由は、お金に対する執着は実に強いものがあり、それによって愛から外れて行ってしまうからです。しかし道徳的に大切なことは、お金が私たちの人生に流れて来るのを阻止することではありません。私たちにとっての挑戦は、お金の唯一の目的は世界を癒すことにあると見ることによって、お金との関係をスピリチュアルにすることです。啓発された社会においては、豊かな人が必ずしもお金をあまり持っていないということはありません。一方、貧しい人たちは豊かな人よりもずっとたくさんのお金を持っています。エゴの見方とは反対に、問題は富の配分ではなく、富に関する意識にあります。お金は不足しているわけではありません。お金は限られた資源ではないのです。お金持ちの人がたくさんお金を持っているがゆえに、私たちは貧しいのではありません。私たちが貧しいのは、愛情を持って仕事をしないからです。

私たちのお金は神のお金である、と考えるといいでしょう。そうすれば、神が私たちにして欲しいと思っておられることを成し遂げるために、神が私たちに持って欲しいと思われるものは何でももらって良いということになります。私たちの最大の幸福のために必要な物質的な援助は何でも手に入れることができるようにと、神は望んでいます。エゴは、神は犠牲を要求する、そして神に対して奉仕する人生は貧しい人生であると、私たちを説得しようとします。これは事実に反しています。《この地上における私たちの目的は幸せになることです》。そして、私たちがそれを達成する手伝いをしてくれるのが聖霊の働きです。私たちがこの世界にあって喜びをもって躍進するために必要な物質的な豊かさへと聖霊は導き、しかも、私たちがそうした物質的なものにさらに縛られることのないようにと導いてくれるのです。

この世界を癒すためには、やるべきことはたくさんあります。なかには、お金が必要なこともあります。聖霊に代わって私たちに仕事をやって欲しいために私たちのところにお金を送って来ることもあります。お金に対して責任のある態度とは、私たちのところにやって来るお金に対してオープンな気持ちを持ち、お金は常にやって来るだろうと信頼することです。

私たちが奇跡を依頼する時、お金を受け取ることができるように障害物を除去して下さいと聖霊に依頼しているのです。お金が入ってこないようにしている障害は、思いという形をとることもあるかもしれません。たとえば、「お金は純粋ではない」、「お金を持つということは自分が貪欲であることを意味する」、「金持ちは悪い」、「両親よりも多くのお金を稼ぐべきではない」といった考えです。お金があるということは、他人を雇ったり、世界を癒すための手段があるということです。お金が循環しなくなってしまった社会には、素晴らしいことは何も起こらなくなります。

お金について覚えておくべき重要な原則の一つは、してもらったサービスに対して支払いをすることがいかに大切であるかということです。誰かが生計を立てる権利に対して出し惜しみをするということは、自分自身に対して出し惜しみをするのと同じことです。私たちは与えるものは受け取るのですから、他人に対して出し惜しみをするのは、自分自身に対して出し惜しみをしているのです。巨大な企業からお金を盗んでも、一人の老女からお金を盗んでも、宇宙にとっては同じことです。

宇宙は常に、私たちの誠実なあり方をサポートします。場合によっては、借金の額があまりにも巨額であるために、返したいという意図は持っていても、重荷に耐えかねて、罪の意識を抱きながらも請求書を引き出しの奥に押しやって、忘れようとさえすることもあります。そして、電話番号を変えたりするかもしれません。宇宙はこういうあり方はサポートしません。偉大な人は、絶対に転ぶことがない人ではありません。偉大な人とは、転んだ時に再び立ち上がるために必要なことをきちんとやる人です。常にそうなのですが、大事なことは奇跡を求めることです。私たちの国には債務者の監獄というものはありません。再び『奇跡の学習コース』の言葉を借りると、**奇跡はすべての人の権利であるが、最初に浄化が必要である。**純粋な心が大きな躍進を創造します。額がいくらであれ、未払いのお金があるならば、会社であれ個人であれ当事者に手紙を書いて、負債を認め、もしそれが適切であるならば謝罪し、返済計画を立てている旨を伝え、直ちに実行することです。その手紙と一緒に、いくらかの額を送るとよいでしょう。長続きしないような無理な計画は立てないことが大切です。一カ月に一五ドル送るのが無理であれば、五ドル送るのです。大事なことはお金を送ることで、しかも定期的に送ることです。負債額が五万ドルであっても、同じことです。『コース』は、**奇跡に難易度はない**と言っています。問題の形や規模が何であれ、奇跡はそれに対処できます。奇跡とは、いつでも私たちは新たに出発することができるということです。問題が何であれ、私たちが心を優雅な地点に立ちもどらせれば、私たちが混乱状態を一掃し、もう一度やり直すのを宇宙はいつでもサポートしてくれます。あらゆる領域において、私たちが宇宙をサポートするのと同程度に、宇宙は私たちをサポートしてくれます。

ほとんどの私たちは、お金についていろいろな問題を抱えています。異常なまでにお金を必要とするといったことから、お金を不適切に価値判断するに至るまで様々です。私たちの多くは子供の時に、お金に関して強いメッセージを受け取っています。お金は非常に重要であるとか、スピリチュアルではないとか、手に入れるのが難しいとか、諸悪の根源であるといった風に、言葉や、それ以外の行動によって教えられてきました。お金をしっかり稼がなければ人に好いてはもらえないだろうと思っている人もいれば、お金をたくさん稼ぐと人に好いてはもらえないと思っている人もいます。お金は、私たちが個人的にも集合的にも、考え方の急進的な癒しを必要としている領域です。

神に祈りましょう。「神様、私はお金についてのすべての思いをあなたに委ねます。私の借金をすべてあなたに委ねます。私の富をあなたに委ねます。潤沢に受け取るために私の心を開きます。この世界の役に立つような形で、あなたの豊かさが私を通して流れて行きますように」。

5　聖職

そして、その一つの声があなたの機能を定め、それをあなたに伝えるであろう。そして、それを理解し、それが課することをなし、それに関連したすべてのことにおいて成功する力をあなたに与えるであろう。

あなたへの贈り物に関して神に感謝するための方法として、また、贈り物を増大させるための方法として、贈り物を分かち合うことほど強力な方法はありません。あなたがそれを神のために使おうとするならば、あなたが使いたいと思うだけの力が与えられることでしょう。

あなたのキャリアを聖職と考えるのです。仕事を人類に奉仕するための愛の表現にするのです。この世の幻影においては、私たちはみな異なった仕事を持っています。芸術家もいれば、実業家、科学者など、いろいろな職業があります。しかし、このようなことをすべて超越した本当の世界にあっては、私たちはみな同じ仕事をしています。つまり、人間の心に奉仕するという仕事です。私たちはみな神によって派遣されている聖職者です。

数年前、私は高校の演劇部の特別な同窓会に出席するためにヒューストンに行って来ました。演劇部の恩師が退職することになり、全国から教え子たちが集まったのです。夕食会の席で、ピケット先生の教え子の多くが役者として成功しているということが話題になりました。しかし、要点は先生の教え子の多くは社会に出て成功しているということです。先生は、演技についての真実を教えることによって、人生についての真実を教えてくれたのです。先生は三つのことを教えてくれました。(1)舞台に上がる前に、個人的な問題はすべて忘れる。(2)演劇の素材に正直にかつ誠意を持って接し、飾ることをしない。(3)観客が何人いようが常に全力投球する。これだけのことが分かれば、職業人として立派にやって行くために必要なことはすべて分かったといえるでしょう。何に関してであれ、その真実を理解すれば、すべてのことについての真実を理解したことになります。聖職の原則を学ぶ時、その聖職がどのような形をとるかには関係なく、成功の原則を学ぶことになります。

私が人生で悟ったことの一つは、私はこれまで一つのキャリアだけを歩んで来たということです。たくさんの仕事を経験してはきましたが、すべての仕事には一つの共通した基本要素があります。つまり、私です。仕事がどういう形をとるかは、人生のその時点で私がどういうところにいたかに主に関係しています。そして、すべての仕事が私のキャリアの発展にとって不可欠な何かを教えてくれました。

神に派遣された聖職者である私たちは、キャリアの中で、私たち自身の深みにある、私たちにとって本当に大切なことだけを表現します。自分自身を誇大に誇るためではなく、より高い目的のために行動しているということを知ると、誰もが求めている喜びを与えられることになります。何をやるにしても、仕事が何であっても、それは救済のメッセージを教えるための道具になります。そのメッセージとは、神の子は無実であり、私たちはみな神の子であるということです。神の子に対する親切によって世界は変わります。私たちはこのようなことを必ずしも言葉で教えるのではなく、むしろ、非言語的な行動によって教えます。多くの人にとっての問題は、何を表現するかよりも、どういう方法で表現するかの方に気を取られていることです。その理由は、何を表現したいかが分からないからです。この世代、この文化は、自分の物語を表現したくて必死になっている人でごった返しています。しかし、その動機が間違っています。スポットライトを浴びたくてうずうずしているけれども、いざスポットライトを当てられたら何を言えばよいのか全然分からないといった人に、私はよく出会います。これでは詐欺師のようなものです。それは音楽を作る喜びよりも、レコードの契約を取りたいという態度です。創造的な仕事によって得ることができる最大のご褒美は、創造的であることの喜びです。この光に満ちた場所にいる喜び、それは愛のスペース、神のスペースと呼んでもいいかも知れませんが、そのスペースにいる喜びを味わうこと以外のために費やされる創造的な努力には、本質的な誠実さはありません。それは私たちを小さくしてしまいます。それはインスピレーションをただの売り物にしてしまいます。

数年前にカウアイ島に行ったことがあります。友達とナパリの海岸線を船で巡りました。乗った船は、ゾディアック船長という名前で知られている人が所有するものでした。ゾディアックというのは、カウアイ島の信じられないような形の海岸線の名前でした。この人はその海岸線を愛するあまり、名前をゾディアックにしたのです。ある時、誰かがこの人物にこう言ったそうです。「この海岸線をあなたは実によく知っているし、その歴史にも詳しい。この場所を見て、あなたの話を聞きたいと思う人はたくさんいるんじゃないかな。あなたの船で、人をここに案内するツアーを始めたらどうですか」。

ゾディアック船長の船のツアーは、カウアイを訪れる人に素晴らしいサービスを提供しています。喜びが広がります。文化的な波動が高められます。そして、このボートのツアーはビジネスとしても大きな成功をおさめています。ゾディアック船長は今では数隻の船を所有し、ビジネスは快調です。彼の仕事は彼自身の愛情を出発点にして形成されたのです。

問題は、お金のために仕事をするか、それとも愛のために仕事をするかということです。私たちが探求してみるべきことは、どちらのやり方がより豊かなあり方かという問題です。ゾディアック船長の場合が示しているように、エゴの主張とは裏腹に、愛はビジネスとしても成功を導きます。

どんな仕事でも、愛を基調とする限り、聖職になることができます。あなたのキャリアを、神が絵を描くための真っ白なキャンバスにすることも可能です。あなたの才能や能力が何であれ、神はそれを活用することができます。不可思議な力に導かれるままにすると、私たちの聖職は私たち自身にとっても、他の人たちにとっても喜びに満ちた体験になります。私たちはただ、導きに従うだけでよいのです。神のスピリットが私たちの中を通ることを許し、神が適切と見るがままに、神の仕事をこの世界で成し遂げるために私たちの能力や才能を活用するのに任せるのです。これが、キャリアで成功するための鍵です。

成功は不自然なことではありません。それどころか、この世において最も自然なことです。なぜなら、人間が神と一緒に創作すれば、成功は当然の結果であるからです。『A Movable Feast』(移動祭日)の中で、ヘミングウェイは書くことについて書いています。彼は自分が物語を書くのと、物語が物語を書くことの違いについて説明しているのです。自分が物語を書いていることに気づいた時は一日休憩をとる、とヘミングウェイは書いています。私たちの人生は不可思議な方法で自らを書き綴る一つの物語であり、仕事はそういう私たちの人生の創造的な果実なのです。

「神様、どうぞ私をお使い下さい」という言葉は、豊かなキャリアを実現するためには最も強烈な祈りの言葉です。それは奇跡を行う人の祈りの言葉です。誰でも偉大な仕事を望んでいます。その仕事はすでにあなたに与えられているという事実を受け入れて下さい。あなたが生きているという事実は、一つの役割があなたに与えられていることを意味します。すべての人に対して、すべてのことに対して、心を開いて下さい。そうすることによって、あなたは神の道具になります。何を言うべきか、何をなすべきかについて悩む必要はありません。神様があなたに教えてくれます。

私は以前は怠け者だと思っていました。いつも疲れている感じでした。実際は、人生の目的を発見するまでは私のエネルギーの流れが詰まっていたのです。エネルギーを神との共同創作の方向に向けはじめると、すなわち愛のないところに喜んで愛を提供しようとすると、私たちの奥深いところから新しいエネルギーが溢れ出してきます。

この世界は、あなたがキラキラと輝く許可は決して与えてくれません。それをしてくれるのは、愛だけです。私はカクテルパーティーのウエイトレスをしていたことがありますが、ある日仕事を始めながら、「分かった。この人たちはここはバーだと思っているんだ」と思ったことを覚えています。『奇跡の学習コース』を学ぶ一人の生徒である今の私には、これは違うものに見えます。〈これはバーでもなければ、私はウエイトレスでもない。それは単なる幻影にすぎない。仕事はすべて教会の最前線であり、私は思いの形を浄化し、神の子に奉仕するためにここにいる〉と思います。私たちは、他の人が何と思おうとも、自分の人生を真剣に受け止めることはできます。

どんな仕事であれ、他の仕事よりもこの地球に及ぼす潜在的な影響力が大きいということはありません。私たちは自分の存在、自分が持つエネルギー、他の人たちとの交流などを通して、自分が住んでいる世界に常に影響を与えています。問題は、どういう影響を与えているかです。

私は以前、女優志願の女性を知っていましたが、彼女はなかなか仕事がありませんでした。その間、生計を立てるために作家の秘書の仕事をしていました。作家は彼女の仕事ぶりが非常に気に入って、全国を講演して歩くにあたって、講演の設定やら何やらを手伝って欲しいので一緒に来て欲しいと彼女に依頼しました。彼女は仕事はとても楽しいけれど、ロサンゼルスは離れたくない、と言いました。女優の仕事が出てきた場合に、オーディションを受けるためにはその必要があると思ったわけです。

「女優としてキャリアを歩むのにいちばん大切なのは……」と私は彼女に言いました。「自分の人生でまずスターになることよ」。多くの人が役者になりたいと思う理由は、その職業に本当に魅かれるからではなく、自分自身の人生に何か素晴らしいものを創作したいと切に願っているからです。やってみるのです。いま生きている人生にもっとエネルギーを注ぎ込むのです。あなたが本当のスターになるまで、スターの資質を磨かなかったならば、誰もあなたのスターの資質によって心を打たれることはありません。

奇跡を行う人だったならば、こういう状況で、全国を巡る旅に出るか、それともロスに残るか、どうやって決めるのでしょうか。《聖霊よ、どうぞ私たちに代わって決めて下さい》と依頼することによって決めるのです。《私たちは自分自身ではいかなる決定も下しません》。聖霊の計画を遂行するにあたって、どうすればいちばん私たちが役に立てるかを聞くだけです。この態度によって与えられる道徳的な権限が、私たちにスターのような資質を与えてくれます。私たちをスターにするのは、私たちの謙虚な態度であり、奉仕したいという願望です。私たちの傲慢さは、私たちをスターにはしてくれません。

多くの人を誘惑するエゴの考えは、私は窓拭きの掃除をする人ではない、というものです。禅には、何年もの間、弟子が修行の一部としてマスターの祭壇のほこりを払うという古い伝統があります。修行僧はマスターの近くにいて、マスターの世話をすることによって学び、やがてマスターを凌駕するのです。易経の教えにあるように、宇宙は謙虚なる者を満たし、傲慢なる者を破壊します。私たちが謙虚である時、物事が開花するのを許します。私たちは、まだ完成していないことを認めるのにやぶさかではありません。エゴは、目標を達成するためのプロセスよりも、目標そのものを強調します。これは実は、エゴが私たちを妨害するやり方です。私たちは誇り高くなり、その結果、頑なになり、魅力を失います。愚かな誇りには、好感を持てる要素は何もありません。それによって仕事を得ることもできなければ、成功に導かれることもありません。

私たちの仕事は、人としての成長、優雅さ、誠実さ、謙虚さに磨きをかけることです。そうすると、私たちの存在の核心が、内的にも外的にも成長を遂げて実質的な力を持つようになります。私たちの聖職は、神から私たちへ、そしてすべての人類へと延びる一直線の創造路線に乗ることになります。

6　新しい心、新しい仕事

神の子よ、あなたは善なるもの、美しきもの、聖なるものを創造するために創造された。これを忘れてはいけません。

エゴはこう言います。「あなたの価値はあなたがどんな資格を持っているかに基づいている。いい仕事につくには、博士号かそれに匹敵するような資格が必要だよ」。しかし、私たちの世代の最も聡明な人たちは、学校でよりも人生によって教育を受けた人たちです。私たちの社会にはありとあらゆる体験をした才能に恵まれた人びとがたくさんいますが、とくにこれといった資格はないかもしれません。そのような人たちが達成したのは、主に内面的な達成です。

私たちが言うところの聖職、新しいキャリアは、こうした内面的な達成を反映します。頭脳の働きと心の新たな融合が反映されます。社会全体の中に流れる癒しの風潮に貢献している人びとの意識が、このような新しいキャリアに表現されます。これらのキャリアにおいては、私たちが持っているユニークな才能をそれぞれが独自に表現することになるでしょう。このような「仕事」は見つけるのではなく、創作することになるでしょう。新聞の求職欄には、世界を救う人求む、とか、奇跡を行う人求む、といった求人はありません。新しいエネルギーに応じて、新しい形態の仕事が生まれつつあります。

カール・ユングは、私たちがとくに子供の時にどのようなお伽話や神話に心を引かれたかを深く見つめてみるように、と言っています。私は子供の頃、『The Girl in the Patchwork Dress』(パッチワークドレスの女の子)と呼ばれるお伽話に心を奪われていました。この話の中で、王国の皇太子がお嫁さんを求めて国中を探して歩きます。ある町で、王子様がその町に住んでいるすべての若い女性に会うことができるようにと、大きな舞踏会が開かれることになりました。一人の少女は、この舞踏会に行きたくとも、美しい舞踊会用のドレスを作るだけのお金がありませんでした。そこで、彼女はあることを思いつきました。他の女の子たちがドレスを作った端切れを集めて、パッチワークのドレスを作ったのです。

舞踏会の夜、彼女は舞踏会が催されているホールに行きますが、他の少女たちが美しい舞踏会のドレスを着ているのを見て、恥ずかしくなり、クロゼットに隠れてしまいます。王子様もやって来て、すべての少女たちと踊り、もう十分という感じになりました。王子様は退屈して、帰ることにします。しかし、帰ろうとした王子様はクロゼットから一枚の布がはみ出ているのに気がつきます。護衛兵に命じてクロゼットを開けさせると、そこにパッチワークのドレスを着た女の子がいます。王子様は少女と踊り、彼女が他のどの女の子よりも面白くて、やがて彼女と結婚します。

大人になってからこの物語について考えた時、子供の私になぜそんなにも深い意味があったのかが分かりました。この物語は、私の人生における意味深い原型を明らかにしていたのです。私は、この人生が提供してくれることをほとんどすべて、少しずつ味わうことになっていると思うのです。これによって、ある一つのことにおいての資格を得ることは決してできませんが、一種の展望が開かれることは確かです。このヴィジョンが私のキャリアの土台となることになっていたのです。私たちの多くは、パッチワークのドレスを着た女の子に似ています。これを少し、あれを少しと、いろいろな体験を積んでいます。しかし、いろいろなことを、いろいろな場所でやってきたがために、博士号はありません。いろいろなことを合わせても、博士号のような資格にはなりませんが、いろいろと面白い体験をしているために、人間として面白いことは確かです。パッチワークのドレスはゼネラリスト、すなわち全体を統合する人の意識を象徴しています。それに対して、他の女の子たちが着ていた美しいドレスは、スペシャリストの意識を象徴しています。しかし、社会が健康に機能するためには、ゼネラリスト的な見方もスペシャリストの見方も大切です。

究極的には、この世界で私たちが効率的に機能するかどうかを決定するのは、資格ではなく、より高い目的にコミットしているかどうかです。私たちの履歴書が重要であるとすれば、それは私たちが重要であると考えるからに過ぎません。私はある時、素晴らしく文のたつ、本も出したことのある作家の女性と食事をしていました。そのテーブルに座っていた出版に従事している男性に向かって、「バーバラは女性向けの癒しの問題を扱っている有名雑誌に自分のコラムを持つべきだ」と私は言いました。彼女なら、恐れから愛への感情的な突破体験によって、個人の状態そして社会全体の状況に愛がどういう影響を与えることができるかについて興味深い記事を書くことができるだろう、と私は言ったのです。このコラムなら、読者に希望をもたらすことができるだろうと私は思いました。

しかし、出版の仕事をしているこの男性は、違った見解を持っていました。「バーバラにはそれは無理だ」と彼は言いました。「どの雑誌でも彼女の記事は扱ってくれないよ。彼女には博士号がない。その分野の権威じゃない。彼女の意見は権威あるものとは見なされないよ」。

これを聞いた私は、バーバラの耳に綿の栓をしてあげたいと思ったほどでした。彼の限定された考え方を信じて欲しくありませんでした。彼女が奇跡に対して心を閉じることのないようにと祈る思いでした。

何年も前のことですが、夜、それまでずっとしてきたようにコーヒーを飲んでいました。すると、そこにいた友達が、「あなた、こんなに夜遅くよくコーヒー飲めるわねえ。眠れなくならない？」。この夜から、コーヒーを飲むと眠れなくなりました。それまでは、コーヒーにはカフェインがあるから眠れなくなるという結び付きを頭の中でやったことがなかったのです。したがって、夜、コーヒーを飲んでも眠ることには全然問題はありませんでした。資格がないと機会が与えられない、という考えも同じことです。

神に奉仕したいという願望を持てば、そうするための手段を創作することになります。私たちの力は履歴書に書かれることや、コネにあるのではありません。これまでにやったこと、あるいは、いま現在やっていることにあるのでもありません。私たちの力は、なぜ、いま私たちが地球にいるのかを明確に理解することにあります。そのように考えると、私たちは重要な働きをするようになります。これからこの地球で重要になるのは、世界の癒しに貢献する人たちです。これに比べれば、すべてのことは些細なことです。あなたがどの学校に行ったか、あるいはあなたが学校に行ったかどうかということすら大した問題ではなくなります。神様は、どんなに冴えない履歴でも活かすことができます。神様はどんなにささやかな贈り物でも活用できます。私たちが神に捧げる贈り物がどんなに質素なものであっても、神はそれを神の仕事を実現するための力強いものに変えることができます。神に対して私たちが捧げることができる最大の贈り物は、神への献身です。神への献身によって、ドアは開け放たれます。キャリアが花開きます。私たちは癒す人となり、私たちのまわりの世界は癒されます。

7 目標

神だけが、私がきょう目指す唯一の目標である。

目標を設定することが最近は非常に一般的になりました。心を自分が望む結果に集中するというプロセスです。これは実際には、この世界に私たちが望むことをさせようとするもう一つの方法にすぎません。それはスピリチュアルな降伏ではありません。

『奇跡の学習コース』は魔法と奇跡の違いについて説明しています。魔法は私たちが望む結果に心の照準を合わせて、神様に買い物のリストを渡して、私たちのために何をして欲しいのかを告げるというやり方です。

奇跡は、手に入れる考え方から与える考え方への転換を意味します。何かを手に入れたいという欲望は、今の自分には十分にないという核心的な信念を反映しています。自分の内部に欠けているところがあると信じている限り、自分のまわりに欠乏を創作し続けることになります。なぜなら、それが私たちの思いの基礎をなしているからです。このようにしてどれだけ手に入れたとしても、十分であると感じることはありません。

手に入れたいと望む代わりに与えたいと望む時、私たちの核心にある信念は、自分は十分に持っているから人にあげても良いというものです。無意識の心は核心的な信念を手がかりにして、それを反映する状況を見事につくり出します。与えたいという気持ちは、宇宙をも与える方向に仕向けるのです。

奇跡を行う人にとっての、あらゆる状況における目標は心の平和です。『奇跡の学習コース』は、《私たちは何が幸せにしてくれるのかを知らないにもかかわらず、知っていると思っている》と言っています。私たちは誰でも、これを手にすれば幸せになれるだろうと思うものを手に入れたにもかかわらず、幸せにはならなかったという体験をしています。茶色のメルセデスベンツを手に入れたいという言葉を確言集に書けば、おそらくは潜在意識の力によってそれを入手することができるでしょう。問題はそれを手に入れたとしても、必ずしも幸せにはなれないということです。奇跡に基づいた考え方では、幸せそのものを目標にして、どうすれば幸せになれるかについての自分の考えを放棄します。一カ月後に、あるいは一年後に何が起きるかは私たちには分かりません。いま欲しいものがすでに手に入っていてこの状態であるならば、後になればこれよりも悪い状態になるしかないと考えるのは当然かもしれません。

あなたがこれから就職試験を受けると仮定しましょう。すると友達は、絶対にこの試験に合格すると言葉にして書いてそれを達成目標にするように、という忠告をしてくれるかもしれません。しかし、奇跡を行う人は心の平和を達成目標に掲げます。これによって、あなたの心は心の平和に貢献するすべての要素に集中され、それ以外のものは意識的な考慮から閉め出されてしまいます。心は目と同じで、一度に実に様々な刺激を受け取っているために、検閲のメカニズムが私たちの知覚作用に働きます。私たちが何に気づき、何に気づかないかを選択します。

心の安らぎ以外のものを達成目標にすると、感情的に自己破壊の道をたどるしかありません。達成目標が欲しい仕事につくことであれば、仕事につければ良いのですが、つくことができなければ、気持ちは落ち込まざるを得ません。しかし、心の平和を達成目標にすれば、仕事につければ素晴らしいし、つけなくとも心の安らぎを達成することができます。

『コース』は、**どんな状況であれ、一番最初の時点で目標を掲げるのが大切である**、と言っています。さもないと、状況の展開が混沌としたものになるというのです。目標を心の平和に設定しておけば、何が起こっても心の安定に向けてのプログラミングがなされていることになります。心は平和に満ちた観点から状況を見るようにという方向性を与えられているわけです。したがって、望む仕事につけなかったとしても、それほど重要なことではありません。それよりももっと良い仕事が待っているからかもしれませんし、その仕事は自分にとって最善のものではなかったのかもしれません。神を信頼することです。奇跡は心から信頼することが土台となります。それは、私たちの苦しみをオブラートで包むことではありません。私たちの感情は思いを起点にしているのであって、その逆ではありません。

目標を設定することのもう一つの問題は、あなたの可能性に制限を加えることになるかもしれないということです。私たちとしては良いと思うことを願っているかもしれませんが、神様の意図は私たちが素晴らしい結果を得ることであるかもしれません。神様の肩越しを覗き込んで様子を見ようとしたりすれば、私たちを幸せにする神様の能力を邪魔することになります。神様の意図は私たちが幸せになることであるということが本当に分かれば、神の意図が実現すること以外、何も願う必要はなくなります。

ニューヨークで講演した時、一人の若い男性が「確言」について質問しました。当時、「ヒル・ストリート・ブルース」というテレビ番組が人気を呼んでいました。彼はこう質問しました。「私は毎晩、寝る前にヒル・ストリート・ブルースにレギュラー出演する、ヒル・ストリート・ブルースにレギュラー出演すると、五十回書いているのですが、これをやるべきではないと言うんですか?」。

私はこう答えました。「その確言を夜寝る前に五十回書き続ければ、ヒル・ストリート・ブルースに役を得ることができる可能性は高いでしょう。心の力には、それだけのものがありますから。しかし、一年後に有名な映画監督があなたを主役にした映画を作りたいと思うかもしれません。しかし、あなたはヒル・ストリート・ブルースで端役ではあっても、契約があるためにこの申し出を断らなければなりません」。

神様にあることをして欲しいと言わなければならないというニーズの根底には、信頼の欠如があります。神様が何をするか分からないので、神様に任せることができないのです。神様が私たちの履歴書を失くしてしまうかもしれないと恐れているのです。私たちが目標を設定するのであれば、神は愛ではなく恐れであるという信念を癒すという目標にしたいものです。『コース』の中に出てくる、**私たちの幸せと私たちの機能は一つである**という言葉を忘れないようにしたいものです。神様が私たちの達成目標であれば、幸せが目標であるというのと同じことです。それを具体的にどう実現するのか神様には分からないとか、神様はそれを実現するための手段を提供してはくれないだろうなどと信じる必要はありません。

8　神の計画

救済のためには神の計画だけが機能する。

時として、私たちは職場に不満を感じることがあります。その仕事が自分の能力以下のものであると感じたり、他の人の下で働かなければならないという事実に不満を持つかもしれません。急いで出世の階段を駆け昇りたいと思っているかもしれません。愛を広めれば、自然に出世階段を昇っていくということに気づいていないのです。ものすごいスピードではないかもしれませんが、確実に昇って行きます。ウサギとカメの話を思い出して下さい。カメはゆっくりと歩いて行ったにもかかわらず、速足のウサギよりも早くゴールに到着しました。

「神の意志が実現しますように」と祈ることは、「私がなり得る最高のものになることができますように」と言うのと同じです。私たちの人格が高まるにつれて、私たちはより多くの責任を引き受けることのできるエネルギーを持つようになります。そうなれば、人びとは私たちを雇うことを望むようになり、私たちと一緒に仕事をしたいと思うようになります。進歩は、ごく自然に起こります。難なく成功を達成することができるようになります。物事がごく自然に起こります。素晴らしい履歴があったとしても、人格的に問題があれば、いずれは厳しい状況に直面することになります。履歴書が素晴らしければ、重要な仕事のための面接を受けることはできますが、人格的に好いてもらえなければ雇ってはもらえません。

近頃の心理的な志向の多くは、きわめて脆弱《ぜいじゃく》なものです。それが脆弱である理由は、誰もがあまりにも一生懸命になっているからです。誰もが一生懸命に努力している理由は、そうしなければダメだと思っているからです。神に降伏するということは、神に彫刻の仕事を任せ、自分は粘土になることです。私は高校時代に彫刻の授業をとったことがありますが、粘土に毎日水をかけてあげたものです。そうしないと、粘土が乾いてしまうのです。神に対しても、これと同じようにする必要があります。粘土と同じように、従順な適応性を持たなければなりません。あるものを手に入れることに心が頑なに執着すれば、このようになって欲しいと思うことも含めてですが、私たちは心をリラックスさせることはできません。そうすると、物事が自発的に展開する余地がなくなってしまいます。

私たちがなぜある場所に行くのか、私たちには絶対に分かりません。私は仕事の上で必要だと思って人とコンタクトしたのに、実はそれは人間としての貴重な出会いになったということが何度もあります。また、その逆のケースもあります。神の世界においては、ただ一つの仕事しか行われていません。それは、神のもとで教える先生を養成するという仕事です。そして、その先生の仕事は愛を実践することです。『コース』によれば、聖霊は彼に与えられるあらゆる状況を、関係するすべての人にとっての愛の教訓として活用します。しかし、私たちはどのような状況にあっても、特定の結果になるようにといった執着を持ってはいけません。たとえば、あるプロジェクトをお金を儲けるための手段と考えたとしますと、それがお金をもたらしてくれなければ、私たちは失望します。その努力をするにあたって、聖霊の導きに従ったのにと考えて、心は混乱するかもしれません。しかし、そのプロジェクトの目的はお金を儲けることではなかったという可能性があります。聖霊がなぜそのように導いてくれたのか、その時点では分からないことも多いのです。奇跡を行う人の役割は、神に奉仕すると願って、聖霊の指示に従うだけです。それに対する物質的かつ感情的な報酬は、神の計らいによるタイミングでやって来ます。

私たちが人生における結果をいつもコントロールしようとする理由は、宇宙をそのままにしておけば、ただ混乱があるばかりだと思っているからです。しかし、神は究極的な秩序そのものです。神こそは、あらゆる次元において、あらゆる生命のために、常に拡大しつつある行動をする愛の原則です。神の力は完全に公平です。えこひいきをすることはありません。神はコンピューターのようなものです。神を信頼するということは、引力を信じるのと同じことです。

次の二点を心に銘記しておくことが大切です。

（1）　神の計画はうまくいく。

（2）　あなたの計画はうまくいかない。

『コース』でも述べられているように、**私は神の計画に何も付加する必要はない**。しかし、**神の計画を受け取るためには、自分の計画をもってそれに代えようとしないという気持ちがなければならない**。**ただそれだけのことである**。**何かを付け加えれば、あなたが神によって求められているわずかなことを奪い去ることになるだけである**。地上における神の計画をどのようにして達成するのかを理解するのは、私たちの仕事ではありません。それは助けになるどころか、邪魔になるだけです。私たちの仕事は、私たちの内部にある神のスピリットと私たちの心とを深く合わせ、その結果、私たちの人生が望むと望まないとにかかわらず、神の意志の道具になるようにすることです。そうすれば、洞察力が生まれます。状況に応じて、ギアを変えるようになります。良いことが起きるようにと意識的にコントロールしようとすると、良いことが生まれるというよりも、人間の意識が計画することに毛が生えた程度の結果しか生まれません。

ヴィジョンに基づいて生きることは、自分が置かれた環境に基づいて生きるよりも、より力強い生き方であるという話を聞いたことがあります。ヴィジョンをしっかりと持ち続けると、そのヴィジョンが達成可能な状況が喚起されます。ヴィジョンは内容そのものであり、物質的な状況は単なる形にすぎません。私の友達の一人に、公職に立候補しようとしている人がいます。彼は長い間、政治の世界に身を置いてきたために、政治的に成功するかどうかは、彼がよい政治家になることにかかっていると考えてしまう傾向があります。しかし、私たちの社会の秩序が乱れてきた原因の一端は、リーダーであるよりも政治家である人びとによる政治が行われてきたことにあります。リンドン・ジョンソンは偉大な政治家でしたが、それほどのリーダーではありませんでした。ジョン・ケネディーは偉大なリーダーでしたが、それほどの政治家ではありませんでした。従来の政治的な活動よりも、アメリカの明るいヴィジョンを提供すれば、この国の癒しを望んでいる国民にインスピレーションを与えることとなり、選挙で勝利を収める確率は高くなるはずです。それは私たちの心の琴線に触れるからです。

選挙に勝つための秘訣は、選挙運動をすべて聖霊に委ね、それを聖霊の平和を達成するための道具として活用してくれるようにとお願いすることです、と私はこの友人に言いました。友達は、それは言葉としてはよく分かるが、具体的にはどうすれば良いのか考えなければ、と答えました。私は、何も自分で考え出そうとする必要はなく、その気持ちになりさえすればいい、と言いました。「そうすれば、聖霊は招かれた場所にやって来て、あなたは素晴らしい自分を提供できる。カリスマ性を発揮できる。自分がどういうメッセージを伝えるべきなのか、考えようとしないことです。神様に、何を言って欲しいのかを聞くのです。自分は一歩退いて、神様に導いてもらうのです」。

政治集会で演説をする前に必ず静かに祈れば、エネルギーを真実と一体化することができます。ある時、私はこの友人と一緒に政治集会に行ったことがあります。会場に向かう車の中で、彼はそこに来ているであろう特定の人びとについて、もっともと思われる価値判断の言葉を私に話してくれました。会場の建物に歩いて入って行った時、「あなたの認識が癒されますように祈ると良いでしょう」と私は言いました。「あなたが目指す目標は、同情の思いやりのある社会へと私たちを導いて行くことです。この集会に来ている人たちに思いやりを示すことから始めたら良いでしょう。あなたの心が癒されれば、何をしなくても他の人たちに自然に影響を及ぼすことになります。何を言うべきかなんて考える必要もなくなります。完璧な言葉があなたの口から自然に出て来るでしょう。なぜって、愛があなたの心を導いてくれるでしょうから」。いうなれば、神様に選挙運動を任せるというわけです。

私もこれとまったく同じことをやっています。会議やインタビューなどで人と会って話をする前には、次のような祈りの言葉を言ってみると良いでしょう。

「神様、この状況はあなたにお任せいたします。どうぞあなたの目的のために私をお使い下さい。私が心を開いて愛を与え、愛を受け取ることができますように、ただそれだけをお祈りいたします。すべての結果が、あなたの意志のままに展開されますように」。何をするのであれ、神様のためにして下さい。

私たちには、神が依頼するどんな仕事でも成し遂げるだけの力があります。**あなた自身が準備できているかどうかについては心配する必要はないが、神の準備ができているかどうかを常に注意するように**、と『コース』は述べています。仕事をするのは、あなたではなく、あなたの中にいるスピリットです。これを忘れることが、恐れを引き起こす原因となります。『奇跡の学習コース』は、**恐れが存在することは私たちが自分自身の強さを信頼**

していることの確かな証拠である、と言っています。あなたがあなた自身の強さを信頼しているとすれば、あなたが不安を感じ、焦燥感を覚え、恐れるのはもっともです。私たちは、誰も自分だけの力では奇跡を行うことはできません。しかし、《私たちの力ではなく、私たちの中にある力をもってすれば》、私たちにできないことはありません。

9 セールスマンからサービスマンへの変容

愛は常に増大をもたらす。

私たちが何かを売ろうという動機を持っている時は、自分のことだけを考えています。奉仕したいという動機を持っている時は、他の人のことを考えています。奇跡は私たちを、セールスマンからサービスマンの気持ちに変えてくれます。意識の世界においては、私たちは自分が与えるものしか持っていることはできないのですから、サービス精神はセールスの精神よりも、ずっと豊かな精神であるということになります。

私たちの文化を支配している思考体系は自己中心的な価値観で縁どられていて、こうした価値観を放擲《ほうてき》するというのは、言うは易く行うは難しです。純粋な心へと至る旅路は、なかなかの難路であるかもしれません。私たちは長年の間、権力やお金、名誉のために仕事をしてきました。そして今になって突然、このような価値は死につつある世界の価値観だと教えられます。何を動機づけにして行けばよいのか見当もつきません。金持ちになるために仕事をしているのでないとすれば、一体、何のために仕事をするのでしょうか。一日中、何をやっていれば良いというのでしょうか。家にいてテレビでも見ていれば良いのでしょうか。

もちろん、そうではありません。しかし、多くの人にとっては、一時的にそのように考えるのは当然であるかもしれません。旧世界の価値がもはや心に迫ることがなくなってしまったにもかかわらず、新しい価値観がまだ魂をつかむほどの迫力を持っていない段階です。いずれは新しい価値観が魂をつかむことになります。神に至る道を歩みはじめると程なくして、チャンスさえ与えればこの世界は何でも素晴らしく展開するものだという実感が、私たちの心をわくわくさせるようになります。それが私たちの新しい動機になります。ここでのニュースは状況がいかに大変であるかではなく、状況がいかに素晴らしいものになり得るかです。そして、私たち自身の行動が、地上における天国の展開の一部になり得るのです。愛がすべての傷を癒してくれる世界の創造に自分が活用されるという思いほど、強烈な動機はありません。

そうなると、私たちはもはや自分のために野心をみなぎらせているのではなく、癒された世界というヴィジョンによってインスピレーションを与えられます。インスピレーションは私たちのエネルギーを再編します。インスピレーションが私たちの内なる力と方向性の根源になります。フットボールを胸にしっかりと抱きしめて敵陣を突破して、ゴールまで駆け抜けなければならないという悲壮感はなくなります。逆に、天使たちが後押しをしてくれて、道を切り開いてくれるように感じます。

純粋な心が私たちを貧しくすることはありません。貧困を霊的に価値があることとして誉めそやすのはエゴのなせる業であり、スピリットによるものではありません。貢献と奉仕という動機から行動する人は、極めて高い道徳的な力を持つようになるために、世俗的な成功は自然にやって来ます。

あなたが持っている才能を、世界に奉仕するためにすべて使うことです。もし絵を描きたいならば、奨学金をもらうまで待ってはいけません。あなたの町が何か元気がなくて色がくすんだような印象しかないと感じたら、町の中の壁に絵を描いてみたらいいでしょう。その壁をどんな人が見るか、あなたには想像することもできません。あなたの才能が何であれ、それを地域社会のために役立てるのです。ロサンゼルスで講演をした時のことですが、役者の人たちが仕事がないとこぼすのを何度も何度も聞かされて、私はこう言いました。「病院とか老人ホームあるいは精神病院に行ってみればいいでしょう。役者としての仕事がもらえなくとも、役を演ずることはできるのではないですか」。私の話を聞いた人たちは、「ミラクルプレイヤーズ」という劇団をつくって、早速、行動に移しました。

「それをしても生活費を稼ぐことができないから、やりたくはありません」という言葉は、宇宙に対して微かな光しか発することはできません。私が『奇跡の学習コース』について講演をして収入を得ることができるようになるまでに、二年間かかりました。講演を始めた当初は、それが私の職業になるとは夢にも思っていませんでした。物事によっては、それで収入があろうとなかろうと、やることが正しいことであるというただそれだけの理由でやるものです。「人のためになるから、お金になろうとなるまいと私はこれをやる」という言葉は、宇宙に対して強烈な光を発します。それは、あなたが本気であるというメッセージを宇宙に送ります。あなたが宇宙に対して本気で取り組むと、宇宙もあなたに対して本気になります。

私は、講演について広告をするという必要はあまり感じませんでした。人びとにとって本当に関心のあることであれば、人は私の講演のことを聞いてやって来るだろう、と思ったのです。これは広告が悪いという意味では決してありません。広告の動機が人びとを操作することにあるのではなく、情報を提供することにあるならば、広告に問題があるはずはありません。アーノルド・パテントは、あなたが真摯に言いたいことがあるならば、それを真摯に聞きたい人は必ずいる、と言っています。聴衆をつくり出すのは私たちの仕事ではなく、話を聞きに来てくれた時にメッセージをきちんと伝えることが私たちの仕事です。三人の人にメッセージを伝えることは、三百人の人にメッセージを伝えるのと同様に重要です。少数の人びとにどう対処するかが明確になれば、数多くの人が自然にやって来るようになります。より美しい世界を創作するために私たちがどのような役割を果たすべきかについて明確になること、そこに私たちの力が宿っています。たとえそれがどんなに僅かであっても、世界の癒しに貢献することを自分のキャリアと考えること、それが奇跡です。

エゴの世界は、資源は限定されているという考えに基づいています。しかし、神の世界はそうではありません。真の世界である神の世界は、私たちが与えれば与えるほど、私たちの持ち物は増えるのです。私たちがパイの一切れを持っていれば、その分、他の人の分け前が少なくなるのではありません。誰かがパイの一切れを持っていると、その分、私たちの分け前が少なくなるのでもありません。ですから、ビジネスであれ何であれ、競争する必要はありません。他の人たちに寛大に与えること、これが人生を豊かに生きる鍵です。すべての人が美しくなるスペースが、この世界には十分にあります。すべての人が成功するだけのスペースがあります。すべての人が豊かになるスペースがあります。それを遮っているのは、私たちの考えに過ぎません。

あなたよりもより多くのことを達成している人は、時間的に少しだけあなたの前を行っているにすぎません。彼らの才能を祝福し、誉め讃えて下さい。そして、あなた自身の才能を祝福し、誉め讃えて下さい。彼らの才能がなければ、そして、あなたの才能がなければ、世界はそれだけ貧しくなってしまいます。すべての人が成功するスペースがあります。それだけではありません。すべての人が必要とされているのです。

私たちが癒されるにつれて、世界が癒されて行きます。愛以外の目的で何かをやれば、それは神からの分離の再演であり、その分離を維持し、永続化することにつながります。一人ひとりの人は、人間の意識という体の細胞です。現在のところ、キリストの体はガンにかかっているような状態です。ガンという病気では、正常に機能できる細胞が体全体に貢献するために働くことをやめるという決定を下します。血液であれ、肝臓であれ、体の器官のサポートシステムの一部であることをやめて、自分自身の王国をつくりはじめます。それが悪性腫瘍で、体全体を破壊する脅威となります。

　これと同じことが、人類全体に関しても当てはまります。皆、それぞれ自分勝手なことをしています。自分のキャリア、自分のお店、お金等々。私たち人間はみな本質的につながっているということを見失ってしまったのです。そして、この忘却が私たちを滅ぼそうとしています。「私の」という考え方はエゴのものです。それは分裂を信じることです。それは宇宙的な病です。私たちが持っているものを持ち出して、全体を回復することに捧げることが私たちを救うことであり、世界全体を救うことです。すると、私たちの献身が仕事となり、仕事が献身そのものになります。

［第8章］

肉体

肉体は**愛**によってつくられたのではない。しかし、**愛**はそれを責めることはせず、**愛情**をもって**肉体**を**活用**することができる。**愛**は、**神**の**子**がつくったものを**尊重**し、**神**の**子**を**幻影**から**救う**ために**活用**する。

1　肉体の目的

癒しをもって**肉体**の**目的**にしよう。

肉体の世界においては、私たちはみな分離しています。霊の世界においては、私たちは一つです。『奇跡の学習コース』の言葉を引用すれば、**肉体**との**同一性**から**霊**との**同一性**へと意識を変えることによって、この二つの分離を癒すことができます。これは心だけでなく、肉体をも癒してくれます。

私たちは、肉体を持っているがゆえに分離していると思っていますが、実際は、分離していると考えているがゆえに肉体を持っているのです。『コース』は、肉体とは**栄光に満ちた、完璧な考えの一部分を取り巻く非常に小さなフェンスであると**述べています。しかし、これは肉体が悪いという意味ではありません。形のある世界のものがすべてそうであるように、心は肉体の特性を、恐れに基づいた目的か、愛情に満ちた目的のいずれかを持つものであると考えます。エゴは、分離という幻影を維持するために肉体を使用します。《エゴは攻撃と快楽とプライドのために肉体を利用します》。聖霊は、この幻影を癒すために肉体を利用します。**この意味において、肉体はまさに神の神殿となる。聖霊の声は肉体をどのように利用すべきかについて導きを与えることにより肉体の中にある。**

肉体の聖性は、それがコミュニケーションのための潜在的な可能性を持っていることにあります。聖霊に委ねられると、肉体は**コミュニオンが行われるまでの間は価値のある美しいコミュニオンの教訓**になります。《聖霊は私たちの手や足や声を貸してくれるようにと、私たちに依頼します。聖霊がそれらを道具として世界を救うためです》。肉体は世界を変貌させるための一手段であると見なし、肉体自体が目的ではないと見なすことは肉体に対する健康な認識です。肉体を手段ではなく目的であると見なし、肉体に独善的で愛情のない目的を持たせることは、肉体が本来担うべきではない荷物を負わせることになります。これは病んだ考えであり、結果的に肉体の病を引き起こします。

この地球に存在する中で、私たちは、自分はすなわち肉体であると見なすようになってしまいました。一人ひとりの肉体は、宇宙全体に比べれば非常に小さな存在であり、傷つきやすい存在ですから、自分は肉体であると考える私たちは、自分自身を矮小で傷つきやすいものとして体験するようになってしまいました。私たちは肉体以上の存在であり、神の心の中にあるスピリットであるという実感の中で生きる時、私たちの意識は拡大され、私たちは通常の物質的な法則の限界の外側に出ることができます。このように認識を訂正すること、それはすなわち「贖罪」ですが、これが癒しです。病気になるのは肉体ではなく、心です。『コース』で述べられているように、肉体が健康になるか病気になるかは、**心が肉体をどう見なすか、そして、心が肉体を何のために利用するかにすべてがかかっている**のです。癒しを必要としているのは、肉体ではなく心です。そして、唯一の癒しは愛に帰ることによって可能となります。

私たちの肉体は、思いを投影するためのスクリーンにすぎません。病気は愛情のない考えが現実化しただけのことです。これは、病気にかかっている人たちは愛情のない考えをした人たちで、それ以外の人はそうではないという意味ではありません。偉大な聖人たちも病気にかかっています。病気を生み出す、愛が欠如した状態は全身の問題です。それは人類の意識の中に浸透しています。魂が病気として顕現するものは様々な要因に基づいています。

たとえば、一人の子供が環境汚染が原因でガンになって死んだと仮定してみましょう。このことが愛の欠如とどのように関係しているといえるでしょうか。愛が欠如した考えというのは、必ずしもその子供にはなかったかもしれません。しかし、長年にわたって自然環境を重んずることなく、環境が毒性の化学物質で汚染されるのを許して来た大人たちには、愛の欠如があったといえるのではないでしょうか。こう考えてみれば、この子供の病気は他の人びとの心の病が間接的な原因となったといえるでしょう。私たちの愛情に満ちた考えは、私たちには想像もつかないような人びとや状況に影響を及ぼします。私たちが犯す間違いもこれと同じです。私たちの心の働きは、脳を納めている頭蓋にとどまることはありません。つまり、一つの心と他の心の境界線を引くことは不可能なのです。したがって、私たちが抱く愛はすべての人に触れ、私たちが抱く恐れもすべての人に触れます。

肉体に対する健康的な認識は、肉体を聖霊に委ね、愛をこの世界に向けて表現するための道具として使って下さいと、聖霊に依頼することです。『コース』は次のように述べています。**肉体は物質世界におけるあなたの体験の一部にすぎない。**また、次のようにも言っています。**様々な能力を発達させるための枠組みにすぎず、能力が使われる様々な用途とはまったく別なものである。健康は肉体を愛情なしに使おうとするあらゆる試みを放棄した結果である。**愛を延長するという目的以外のために肉体を用いることは、病んだ思考に基づいたものです。それは私たちの本来の深い自覚と相対立するものであり、そのために生じる相克が、精神状態のみならず、肉体の状態にも反映されます。

2　健康と癒し

肉体はそれ自身の健康の源ではない。

友達の一人が、私たちは原罪のために罰せられるのではなく、私たちの罪によって罰せられる、と言ったことがあります。病気は神が私たちを裁いていることのあらわれではなく、私たちが自分自身を裁いていることのあらわれです。神が私たちの病気を創造したと考えたとしたら、癒しを求めて神にすがることはできません。すでに明らかにしてきたように、神は善なるもののすべてです。神は愛だけを創造します。したがって、神は病気を創造しませんでした。病気は幻影であり、実際に存在するものではありません。それはこの世界における夢であり、私たちが自分でつくり出す悪夢です。私たちは神に向かって、どうぞこの夢から目を覚まさせて下さいと祈るのです。

私たちの中の誰であれ、この夢から目を覚ますと、世界全体が天国に近づきます。私たちが癒しを求める時、自分自身の健康を願っているだけではなく、病気という概念が神の子の心から除去されることを願っているのです。『奇跡の学習コース』に述べられているように、**心が肉体を癒すことができ、肉体には心を癒すことができないとすれば、心は肉体よりも強いに違いない**のです。許しは最高のヒーラーであると同時に、最高の予防薬です。私たちは、肉体は本来の自分ではないということを思い出すことによって、肉体を癒します。私たちは霊であり、肉体ではありません。私たちは永遠に健康な存在であり、病気になることはできません。これは私たち自身についての真実を述べた言葉であり、私たちを解放してくれるのは常に真実です。

病気は神から分離していることを示すしるしであり、癒しは私たちが神のところへともどったというしるしです。神にもどるということは、愛にもどるということに過ぎません。『クォンタム・ヒーリング』の中で、ディーパック・チョプラ博士は、愛と肉体の癒しの関係について実に説得力のある話をしています。

> オハイオ大学の一九七〇年代の心臓病の研究は、動脈を閉塞させる目的でウサギにきわめて毒性の高い、コレステロール値の高い食餌を与えることによって行われた。これは、そのような食事が人間の動脈に与える影響を調べようとしたものであった。すべてのグループのウサギにまったく同じ結果が現われはじめたが、一つのグループだけは例外で、このグループのウサギは他のグループのウサギに比べて六〇パーセント少ない症状しか示さなかった。ウサギの生理機能におけるいかなる要素も、与えられた食餌に対するウサギたち

の耐性を説明することはできなかったが、偶然に、このグループのウサギたちに食餌を与えていた学生がウサギを抱いて可愛がっていたという事実が発見された。この学生は食餌を与える前に数分間、愛情を込めてウサギを抱いていたのである。驚くべきことに、これだけのことによってウサギたちは毒性の強い食餌を克服することができたようなのである。普通の扱いをするグループと、愛情を込めて扱うグループに分けて実験が繰り返されたが、実験の結果は同じであった。ここにおいても、そのような免疫性の原因となっているメカニズムはまったく知られていない。進化によってウサギの心の中に免疫反応が組み込まれていて、それを誘発するには人間に抱擁されることが必要であるとは考えにくい。

サポートグループとの話し合いに出席するガンの患者は、そうしない患者に比べて、ガンと診断された後に、平均して二倍長生きすることは様々な研究で知られています。「心理的免疫要因」というものが存在することは今では科学者たちも知ってはいるものの、どのように位置づけるべきか分からないでいます。これは一体、何なのでしょうか。その要因とは愛であり、神です。

神のことを物質的な表現力のない、ただの考えとしてだけ考えるならば、神には実用的な価値はありません。神が人間の暗闇のヴェールを突き抜けることを許されるのは、神が地上において表現される時だけなのです。つまり、ウサギを抱いて愛情を注いであげた学生や、サポートグループのように、神の愛が人間を通して伝えられる時です。

この数年にわたって、私はガン、エイズ、その他の生命に関わる病気に罹患している人びとのカウンセリングをしてきました。一九八七年、友人のルイズ・ヘイに肉体的な危機に直面している人たちのための非営利組織を始めるにあたって協力を求めました。それを私たちは「生きるためのロサンゼルスセンター」と名付けました。一九八九年に「生きるためのマンハッタンセンター」がニューヨークに開設されました。センターの目的は、生命を脅かす病気や悲しみに直面する人たちに医療外のサポートを無料で提供することにあります。アメリカ大陸の両海岸で、病気や悲嘆の真只中にありながらも、人びとが愛の力を喚起する時にいかなる奇跡が起こるものであるかを、私たちは目の当たりにしてきました。

病の神に癒しを求めるのではなく、愛の神に癒しを求めなければならない。なぜなら、癒しとは神を認知することであるから、と『コース』は述べています。従来の西洋医学においては、ヒーラーの仕事は病気を攻撃することでした。しかし、攻撃の意識が究極的な問題であるとするならば、それが究極的な答えであるはずがありません。奇跡を行う人の仕事は病気を攻撃することではなく、癒しの自然な力に刺激を与えることです。病気から目を背けて、病気の向こうにある愛に目を向けるのです。いかなる病気といえども、私たちの愛する能力を減じることはできません。

ということは、薬を飲むことは間違っているということでしょうか。絶対にそうではありません。『奇跡の学習コース』は、**聖霊は私たちの現在の意識レベルにおいて私たちの人生に介入する、**と述べています。私たちの多くは、白衣を着たお医者さんが薬で私たちを癒してくれると信じています。したがって、**私たちは薬を飲むべきである、**と『コース』は述べています。しかし、癒しは薬から来るのではありません。癒しは私たちの信念から生まれます。

ガンの調査によれば、従来の医療を受けている患者と、ホリスティックな医療を受けている患者の治癒率はほぼ同じです。これは完全に納得できる結果です。なぜなら、いずれの場合においても治療の形は問題ではないからです。癒しの力の活性化は、患者が治療に対して精神的かつ感情的に反応することによって始まります。

私は、生命を脅かす病気に直面する人たちをサポートする人たちの話し合いをリードしたことがありますが、これらの話し合いの中では、病気のことはほとんど話題になりません。病気に近づくために話し合うのではなく、私たちの中にある癒しの力に近づくために話し合うのです。私たちが病気になった時に直面しなければならない問題の多くは、健康であった時に何らかの形で直面しながらも対処していなかった問題です。病気になっても、人生は続きます。人生がさらに強烈なものになります。私たちは、人生の様々な問題に対処するのと同じようなやり方で病気に対処する傾向があります。病気は神を発見する能力を阻止する邪魔者と見なす誘惑を克服しなければなりません。逆に、病気を跳躍台にして神の腕に飛び込むのです。

3　健康な思考

かくして、癒しとは神の法則に従って思考することにより知識に近づく一つの方法である。

私たちの一人ひとりの内部には癒しの力があります。神聖な医師とでもいうべき存在が私たちの心の中に座っていて、細胞の一つひとつとコミュニケーションをはかっています。この力が免疫組織を動かしている知性です。指を切ったり、脚を折ってしまった時などは、この存在が私たちにも明らかなものとなります。

この神聖な知性とは何なのでしょうか。それはどのようにして活性化されるのでしょうか。**贖罪は心を解放して心が持っている創造的な力をフルに発揮させる。**「イエス・キリストが救ってくれる」という言葉の意味は、「愛が心を癒す」ということです。イエスはどのようにして、らい病の患者を癒したのでしょうか。彼を許すことによってです。イエスは幻影の真只中に立ちながら、神が創造した真理のみを見たのです。イエスは訂正された認識を通じて癒したのです。らい病の患者の前に立った時、らい病を見なかったのです。イエスは肉体的な感覚器官が明らかにしてくれるものの向こうまで知覚して、聖霊のヴィジョンを通して見える現実を見ました。らい病患者の中に、完璧で不変の神の子がいます。スピリットは永遠に健康です。スピリットは病気になることもなければ、死ぬこともありません。

イエスはまったく神と同じように見ます。イエスは自らのために贖罪を受け入れました。イエスはらい病を信じませんでした。すべての心はつながっているために、イエスの前にあっては、らい病患者もそれを信じなくなったのです。こうして、らい病患者は癒されました。

『奇跡の学習コース』の中で、聖霊の人間的な象徴であるイエスは、**あなたのエゴを光で追いやることによって、あなたの心と私の心は一体になることができる**、と言っています。病気になった時に聖霊に癒してくれるようにと依頼するということは、病気の原因となっている私たちの内なる思いを癒してくれるようにと依頼することです。

数年前のこと、『奇跡の学習コース』について講演を始めたばかりの時、私は三回、立て続けに高速道路を走行中に追突されました。この世の危険からは私は守られていることを思い出して、事故のたびごとに神に身を委ねました。そして、三度ともかすり傷も負いませんでした。

三回目の事故があって一週間ほどたったころ、私は風邪を引いて喉が痛くなりました。月曜日には『コース』について講演をする予定になっていたのですが、金曜日の午後にはひどい状態になっていました。女友達のサラと飲みに行く約束をしていました。気分があまりにもすぐれなかったために、彼女とのデートをキャンセルして家に帰って寝たいと思いました。しかし、サラの会社に電話をすると、彼女はもう会社を出ていてもどらないというのです。約束したカフェに行くしか方法はなく、車でそこに向かう途中、私は喉を癒すことに注意を向けることにしました。お医者さんのところにさえ行ければ良いのにと絶望的に考えました。というのは、これまで喉がこのような状態になった時は、エリスロマイシンを飲めばいつも治っていたのです。ロサンゼルスに来たばかりで、まだお医者さんを知らなかったのです。私は『コース』に答えを求めることにしました。どうしてこういうことになったのだろう、と自分に聞いてみました。私の思考が真実から道を踏み外したのは、どこだろう？　私の誤った心による認識はどこにあったのだろう？　私が質問を発するやいなや、答えはすぐに返ってきて、私は稲妻に打たれたように感じました。交通事故に関しては『コース』の原則を応用したのですが、その直後に「誘惑に身を任せてしまった」のです。どういう誘惑に？　事故が三回も続いた後、私を知っている人はみな私のところにやって来て、私が大丈夫かどうか聞いてくれました。私の首をもんだり、背中をさすったりして、医者に診てもらったかどうかと尋ね、本当に優しくしてくれたのです。みんなにこのように気にかけてもらうのは良い気分でした。病気になると、人が私をもっと愛してくれました。「大丈夫？」と聞かれた時に、本当に元気よく「大丈夫」という代わりに、多少の迷いを見せながら「大丈夫」と答えていたのです。そうしないと、みんなは首をさすってくれないかもしれないと思っているかのように。みんなに愛され、注意を払ってもらうという報酬を得るために、自分の肉体的な弱さという考えを黙認し、それに同意してしまったのです。

私は自分の罪に対して、つまり愛のない認識に対して高価な代価を払ったのです。自分自身をスピリットではなく、肉体と見なしたという点において、私の認識は間違っていました。それは自分自身という存在を愛情を持って確認するのではなく、愛情を持たずに自分を見ているものでした。ほんの瞬間であれ、私が傷つけられる存在であると信じることを選択したことによって、私は傷つく存在になったのです。こうして、喉の痛みが生まれたというわけです。

「素晴らしい」と私は思いました。これで分かった！「神様、どうしてこうなったのか完全に分かりました。私が間違いを犯した場所まで心をもどします。そして、私は贖罪します。そこまでもどります。どうか私の認識を癒し、誤った心による思考によって生じた結果から私を解放して下さい」。車が赤信号で止まった時に、目を閉じてこのようにお祈りして、目を開けた時には喉の痛みが治っていることを期待しました。

祈りを終えて目を開けると、喉の痛みはまだしっかりとあります。こんなはずはない。私はさらに落ち込んだ気分で、友達と会うことになっているカフェに入って行き、バーの椅子に座りました。入る時、バーの反対側の端に一人の男性が座っていて、私に気があるような素振りで私を見ているのに気がつきました。彼は全然、私のタイプではありません。私は、もう一度、私の方を見たら、もう承知しないから、とでも言わんばかりのまなざしで彼を見やりました。

「何にします？」とバーテンが聞きました。

「ブランデーと蜂蜜とミルクを少し下さい」と私はかすれた声で答えました。バーの向こうに座っている男性は、バーテンが私が頼んだものを持って来るのをじっと見ていました。「どうするつもりなんですか？」と彼は聞いてきました。

私は彼と話したくありませんでした。どこかに行ってくれればいいのにと思っていました。しかし、一度『コース』を勉強してそれが自分の一部になってしまうと、意地の悪い考えを持ったりすれば、罪の意識を免れることはできなくなります。〈彼もあなたの兄弟の一人でしょう、マリアン〉と私は心の中で思いました。〈彼も無邪気な神の子の一人なんだから、優しくしてあげれば〉。

私の心も少し和らいだ感じになりました。「ホット・トディーを作ろうとしてるんです。喉がとても痛くて」。

「まず第一に、それではホット・トディーはできませんよ。第二に、喉の痛みにはそれはあまり役に立ちません。たぶん、ペニシリンが必要ですよ」。

「確かに。エリスロマイシンがあれば治るんですけど、ロサンゼルスに来たばかりで、薬を処方してくれる先生がまだいないんです」。

そうすると、その男性は立ち上がって私の方に近づき、クレジットカードをカウンターに置いて、バーテンを呼び、私に向かってこう言ったのです。「隣の店に行きましょう。私がエリスロマイシンを処方してあげますよ」。

私は、この人おかしいんじゃないかしらと思って彼を見ましたが、クレジットカードには「医師某」と書かれているのが見えます。「隣は何の店ですか」と私は聞きました。

「スリフティ薬局ですよ」。

確かに薬局があったのです。私たちは歩いてその薬局に行き、私の新しい友人であるこの男性が薬の処方箋を書いてくれたのです。エリスロマイシンの錠剤を一つ口の中に放り込んだ私は、天にも昇るような気持ちでした。「お分かりにならないでしょうけど」と私は踊るような気持ちで彼に言いました。「これは奇跡です！　私は癒してくれるように祈ったんです。そして、私の思いを改めたのですが、聖霊はすぐには癒すことはできなかった。それは私に受け取る準備がまだできていなかったからでしょう。それは私の価値体系にとってあまりにも脅威となるものだったのでしょう。それで、聖霊は私に理解できるレベルで介入してくれたんです。そこであなたが登場したというわけです。あなたはそこにいてくれましたけど、もしも私があなたに対して心を開かなかったならば、この奇跡を受け取ることはできなかったでしょう。私が心を開かなかったことが原因になって」。

　彼は私に名刺を差し出しながら言いました。「これに電話番号が書いてあります。私は精神科医ですが、この二十五年で抗生物質の処方箋を書いたのは今日が初めてです。本当に、そうなんです。まあ、電話を下さい」。

　この親切なお医者さんに話した通り、私は間違った認識が正されることを祈り、贖罪を受け入れたのですが、それでも、癒しは私が受容できるレベルでしか訪れることはありません。『コース』によれば、聖霊は恐れが存在するところはよけて通るということです。私たちのほとんどは、折れた脚がイエス・キリストの名前を聞いただけでたちどころに治ってしまったならば、癒されて喜ぶよりももっと憂鬱な気持ちになってしまうはずです。その理由は、もしそういうことが可能であるならば、この世界全体が私たちが考えているものとは全然異なったものになって来るからです。私たちのこの世界についての理解は限定されたものですが、それは言ってみれば似非《えせ》のコントロールであり、それをあきらめるというのは折れた脚よりももっと恐ろしい脅威的な問題です。『奇跡の学習コース』は、**考えを変えるくらいなら死んだ方がましであるというような人もいる**、と述べています。聖霊は、私たちが受け入れることができる道具を使ってその力を表現します。薬はそのような方法の一つです。「アルコール依存症者匿名会」では、「すべての問題はそれ独自の解決策をもってやって来る」ということがよく言われます。危機は私たちをひざまずかせ、最も謙虚な思考へと私たちを導くという点において、解決策を持ってやって来ます。私たちが最初からその場所にいたとすれば、つまり自分自身の力の前に神の力を置き、自分自身の野心よりも愛を優先させていたならば、問題はそもそも生じることはなかったでしょう。

エイズのような流行病は集合的な悲しみであり、何百万という人びとを苦痛に満ちたヴォルテックスへと引き込みます。しかし、同時に何百万という人びとをひざまずかせることをも意味します。極めて多数の人びとがそういう状態になった時、すなわち愛情が臨界点に達した時、『コース』の言葉を借りれば、十分な数の人びとが奇跡に基づいた思考をするようになった時、意識に突然の飛躍が訪れ、大いなる喜びがやって来て、一瞬のうちに癒しがなされるでしょう。それはまるで、何百万という人びとが私がそうしたのと同じように赤信号で車を止め、自らの愛の欠如を認めて、癒しを求めるようなものです。エイズの治療薬が発見されたならば、少数の科学者たちに賞が与えられるでしょうが、何百万という人びとの祈りも貢献したことを多くの人は知っているでしょう。

4　心を救うことは肉体を救うこと

救済だけが癒すことができる。

病気の体験は、真の意味で宗教的な生活をするようにとの呼びかけです。この意味からすると、多くの人にとって病気はこれまでで最高の体験の一つなのです。

病気についての問題の一つは、病気になるとスピリットに集中することが最も大切な時に身体のことをくよくよと心配するという誘惑に駆られてしまうということです。これを一八〇度方向転換するには、スピリチュアルな訓練が必要です。スピリチュアルな活動の働き方は精神的・感情的なもので、肉体的な運動とは異なります。スピリチュアルな仕事を通じて、私たちは精神的な筋肉組織を再建しようとしているのです。『奇跡の学習コース』は、**私たちにはほんの少ししか達成することができない理由は、心を訓練していないからである**、と述べています。愛情豊かな信頼に満ちた観点から物事を考えるように心を訓練すれば、免疫組織を最高に強化することになります。これはまた、私たちの心に対する最大の挑戦の一つでもあります。

人生を変えるということは、難しいことかもしれません。しかし、病気であるという診断を受けた人にとっては、変わるようにとの病気の呼びかけは絶対的なものです。これまで健康的でない食べ物を食べていた人は、健康的な食べ物を食べなければなりません。タバコを吸ったり、酒を飲んだり、睡眠時間が短かった人は、そのような習慣を変えなければなりません。心を本能的に恐れや妄想、攻撃といった方向にばかり走らせていた人は、心を訓練して別な方向に向けるようにしなければなりません。

心と身体のつながりは西洋の科学にとっては新しいことであるかもしれませんが、東洋医学、あるいは宗教や哲学にとっては新しいことではありません。肉体にはそれ独自の知性があります。ディーパック・チョプラ博士が『クォンタム・ヒーリング』の中で述べているように、「生命自体は化学物質に乗ってあらゆるところに向かう知的存在である。私たちは騎手と馬が同じであると考える過ちを犯してはならない」のです。従来の西洋の癒しのモデルにおいては、馬を操っている騎手と話し合うことなど考えもせずに、馬を別な方向に向かわせようとします。スピリチュアルで、かつ全体的な癒しの概念には、肉体の治療が含まれるだけでなく、心とスピリットの癒しも含まれます。チョプラ博士はこう書いています。「私たちはついに世界観の劇的な転換を遂げる地点までやって来た。科学の歴史において初めて、心が拠って立つことのできる、目に見える足場を持つに至ったのである。これまでは、私たちは物理的な機械であり、それが、考えることを学ぶようになったと科学は宣言して来た。今や、私たちは思いであり、それが物理的な機械を創造することを学んだということが突然、理解されるようになったのである」。

愛によって、私たちが病気をどう考えるかが変わります。**病気は分離が原因であり、癒しは人とつながることによって起こる**、と『奇跡の学習コース』は言っています。もちろん、人びとはガンを憎み、エイズを憎みます。しかし、自分自身についての何かを憎むというのは、病気の人が絶対に必要としていないことです。癒しは病気と私たちの関係についての認識を転換することによって生まれます。この転換した認識においては、恐れの代わりに愛情を持って問題に対応するようになります。子供が指を切ってしまったといって母親のところにやって来たならば、母親は「悪い傷ね」とは言わないはずです。逆に、その指に口づけをし、その傷に愛を注ぎ、無意識にして直感的に癒しのプロセスを活性化します。生命を脅かす病気についても、これと同じように考えるべきです。ガン、エイズ、その他の重病はスピリットの悲鳴が肉体的に顕現したものであり、それらのメッセージは「私を憎んで！」ではなく、「私を愛して！」です。

もしも私が怒鳴れば、私の前に座っている人は二種類の反応のどちらかを示すでしょう。私に向かって怒鳴り返すというのがまず一つですが、すると、私はますます怒鳴るでしょう。もう一つの反応は、私の気持ちは大切にしたいと思っているし、私は愛しているし、私がこのように感じているのは残念だという気持ちをシェアすることです。このような言葉を聞くと、私の気持ちはおさまるという傾向があります。重病に関してもこれと同じように、二つの選択肢があります。病気を攻撃するのは癒しにはなりません。病気を攻撃すれば、病気はますます大声で怒鳴りはじめます。癒しは私たちがかかっている病気と対話して、病気が何を伝えたいのかを理解しようとすることから生まれます。医師は、病気が使う化学的なアルファベットを理解しようとします。形而上学者は、病気が言おうとしていることを理解しようとします。

ルシファーは、堕落するまでは天国で最も美しい天使であったといわれています。『スターウォーズ』に登場するダース・ヴェーダは、最初は良い人であったということになっています。病気は、愛が恐れに変わってしまった状態です。私たちをサポートしてくれるはずの私たち自身のエネルギーが、私たちに攻撃の矛先を向けているのです。エネルギーを破壊することはできません。私たちのやるべきことは、病気を殺すことではなく、エネルギーをそもそもそれがやって来た方向へともどしてやることです。すなわち、恐れを愛にもどしてあげることです。

重い病気の治療にイメージトレーニングを用いることが流行しています。病んでいる細胞やウイルスを破壊するためにパックマンを想像したり、マシンガンを持った兵士を想像します。しかし、もっと愛情豊かなアプローチをとることもできます。ダース・ヴェーダの醜い仮面の背後に、本当の心を持った本当の人間が隠れていました。たとえば、エイズは「ダース・ヴェーダの仮面をかぶった天使」と考えることもできます。

スピリチュアルなイメージトレーニングのテクニックを紹介しましょう。エイズのウイルスをダース・ヴェーダであると想像してみましょう。それから、彼のスーツのファスナーを開いて、天使が現われます。ガン細胞やエイズのウイルスが驚いている様子を想像して下さい。すると、黄金の光、天使、あるいはイエス・キリストが現われて、その細胞を包み込み、それを暗闇から光へと変貌させます。先ほども述べましたが、悲鳴は愛情に最も好意的に反応します。愛情を前にすると悲鳴も静かになり、やがて収まります。

私は仕事で、手紙を書いて癒すという方法を使ってきました。それは、かかっている病気がエイズであればエイズに、ガンであればガンに手紙を書いて、自分が感じていることを何でも正直に書くのです。たとえば、次のようなフォーマットで書きます。

親愛なるガンへ
　これが私が抱いている正直な気持ちです。

・・・・・・・・・・・・・・・・・・・・・・・・・・・・・・・・・・

・・・・・・・・・・・・・・・・・・・・・・・・・・・・・・・・・・

（署名）
エド

親愛なるエドへ
　これが私が抱いている正直な気持ちです。

・・・・・・・・・・・・・・・・・・・・・・・・・・・・・・・・・・

・・・・・・・・・・・・・・・・・・・・・・・・・・・・・・・・・・

（署名）
エイズ

次の手紙はエイズの患者のワークショップで書かれたものです。

＊

親愛なるエイズへ
　私は以前はあなたを憎んでいました。私は混乱し、死とか病気とかいう考えを受け入れることができませんでした。私は新聞記事やテレビ、お医者さんが言うことを信じていました。そして、他の人たちが毎日毎日、私に植え付けようとする恐怖を信じました。しかし、それから三年半がたった今、私はまだ死んでいません。いろいろな医療の問題は抱えていますが、今ほど生き生きと生きていたことはありません。あなたが私の人生に登場してくれたお陰で、私は大人になりました。あなたは私に生きる理由を与えてくれました。そのことに私は感謝し、そのことのゆえにあなたを愛しています。私の友人たちは病気の人もいれば、すでに死んでしまった人もいます。しかし、私は彼らではありません。私は私です。私は、かつては私の敵だったけれども、今では私の力になってくれているあなたに怯えたり、恐れてはいません。

スティーブ

親愛なるスティーブへ

皆が思っているように、私があなたをやっつけようとしているのであれば、あなたはもう死んでいると思いませんか。私にはあなたを殺すことも、傷つけることも、病気にすることもできません。私には脳もなければ、野蛮な力もなく、人を傷つける恐ろしい力もありません。私はただのウイルスにすぎません。あなたが私に力を与えてくれるのですが、その力は神に与えるべきものです。あなたが死にたくないのと同じように、私も死にたくはありません。そのために、私は何でも必要なことをやります。そうです、私はあなたの恐怖心を食べて生きています。しかし、あなたが心に安らぎを得て、心静かにして正直である時、そして生きたいという願望を抱く時、私は死んでしまいます。

誠実な友、エイズのウイルスより

＊

親愛なるエイズへ

私は若くして死ぬことをとても恐れています。病院に連れて行かれて、いろいろな注射をされ、身体にいろいろなものを取り付けられるのを恐れています。痛みを恐れています。どうしてあなたは私に、そして私の友達にこういうことをしなきゃいけないんですか。私たちはどうしてあなたを怒らせて、私たちを傷つけようと思わせてしまったのですか。あなたが何かを私たちに言いたいのであれば、別な方法でそれを言うことはできないのですか。友達が死んでしまって、私は寂しい。どうして彼らを殺さなければならなかったのですか。どうしてあんなにひどい肉体的な苦痛を彼らに与える必要があったのですか。私は時々、あなたに対してものすごい怒りを覚えますが、今は怒ってはいません。ただ悲しいだけです。私は何がなんだか分かりません。あなたを宥めるのにどうすれば良いのか分かりません。これまでのところは、あなたは私を生かしておいてくれました。でもどうして？　そして、これからどれくらい私を生かしておくつもりですか。ジョンはとても優しい人です。なぜ、彼は苦しまなければならないんですか。あなたが欲するものが愛であれば、私たちはあなたを愛することができます。これが信じられなければ、この病気の周囲を取り囲んでいる愛を見て下さい。どうか返事をすぐに下さい。何が欲しいのか教えて下さい。私たちにはあまり時間は残されていないように感じていますが、あなたの声に耳を傾け、学べることを学びたいと思っています。ありがとう。

カール

親愛なカールへ

私にもあなた同様に、これがどういうことなのか理解できません。私はあなたと、そしてあなたが愛する人に害をなしたいとは思っていません。私もあなたと同じようにただ生きたいと思って、私なりに全力を尽くしているだけなのです。不幸なことに、私がそうすることによって人びとを傷つけてしまう結果になります。私もあなたと同じように、愛が欲しいだけです。私は大声を出して叫んでいますが、私の声は誰にも聞こえないようです。お互いの言いたいことに耳を傾けるようにすれば、傷つけ合うことなく共存できるかもしれませんね。今のところは、私をそもそもここに引き付けた原因に対処する代わりに、ただ私を破壊したいと思っているように私には感じられます。どうぞ私を憎まないで下さい。私を破壊しようとしないで下さい。私を愛して下さい。

話し合ってお互いの言い分を聞きましょう。そして、仲良く生きて行きましょう。ありがとう。

エイズ

＊

親愛なるＨＩＶ

約十一年前にあなたは突然、町にやって来ました。それ以来、すべてが変わってしまいました。たくさんの人たちがあなたのために去って行きました。彼らがいなくなってしまって、私は本当に寂しく思っています。あなたのために非常な苦痛と苦しみを人びとは体験しています。意識的なレベルでは、誰もあなたに来て欲しいとは思っていません。私自身、あなたとすでに長すぎるくらい付き合っています。一九八七年と八八年に、私はほとんど死にかけました。手紙を書いた理由は、いま一九九一年ですが、私はまだ生きていることをあなたに知ってもらいたいからです。そして、あなたもまだ私と一緒にいます。もうこんなくだらないことはやめて、お互いに友達になる時ではないでしょうか。過去のことは水に流して、一緒に成長して行きませんか。私は全力を尽くしてあなたを愛そうとしてきましたが、時にはそれが本当に難しいこともあります。どうか、仲直りをして友達になりましょう。

常に愛をこめて、ポール

親愛なるポール
いいよ。

愛をこめて、ＨＩＶ

＊

親愛なるエイズへ
俺は本当に頭にきてるんだ！ 俺はまだ二十六歳だというのに、どうしてお前のこととか、死ぬことを心配しなきゃならないんだ。高校を卒業して十年後の同窓パーティーに出られるかどうか知りたいけど、たぶん無理なんだろうな。風邪を引くたびにこれで終わりか、睡眠のパターンが変わるたびにこれで最後かもしれないと思ったりすることにも、うんざりだ。俺がエイズにかかっていることを人に知られたらなんて心配することにも、うんざりだ。俺の体から出てってくれ。お前なんかいて欲しくないんだ。言いたいのはそれだけだ。

ラス

親愛なるラスへ

あなたも、そして私もどうして私たちが一緒になったのかは分かりません。しかし、私たちは一緒です。私は喜んで出て行きたいのですが、私が出て行くためのドアが開かれていません。でも、私はあなたと同年齢の人には考えも及ばないような人生観、死生観をあなたにプレゼントしたではないですか。私と一緒にこの問題に取り組んで下さい。そうすれば、何とかなりますよ。

エイズ

＊

親愛なるエイズ

他の多くの人たちがそうであるように、私は肉体的にも精神的にも、たくさんの苦痛と変化を経験してきました。確かに、私の内部には非常な怒りと悲しみに狂う自分がいます。悪夢の中にいるようです。この病気にかかるからには、私が何かそれに値することをやったに違いありません。しかし、このような形で罰せられるとは何ということでしょう。この狂気の病気と戦う中で体験してきたいろいろな苦痛は、とても好きにはなれません。それに伴う精神的な苦しみも、とても好きになれるようなものではありません。でも、私は毎日、祈っています。

ピーター

親愛なるピーター

私はあなたの体の中にいます。私はウイルスであり、あなたに大いなる不快感を与えてきたことは確かです。でもあなたに保証しますが、あなたの心は違いを起こすだけの力を持っています。そうでなかったら、あなたは今、ここにいないはずです。確かに、私はあなたの人生を変えました。しかし、ある点では良い意味であなたの人生を変えました。あなたの心は私の心よりもずっと強力です。

エイズ

＊

親愛なるエイズ

私はこの不確定の状態が嫌でたまりません。しかし、これで私の人生に活を入れられたような感じで、そのことには感謝しています。あなたのお陰で私が常に持っていた強さを発見することができたし、私のまわりの人たちが持っている愛を体験することもできました。あなたのお陰で、毎日毎日に感謝し、私が持っている力に感謝することができました。さっきから、力、力と言っていますが、これは本当です。エイズは私に力を与えてくれました。人生における最大の恐怖が目の前に現われたにもかかわらず、それでも何とか生きて行くことができる時、恐れには何の力もなくなります。私が自分自身を責め、本来の自分でないものを自分と思って憎むことをやめ、本来の自分を愛することができるようになったのはあなたのお蔭です。

アンドルー

親愛なるアンドルー

どういたしまして。

エイズ

＊

親愛なるエイズウイルスへ

お前なんか地獄に堕ちろ！　お前は私たちの家族から輝く星を奪ってしまった。私は彼がいなくなってしまって、本当に寂しい思いをしています。私は彼を愛していたのに、それを彼に言ったことがありません。どうしてあなたは私たちが青春の真只中にいる時にやって来なければならないの。なぜ復讐心に燃えているかのような激しさで攻撃しなければならないの。あなたが引き起こす苦痛・苦悩が、私には憎い。だけど、あなたはレオの中にあった最高のものを、私たちの家族の中にあった最高のものを引き出してくれました。

アイネズ

親愛なるアイネズ

私が最高のものを、あるいは最悪のものを引き出したのではありません。私はただ在るだけです。私とどのように共存していくかはあなた次第です。

エイズ

生命に関わる病気にかかっている人に、日記をつけて、自分の病気と対話することを私はすすめます。病気は愛が再生したいと願っている現象であると考えれば、除去しなければならない悪いものと考えるよりは、ずっとポジティブな癒しの方法になります。エネルギーを消滅させることは不可能です。しかし、エネルギーをまるで奇跡のように変容させることは可能です。その奇跡は、私たちの考えから生まれます。すなわち、恐れや危険に対する思いを手放し、希望と愛に基づいた世界観を受け入れるという決定を下すことから生まれます。これをやってみても失うものは何もありませんし、危険もありません。**贖罪はとても優しく、あなたがただそれに向かってそっと囁くだけで、そのすべての力があなたを援助し、サポートするために駆けつけてくる。**私たちが自分の役割を果たせば、神は神の役割を果たしてくれます。

5　人との関係において肉体をどう見るか

肉体はあなたの兄弟からあなたを分離するものではない。分離すると考えているとすれば、あなたは狂気に犯されている。

私たちの本当の帰属性は私たちの肉体にではなく、私たちの霊にあります。**あなたの内なるキリストは肉体には住んでいない**、と『コース』は述べています。肉体は私たちを分離しているように見える幻の壁にすぎません。それは、私たちはお互いから分離していて、神からも分離していると思い込ませようとするエゴの道具です。『コース』は肉体を「夢見る世界の主人公」と呼んでいます。肉体が語り、動き、苦しみ、そして死ぬという人間がつくり出す筋書きは、神の創造物に非現実のヴェールを被せてしまいます。それは「キリストの顔」を隠してしまいます。私の兄弟は嘘をつくかもしれませんが、彼はその嘘そのものではありません。私たちの兄弟たちは争うかもしれませんが、彼らは依然として愛で結ばれています。

心は結ばれているが、肉体は結ばれていないと『コース』は語っています。肉体それ自体は無にすぎません。

肉体は許すこともできず、見ることもできず、コミュニケーションもできません。**あなたが肉体を見るという選択をしたならば、分離された世界、すなわち物事も出来事も相互に関係していない世界を目撃することになる。それはまったく意味をなさない。**

肉体と自分を同一のものと見なせば、必ず憂鬱を体験することになる、と『コース』は述べています。他の人をその人の肉体と同一であると見なせば、同じ問題が出てきます。肉体が使われて憂鬱な状態が生み出されることはよくあるわけですが、その一つの方法は愛のないセックスです。私たちの性衝動は何も描かれていないキャンバスのようなもので、性衝動を通して愛を他の人びとに差しのべるか、それとも恐れを投影するかの選択ができます。セックスが聖霊の導きによる時、それはコミュニケーションをさらに深化させるものとなります。それがエゴによって導かれる時、コミュニケーションの単なる代用品になってしまいます。聖霊は私たちを癒すためにセックスを用います。エゴは私たちを傷つけるためにセックスを用います。セックスによってその人との絆が深まるだろうと考えたこともありますが、実際には、これまでになかったような、幻影に悩まされるという結果になりました。スピリチュアルなコミュニオンの乗り物として使われるとき初めて、セックスは愛情に満ちたものとなり、私たちを他の人と結び合わせてくれます。その時、セックスは神聖な行為となります。

神聖であるということは、愛情に満ちた目的が存在するということであり、その意味からすると、肉体やその肉体を飾る衣類も神聖な表現になることはできます。多くのスピリチュアルな探求者たちは、肉体に関係するものはすべて控え目にするという必要を感じてきました。しかし、実際には、これは肉体に過剰に愛着を覚えるのと同様に、エゴ中心の在り方になりかねません。喜びを広げ、愛を伝えるために使われるものはすべて、救済のための神の計画の一部です。

私は二十歳の時、初めてスーツを着た男性とデートをしました。それまでは、デートで私を迎えに来てくれる男性はみなブルージーンズをはいていました。ドアを開けて、スーツと美しいコートを着た男性を見た時、私が最初に思ったことは、この人はマフィアではないかしらということでした。

それでデートに出かけたのですが、その夜は一晩中、彼が着ているものについてのこの思いに悩まされました。彼が立派な服を着ていることで私は気乗りがしないとは、彼に言うことはできません。彼はイタリア人でしたが、それは私がヨーロッパの男性が女性に対して示す感性というものに初めて触れた体験でした。それから何年もたってから、彼が私に教えてくれた教訓を思い出すことになります。

私は彼とデートを始めましたが、彼ほど私にいろいろと聞いてくる男性は、それまでの私が付き合った男性にはいませんでした。彼は、私たちが一緒に過ごす夜をものすごく重要な出来事であるかのように扱いました。観劇にするか、それとも映画を見に行くか、彼は私に聞いてきます。このレストランがいいか、それともあのレストランの方がいいか。自分は何を着て行ったらよいのか？　青いシャツにするか、それとも白いシャツにするかが、彼にとっては非常に重要であるということが、私には驚きでした。私は六〇年代的な考えをする人間でしたから、そのようなことはまったく重要ではなかったために、彼のこの態度には私は最初はイライラしたものです。しかし、最後には、彼にとっての中心的な関心は私に幸せに感じてもらうことだということが、私にも分かってきました。彼が立派な服を着てデートにやって来るのは私を喜ばせたいからであり、彼が私をどれだけ気にかけているかを伝える一つの方法だったのです。

それから何年かして、私はボーイフレンドと買い物をしていました。彼は二つのジャケットを見ていましたが、どちらにするか決めかねていました。私の好みからするとこうかなということを彼に伝えると、まるで私が母親であるかのように差し出がましいと言わんばかりに、彼はそれとは反対の決断を下したのです。私は彼に言いました。「これが私とあなたの違いね。私が何かを買う時、私だったらあなたが好きなものを買うと思うわ。付き合っていても、あなたを喜ばせたり、あなたの人生をもっと楽しくしたりする気持ちになれなかったら、何の意味もないじゃない」。

メーキャップとか、着る物、その他、形のあるものの唯一の目的はそれだと思います。大事なことはそういったものによって他の人の気を引くことではなく、美しいもの、喜びをもたらすものによってこの世界の光を増大することです。物質の意味は、物質によってこの世界の幸せにどれだけ貢献できるということにあります。衣類とかその他諸々の物は、芸術作品と同じです。私たちが愛情を持って見るならば、私たちのまわりの波動が高まり、エネルギーが増大します。

これは自己陶酔でもなければ、虚栄でもありません。ボーイフレンドや夫、あるいはガールフレンドや妻が何を着ても気にかけないという態度こそ、自己陶酔です。私のボーイフレンドの中には私に絶対にメーキャップをしないで欲しいという人もいましたが、絶対にメーキャップをして欲しいという人もいました。私がメーキャップをするかどうかという問題は、私が誰とデートをしているかによって左右されるのではなく、〈彼がどう思おうと私には関係がない〉と考えるか、〈彼に幸せな気持ちになってもらいたい〉と考えるかという問題でした。性革命の最初の目的は、男性に隷従するという抑圧的なパターンから女性を解放することでした。性革命の次の目的は、個性を発達させても、それをより高次な主体性に委ねなければ意味がないということを認識することにあります。その高次な主体性とは、他の人たちと私たちの関わりです。自分自身のためにだけ生きる人生は解放ではなく、一種の束縛です。私たちは肉体ではないのですから、お互いから分離して存在しているのではありません。

まるで私たちは分離して存在しているかのように生きれば、苦しむことになります。

6 虚栄、体重、年齢

肉体の目は形だけを見る。

虚栄とは何でしょうか。体重、髪の毛、外見、セックスアピールに過激なまでにとらわれ、アメリカ人に毎年、何百億ドルものお金を使わせて、本当の意味では必要でもない物を買わせるものは何なのでしょうか。若い女性たちが痩せるために危険な病気になっても良いと思わせるものは何なのでしょうか。これは、スピリチュアルな現実を置き去りにしている文化的志向の必然的な結果に他なりません。肉体を手段ではなく目的と認識すると、恐怖が生まれます。私たちは十分ではない、十分魅力のある存在ではないという恐怖です。誰も私たちのことを好いてはくれないだろうという恐怖、人生において失敗するだろうという恐怖です。自分という存在を肉体と同一視するあり方を、私たちは肉体ではなく、私たちの本質は愛であり、私たちの価値を決定するのは愛だけであるという記憶と取り替えない限り、この苦しみに満ちた混乱を逃れる術はありません。私たちの心が光で満たされている時、暗闇が入る余地はありません。私たちがそもそも誰なのか、何者なのかを理解すれば、苦痛や混乱が生じる余地はありません。

二十代の頃、私は体重で悩まされていました。太っているというほどではなかったのですが、私に惨めな思いを抱かせるに十分でした。五キロから七キロ体重が余分で、どうしてもこれを減らすことができなかったのです。

ダイエットをするたびに、結果的には体重は増えました。これは心理的にはまったく筋が通っています。なぜなら、誰かにエッフェル塔のことは考えないようにと言われれば、いつもエッフェル塔のことを考えるのが私たちの性質だからです。私も食べ物のことは考えないようにと自分に言えば言うほど、ますます食べ物に取り付かれるとになったのです。自分に食べ物を拒絶して減量するというのはひどい方法です。私はこの問題についてガイダンスを求めてよく祈ったものですが、次のような答えをもらいました。「何でも食べたいものを食べなさい」。これは私には完全に狂気じみた考えのように思われました。「そんなことを自分に許したら、どんどん食べ続けてしまうだろうに」と私は思いました。私のこの考えに対して、内なる声はこう答えてくれました。「確かに、最初はそうするでしょう。これまで長い間、自分自身に課してきた圧力の逃げ道を見つけてあげなければなりません。でも、しばらくすればもう十分だと思うでしょう。そうすると、自然な本来のリズムにもどることができます。そして、あなたは癒されます」。

そこで私も体重の問題は手放しました。ものすごいばかりの体重を減量した女性と会ったことがありますが、彼女は神様にすべてを任せたと私に語りました。「体重を減らして下さいとはお願いしなかったんです」と彼女は言いました。「ただ、この問題を何とかして欲しいとだけお願いしたのです。太っていてもかまわないと思いました。私に太っていて欲しいのであれば、私がそのことを快く受け入れられるようにして下さいと神様にお願いしました。地獄のような状態から逃げ出したかったのです」。

私の体重が何キロであろうと、それは重要なことではないと私は思うことにしました。体重の問題に取り付かれた恐怖状態にもう耐えられなくなりました。『奇跡の学習コース』を学びはじめてから、私の体重が何キロかということは重要ではないと考えはじめるようになりました。重要なことは、愛だけでした。心を訓練してこのことにだけ集中できるようになれば、私のこの問題は自然になくなっていくだろうと思ったのです。東洋の宗教では、「神に向かいなさい。そうすれば、真実でないものは自然に手放すことになる」とよく言われます。『コース』を勉強するにつれて、体重についてあまり考えなくなりました。それだけのことでした。そしてある日、鏡に映る自分を見た時、それはすべてなくなっていました。

この体験を通して実感したことは、体重は肉体とは何の関係もなく、心と関係があるということでした。私は人を恐れていました。それで、無意識のうちに自分のまわりに壁を築き、他の人たちから自分を守ろうとしていたのです。しかしながら、私は私が与えていない愛のゆえに恐れおののいていました。体重に関するエゴの目的は、私を分離した状態に置いておくことでした。私がその目的を放棄するまでは、余分な体重を減らすことは絶対にできないことになっていました。私の潜在意識は、単に指示に従っているだけだったのです。自分が築いている壁の向こうまで私のエネルギーが届くように意図しはじめると、つまりキリスト意識が私の心の中に入って来るのを許しはじめると、その壁がまるで奇跡のように崩れはじめました。

『コース』の中で肉体は重要ではないということを学んだあと、それではなぜ運動をする必要があるのか、食事を節制する必要があるのかが分からなくなりました。しかし、分かってきたことは、運動をすると、運動していない時に比べて体のことをあまり考えないということでした。運動をしていないと、脚が太くなってしまったとか、腰回りに肉が付いてしまったなどとどうしても考えてしまうのです。それと同じように、健康な食品を食べると、この肉体のままで軽々と、しかもエネルギッシュに存在しやすくなります。私たちをこの肉体に縛り付けるのは、重くて不健康な食べ物です。このようにして体の面倒を見ることは、つまりスピリットの面倒を見ることなのです。

今日の私たちの生活においては、肉体の老齢化は苦痛と悩みに満ちた思いの重さを反映しています。この肉体で軽々と動き回り、いつも体のことばかり考えるのをやめるようになれば、老齢化はまったく異なった体験になるでしょう。イエスの母マリアは五十代まで生きていたにもかかわらず、年をとらなかったという話をどこかで聞いたことがあります。その理由は分かるような気がします。私たちの心が愛情と思いやりによって満たされ、過去も未来も肩に掛かる重荷でなくなってしまえば、年をとる代わりに若くなってしまうかもしれません。スピリチュアルなレベルでいえば、私たちは年をとるにつれて若くなるはずです。なぜなら、時間の唯一の目的は形への執着を首尾一貫して取り除いていくことなのですから。そうすれば、私たちの体は完璧な生命体となり、健康な道具となり、喜びに満ちたものとなるはずです。

今という時代の文化的なノイローゼの一つは、老年に対する嫌悪感です。他のすべてについてもいえることですが、私たちが老齢をありのままに受け入れれば、老齢もあっという間に変貌を遂げるはずです。私たちの多くは老齢はひどいことであり、嫌なことであり、セクシーの反対であると考えていますが、実際にはそれは私たちの考えにすぎません。パリの街を歩いていると、五十代、六十代の女性が成熟した色気を発散しています。アメリカでは、そういう年齢の女性は「峠を越した」と見なす傾向があります。

私たちの考えを変えましょう。長いあいだ生きれば生きるほど知識は増大し、知識が増大すればもっと美しくなるのだということを思い出しましょう。お年寄りの人たちに対する見方を転換することによって、老齢化という体験についてまったく新しい文脈を積極的に創ることだってできるのです。エゴは、肉体が萎《しお》れてしまえば、その人も萎れてしまうと主張します。お年寄りに対しては、私たちの文化は思いやりのない冷たい文化です。中国においては、お年寄りは尊敬され敬われています。中国人が健康で生産的な市民として長生きする理由の大部分はここにあります。アメリカには若さはベターであるという考えがあり、したがってそういう現実があります。それが客観的な事実であるからではなく、それが私たちが持っている考えであり、ゆえに集合的な体験として顕現しているからです。

病気、中毒、あるいは歪曲された身体的な表現が何であれ、その原因は心にあり、心においてのみ癒すことが可能です。**私たちに与えられている最高の力は自分の気持ちを変える力である**、と『コース』は述べています。私たちの身体的な状況が感情的な状況を決定するのではありません。心の安らぎの体験は心からしかやって来ることはありません。**心の安らぎは明らかに内面的な問題である**と『奇跡の学習コース』は言っています。

7　癒しの意味

神の子の癒しだけがこの世界の目的であるということを忘れてはならない。

私たちは癒しについて考えれば、普通は体の癒しのことであると考えます。しかし『奇跡の学習コース』は、健康とは**内なる安らぎである**と定義します。生命を脅かされる病気を体験しながらも心が安らかな人もいれば、肉体的には完璧に健康でありながら感情的には責め苛まれている人もいます。

『ティーチ・オンリー・ラヴ』の中でジェラルド・ジャンポルスキーは、態度を変えることによる癒しの原則について説明しています。心の安らぎは肉体の状況とは無関係に得られる、と彼は教えています。病気をすべて神の手に委ねる時、いかなるものであれ、より多くの愛を私たちの意識にもたらすために聖霊は活用できることを自覚して、病気という体験のすべてを委ねるのです。

病気を体験した人たちの多くが、病気は「ウエークアップコール」だと言っています。つまり、目を覚まして人生を体験しなさい。目を覚まして訪れる朝をいつも祝福しなさい。目を覚まして友達や家族に感謝しなさい、というわけです。生命を脅かす病気にかかっている人たちが、病気であると診断されて初めて本当の人生が始まった、と言うのを聞いたことがあります。なぜでしょうか。なぜなら重病であると診断されると、皮相的な問題は最初の五分間で消えてしまうからです。なぜ、私は傲慢に振舞うのだろう？　なぜ、私は強がるのだろう？　なぜ、私は多くの人たちを裁いているのだろう？　なぜ、私は自分を取り巻くたくさんの愛、そして美しいものに感謝できないでいるのだろう？　私という存在で最も単純にして最も大切な要素、つまり私の心の中にある愛をなぜ避けているのだろう？

私たちが抱いている様々な幻影を振り払うこと自体が癒しです。私たち一人ひとりの中に核心があります。それは私たちの本質であり、私たちの本当の存在です。それは私たちの内なる神です。その本質を見出すことが神への回帰です。それこそ私たちの人生の目的であり、私たちにとって最も辛い体験であっても、この目的のために役立つことができます。

私は長い間、数多くのお葬式で司会をつとめてきました。私がこれまでの人生で最も深い感銘を受けたのは、否定することも追い払うこともできない赤裸々な真実と直面した、悲しみに満ちた人びとの顔です。愛する人が去ってしまった時、私たちが体験する悲しみが私たちの心を開いて、成長のための新たなる機会へと導いてくれます。涙は、私たちの心を深く慰めてくれるものにもなり得ます。

私は最近、エイズで亡くなった若者の葬儀の司会をつとめました。彼は多くの人たちに愛された人で、葬儀では多くの人たちが涙を流していました。葬儀が終わりに近づいた時、彼と親しかった数人の友人たちが立ち上がって、生前、彼と一緒によく歌っていた歌を歌いました。彼らの多くは悲しみのあまり歌い続けることができませんでした。彼らの顔に写し出された純粋な悲しみは、驚くべきものでした。彼らの中には俳優もいたのですが、彼らの顔を見ながら、彼らのキャリアにおいてこれほど正直で純粋な演技をしたことはないだろうな、と思ったものです。

また別な機会には、残酷にも殺害されてしまった若い女性の葬儀の司会をつとめました。彼女は結婚しており、三歳の赤ちゃんのお母さんでもありました。教会で私の話を聞いていた彼女の夫の表情を忘れることができません。私は彼に向かってこう言いました。「マイケル、あなたがこれまでのあなたと同じではなくなるということ、これははっきりとしています。あなたには二つの選択があります。辛辣な人になるか、それとも心優しい人になるかという選択です。つまり、この瞬間から神を含めて誰も信頼できない人になるか、それともこの悲しみのために流した涙で自分の心のまわりに築いていた壁を流し去り、たぐいまれな深さと感受性を持った男性になるかの選択です」。

それから、私はその場にいた女性たちに話しかけました。「この子はお母さんを失くしてしまいました。優しく抱いてくれる母親がいなくなってしまったのです。これをこのままに放置しないで下さい。今この瞬間に心の中でコミットして下さい。この子に会いに行くと、そしてこの子の父親に会いに行くとコミットして下さい。そして、あなた方にできる最善を尽くすことによって少しでも力になり、この子にとって重要な意味を持つ女性になって下さい。この責任を真剣に受けとめて下さい。この暗い事件をきっかけにして人間としての成長を遂げ、それによって事件が投げかけた暗雲を払いのけて下さい」。

奇妙なことに、その日、私は町の反対側で行われる結婚式も司祭することになっていました。結婚式を進めながら、花婿の目と、妻を埋葬したばかりの男性の目が同じように見えることに気づきました。もちろん、花婿は悲しんではおらず、喜んでいました。同じように見えたのは、目の中にある、不自然なものは何も付与されていない純粋な愛でした。ただ耳を傾け、心を裸にして、心を開いた、愛そのものの姿でした。

癒しとは愛へ回帰することです。病気や死は私たちがどれほど愛しているかを教えてくれる苦しい教訓ですが、それでもとにかく教訓なのです。感情的に私たちの心を貫くためには、つまり心のまわりに築かれた壁を突き抜くためにはナイフが必要です。

ある夜のことですが、私が講演をした後で皆で瞑想をしている時に、教会の後ろの方に座っていた友達の二人が泣いているのに気づきました。二人は、共通の友人がエイズで間もなく死ななければならないことを深く悲しんでいたのです。二人が深い悲しみに暮れるのを見て、私の心も傷つきました。自分が悲しみの体験をすると、他人の苦しみもまるでX線の写真を見ているようによく見えるものです。

「この重荷を下ろしてあげることはできないのですか」と私は神様に聞きました。その時までに、私たちはエイズのために深い悲しみと、苦痛と、多くの死を体験していました。「これでもう十分ではないのですか？　これで終わりにできないのですか？」。

すると、驚くべきことが私に起こりました。その十年ほど前に私が体験した「魂の暗い夜」のことを思い出したのです。私はあの苦しみによって、非常に深い、そして究極的にはプラスの変化を遂げることができたのではなかったか？　私の魂が自分自身についてより深く理解するための道としてあの体験を利用したとすれば、いまエイズにかかっている人たちも同じことをやっていないはずがありません。彼らが置かれた状況を裁くのは、私のなすべきことではありません。できる限りの方法で援助の手を差しのべることはむろん重要であるとしても、あらゆる出来事における究極的な叡智を疑うのは、私のやるべきことでありません。いま苦しみの真只中にある人に私たちが与えることができる最大の贈り物は、この暗闇の向こうに光があるという考えを心の中に抱くことです。どのような状況であれ、表面上で進行していることは氷山の一角にすぎません。教訓、本当の変化、成長するための機会、このようなものは肉眼には見えません。そのようなものはスピリチュアルな水面下にとどまっていますが、そこにあることは確かです。そして、これらのものは、肉体的な感覚の観点から見えるものよりもずっと広大な魂の旅の全体像をあらわしています。成長とは、必ずしも、私たちが望んでいると考えているものを手に入れることによって得られるものではありません。それは常に、私たちがそうなれる潜在的な可能性を持った男性なり女性になることです。愛情に満ちた、純粋で、正直で、明確な人間になることです。長生きをすることが必ずしも良い人生であるとは限りません。健康的な人生は、肉体的な状態によって決定されません。生命とは単に愛が存在しているという意味であり、死は愛がないということにすぎません。肉体的な死は、死ではありません。物質的な世界の向こうに別な生命があることを、今の私たちは知っています。その生命を発見する中で、私たちは人間の子として、神の子としての本来の自分へと成長して行くのです。

8　死と輪廻転生

死は存在しない。神の子は自由である。

『奇跡の学習コース』は、**出生は始まりではなく継続であり、死は終わりではなく継続である**、と言っています。生命は永遠に続きます。生命は常にそうでしたし、これからもそうであり続けるでしょう。肉体を持って生まれて来るというのは、生命の一つの形にすぎません。

『奇跡の学習コース』は**偉大な光**に言及していますが、これは他の形而上学的な教えにも見られる概念です。偉大な光とはエネルギーの線であり、それは私たち一人ひとりから放射されていますが、肉体の感覚器官では知覚できない精妙なレベルにあるものです。肉体的な感覚は私たちが現在持っている価値体系を反映しており、価値体系が拡大するにつれて、感覚も拡大します。やがて、私たちが偉大な光を物質的に知覚できる時がやって来るでしょう。オーラが見えるような人びとは、すでにそれが見えはじめています。お釈迦様やイエス・キリスト、その他のさとりを開いたマスターの方々の姿は、頭のまわりに光輪を描いたり、胸から放射する光線と一緒に描かれることが少なくありません。

このような光線、エネルギーの線は、私たちの生命力そのものです。肉体は一時的な殻にすぎません。私たちはまだこれを実感していないがために、肉体の死を人の死と考えてしまうのです。これは事実ではありません。地球は平らであると人びとが信じていた時代がありました。したがって、水平線までたどり着いた船は地球から落ちてしまったと考えられていたのです。死について私たちが現在持っている考えが、この考えと同じくらい奇妙で、無知で、古いと考えられる時代がやって来るでしょう。肉体が死んでも、霊は死にません。肉体的な死はスーツを脱ぐのと同じことです。

エゴにとって、現実は肉体的に知覚できるものでしかありません。しかし、存在すると知られているものの多くは肉眼では見えません。たとえば、原子、分子、ウイルス、細胞、すべて肉眼では見ることはできません。科学者たちは知覚された現実の向こうに横たわる一体性を認識しつつあります。その一体性とは神であり、私たちの存在はまさにその中にあります。

肉体的な輪廻転生は、教室に来て勉強することです。魂が教室にやって来て、必要なことを学ぶのです。それはテレビのチャンネルを回すのと同じことです。たとえば、私たちが4チャンネルを見ているとしましょう。誰かが死んだとすると、その人はもう4チャンネルには出て来ません。しかし、だからといって、その人が放送していないというわけではありません。7チャンネルか8チャンネルで放送しているかもしれません。私たちがケーブルテレビと契約していないがためにケーブルテレビが見えなかったとしても、ケーブルテレビが存在していないことにはなりません。肉眼で見えない物は存在しないと信じ込ませようとするのは、エゴの傲慢にすぎません。

死につつある人の頭の天辺から光が出るのを見た、と報告している人たちがいます。非常に数多くの人たちが臨死体験について語っています。臨死体験では、肉体は一時的に手放されます。私は飛行機事故に遭った若い女性から話を聞いたことがあります。彼女は体の半分の血液を失い、両脚がほとんど完全に切断された状態でした。彼女はこの体験を私に説明しながら、こう言いました。「私は死んで帰って来たんです。それはとても魅惑的で、とても暖かくて、まるで母の愛のような感じがしました。しかし、私には選択ができることを知っていました。父のことを思いました。私が死んだならば、父には耐え切れないだろうことが私には分かっていました。そこで、私は戦って、帰って来たのです」。

「私は葬式の席ではもう泣くことはありません。地上に残された人たちのためには泣きますが、死んだ人は素晴らしい場所にいるということを自分の体験から知っているからです」。

いったん偉大な光が私たちの肉体の感覚によって認められれば、肉体は私たちの本当の自分の前にある単なる影のようにしか見えなくなるでしょう。誰かが死んだと聞いても、それはその人の影がなくなったということしか意味しなくなるでしょう。死が関係の終わりであると見なされることはなくなるでしょう。イエス・キリストは「死は最後の敵である」と言われたと聖書にありますが、それは、「死は私たちが終わりと見なす最後のものとなるであろう」という意味であったのです。問題は、実は死ではなく、死についての私たちの考えです。私たちはみな死にます。九時半に死ぬ人もいれば、十時七分に死ぬ人もいるでしょう。しかし、私たちはみな出発するにすぎません。それが何を意味するのかについての私たちの考えが癒しを受け入れること、これが肉体志向から聖霊志向への転換において最も重要なことなのです。

生命は終わりのない本のようなものです。章は終わっても、本が終わるということではありません。一つの肉体を持った人生の終わりは一つの章の終わりであり、あるレベルで次の章の始まりとなります。一人の友達が私にこう言ったことがあります。「父との関係は、父が亡くなってから良くなるばかりなの」。

『奇跡の学習コース』によれば、《肉体が消滅したからといって、コミュニケーションが終わることはありません》。本当のコミュニケーションは、言われたこと、聞いたことに依存することはありません。誰かが死んだならば、これまでとは異なった方法でその人と話さなければなりません。永遠の生命力という可能性に心を開きながら、肉体を超えた会話をする能力を発達させるように心の方向付けをしなければなりません。

手紙を書くという手法は、そのようなコミュニケーションの役に立ちます。最初に、死んだ人に手紙を書きます。それから、死んだ人からの返事を書きます。こんなことをやるのに、どういう意味があるのでしょうか。これをやることによって、心が拡大され、エゴが許してくれる可能性よりも、より大きな可能性を受け入れることができます。私が主宰する「苦悩サポートグループ」の人たちが、よく死んだ人の夢を見ると言います。死んだ人が夢に現われる時に、夢を見ている人が「あなたは死んだのだからここにいられないはずだ」と言うと、その人は「ああそうか」と言って消え、夢が終わります。その言葉によって、死んだ人はそれ以上、コミュニケーションを続けることを絶たれてしまったのです。

死者に手紙を書くこと、あるいは死の向こうにある生命の可能性に対する心の開きを拡大する会話や体験は、どんなものであっても、私たちが自分で自分に課している境界線を拡大してくれます。そうすれば、夢やその他の感情的な体験は信じることを拒絶するという束縛から解放されます。人が死んだ時、時として私たちはこのうに考えます。「これは現実ではない。現実とは感じられない。あの人はまだここにいるみたいだ」。私たちがそう思う理由は、実際に死んだ人がまだ存在しているからです。世俗世界のエゴの声は「それは単なる想像だ」と言うでしょうが、真実はといえば、死そのものが私たちの想像です。神が創造した真実からすれば死は存在せず、心の深いところで私たちはこれを知っています。

輪廻転生についてはどうでしょうか。次の文章は、『奇跡の学習コース』の『先生のためのマニュアル』中の輪廻転生に関する章からの抜粋です。

究極的な**意味**においては**輪廻転生**は**不可能**である。**過去**も**未来**も**存在**しない。したがって、**肉体**の**中**に**生**まれて**来**るという**考**えは、それが**一度**であれ**数多**くの**回数**であれ、**何**の**意味**もない。とすれば、**輪廻転生**はいかなる**意味**においても**真実**であるということはあり**得**ない。(この**概念**が)**生命**の**永遠性**についての**認識**を**強化**するために**用**いられるならば、**確**かにそれは**有用**である。と**同時**に、**他**の**多**くの**信念**と**同**じように、ひどく**濫用**される**可能性**もある。**少**なくとも、この**概念**の**濫用**によって**過去**に**拘泥**したり、**過去**に**誇**りを**抱**くという**可能性**がある。**最悪**の**場合**には、**現在**における**無気力**な**状態**を**引**き**起**こす。**現在**を**過去**の**観点**から**見**ることには、**常**に**何**らかの**危険性**がある。**生命**と**肉体**は**同**じものではないという**考**えを**強化**する**考**えには、**常**に**何**らかの**利点**がある。

したがって、厳密にいえば、直線的な時間は存在しないのですから、輪廻転生は私たちが考えるような意味においては存在しないということになります。私たちの過去における人生や未来における人生があるとすれば、それはすべて同時に起きていることになります。ではあるとしても、一つの肉体での人生とは別の人生があるということを想起するのは役に立ちます。『奇跡の学習コース』には、いかなる教条もありません。『コース』を長いあいだ勉強してきた人は、輪廻転生を信じるかもしれないし、信じないかもしれません。**意味のある唯一の質問はそれが役に立つ概念であるかどうかということである。**どのような概念について考える場合でも、また人生の中でそれをどのように活用するべきかについて考える場合でも、自分の内なる教師に導きを求めるように教えられています。

さとりを開いた状態においても、肉体を後にしていく事実に変わりはありません。しかし、死は非常に異なった形で体験されることになります。『奇跡の学習コース』の続きとして書かれた本である『祈りの歌』の中に、次のような一節があります。

死とは喜びと心の安らぎをもってなされる静かな選択であるべきである。なぜなら、神の子が神へと向かう

旅路を助けるために、肉体がやさしくも供されたのであるから。したがって、私たちは提供してくれたあらゆるサービスに関して肉体に感謝する。しかし、同時に、限定された世界を歩き、その形は隠され、せいぜいのところが素晴らしい瞬間にしかはっきりと見ることはできないキリストに到達するという必要性はもうなくなったことに感謝する。今や、私たちは再び見ることができるようになった光の中で、ブラインダーなしでキリストを見ることができる。

私たちはそれを死と呼んでいるが、それは解放である。死はそれを欲しない肉体に苦痛とともに押し付けるような形でやって来るのではなく、解放をやさしく歓迎する形でやって来る。真の癒しがなされていたならば、喜びの中で行い、喜びの中で終了した労働からしばらく休息すべき時が来た時に、このような形での死の訪れが可能である。今や、私たちはより自由な空気とやさしい風土へと心安らかに向かう。そこは、私たちが与えた贈り物が私たちを待っていることが簡単に見える世界である。というのは、今ではキリストがより明確だからである。キリストのヴィジョンが私たちの中でしっかりと維持される。キリストの声、すなわち神の言葉がより確実に私たち自身のものとなる。

より高次な祈りに至るこの優しい移行、地球の在り方に対する優しさに満ちた許しは、感謝の念をもって受け入れるだけである。

人が死んだ時を祝い、人が生まれた時には悲しむという日本の古代宗教について読んだことがあります。出生とは無限の霊が限定された点へと強制的に押し込められることであり、死とはあらゆる制限から解放され、神が慈悲深くも私たちに提供してくれるあらゆる可能性を生きる自由を獲得することを意味するのですから。

生命とは、肉体の生命を遥かに超えたものです。生命とは、エネルギーの無限の拡大であり、数知れない次元における愛の連続体であり、肉体的な形とは無関係な心理的・霊的な体験です。私たちは永遠に生きて来ました。これからも永遠に生きて行くでしょう。しかし、肉体の生命は重要な教室です。それは世界を地獄から救うための機会です。「神よ、あなたの意志が天国におけるがごとく地上においてもなされますように」。

［第9章］

天国

天国はここにある。他の場所には存在しない。天国は今である。それ以外の時間は存在しない。

1　幸せになるという決断

天国とは私が下さなければならない決断である。

《神の意志は私たちがいま幸せになること》です。神の意志がなされますようにと祈る時、私たちは人生の美しさに焦点を絞り、悲しむ代わりにお祝いをするための理由を見つけるようにと心に指示しているのです。

普通、私たちは自分を幸せにしてくれるであろうことを想像し、それを実現しようとします。しかし、幸せは外的な状況に依存するものではありません。この世界には幸せであるための理由が数え切れないくらいありながら、不幸せな人びとがたくさんいます。深刻な問題を抱えながら、幸せな人びともたくさんいます。幸せに至る鍵は、幸せであろうとする決断です。

ここ数年の間、自分の感情を許すことについていろいろと語られてきました。これは重要な概念ですが、エゴがエゴの目的のために利用できる考えでもあります。だいたいの場合、「あなたの感情を感じなさい」と言う時、否定的な感情を意味します。「あなたの苦しみを感じなさい」、「あなたの怒りを感じなさい」というわけです。しかし、否定的な感情だけでなく、肯定的な感情もサポートする必要があります。どのような感情であれ、本当の感情の体験に対してはエゴは抵抗します。私たちは愛を感じ、満足感を感じ、幸せを感じる許可を自分自身に与える必要があります。

エゴは幸せに対して、密かな戦いを展開します。私は大学生であった時、ロシア語の詩集を脇に抱えてキャンパスを歩いていたのを思い出します。洗練された冷笑的な態度を涵養することが、私の知的力量を涵養することになると思っていたのです。そうすることによって、人間が置かれた状況が理解できると感じていたのです。最終的には、冷笑主義は人間の状況に対する理解をほとんど示していないということを実感するに至りました。なぜなら、人間が置かれた状況の最も重要な側面は、常に選択ができるということなのですから。私たちは常に物事を違った目で認識することができます。

「グラスが半分カラであると見ることもできるし、半分満たされていると見ることもできる」という言い古された言葉があります。私たちは自分の人生でうまく行っていない事柄に焦点を合わせることもできれば、うまく行っていることに焦点を絞ることもできます。しかし、どのようなことであれ、私たちが焦点を合わせるものは増大することになります。創造は思いの延長です。不足を思えば、不足が実現します。豊かさを思えば、豊かさが実現します。

「しかし、すべてが順調であるかのように振舞うのは、自分自身に対して正直ではない」という声が聞こえてきそうです。否定的な自我は、私たちの正直な自分ではありません。詐欺師です。確かに、否定的な感情を意識する必要はありますが、その目的はそれを解放して、否定的な感情の根底に横たわっている愛を感じることにあります。

肯定的な感情を感じ、肯定的な思いを抱くことは難しいことではありません。問題は、私たちがそれに抵抗することです。そういった感情や思いは、私たちに罪の意識を抱かせます。エゴにとっては、私たちの当然の遺産を主張することほど大きな罪はありません。私が金持ちになれば、誰かが貧しくなるだろう、とエゴは言います。私が成功すれば、誰かの気持ちが傷つくことになるだろう。私だけ何でもうまく行ってしまったら申し訳ない。私は脅威的な存在になり、人は私を嫌いになってしまうだろう。こういった議論をエゴは私たちの意識にふっかけてきます。『コース』は隠れた信念に注意を促します。《私たちの多くが持っている隠れた信念の一つは、あまりにも幸せであることは間違っている》というものです。

エゴの宗教的教条は私たちの役には立ちません。エゴは苦しみを礼賛してきました。人びとはキリストの復活よりも、キリストが磔《はりつけ》にされたことに注目してきました。しかし、復活がなければ、十字架刑は無意味な象徴にすぎません。十字架刑は恐れのエネルギーパターンであり、閉ざされた心の顕現です。復活はそのパターンの反対であり、思いを恐れから愛へと転換したことによってもたらされたものです。

キリストの十字架刑をしっかりと見つめることは良いが、それについていつまでも考えてはならない、と『奇跡の学習コース』は述べています。「見えずとも信頼する者こそ祝福される」とイエス・キリストは言っています。物事が順調にいっている時に信頼することは簡単です。しかし、誰の人生にも視界不良のために計器飛行をしなければならない時があるものです。そこに滑走路があることは知っていても、それは見えません。パイロットは計器を信頼して飛行しなければなりません。物事が順調にいっていない時の私たちも、同じことをしなければなりません。私たちは心の奥底では、人生は常に進行しており、常に良い方向に向かっていることを知っています。ただ、私たちにはそれを見ることはできません。そのような時には、スピリチュアルなレーダーに頼って進まなければなりません。幸せな終わりがやって来ると信じるのです。私たちの信仰と信頼によって、その証拠を喚起するのです。

復活は積極的に喚起されるものです。復活は暗闇の真只中にあって光を見るという決断を象徴しています。ユダヤの叡智の本である『タルムード』の中に、暗い時代の真只中にあってどのように行動すべきかが記されています。「暗い夜においては、すでに朝がやって来たかのように振舞いなさい」。

神はあらゆる問題に対して、問題が生じた瞬間に答えを提供してくれます。すでに見てきたように、時間は一つの考えにすぎません。時間は私たちの信頼、または不信の物質的な反映です。傷が癒されるまでに時間がかかると思えば、時間がかかります。神の意志がすでに達成されたものとして受け入れるならば、あらゆる傷の癒しを直ちに体験することになります。『コース』に述べられているように、**無限の忍耐だけが即時的な結果を生み出す**のです。宇宙はあらゆる方法によって私たちをサポートするようにつくられています。神は私たちに対する無限の配慮を絶えず表現しています。唯一の問題は、私たちが神に同意しないことです。私たちは神が愛するようには自分自身を愛しません。したがって、私たちはその資格があるにもかかわらず、奇跡の体験をブロックしてしまいます。

この世界は、私たちは完璧ではないと教えてきました。実際の話、私たちが完全な幸せを得る価値があると考えるのは傲慢であると教えられてきました。ここで私たちは、いつもつまずいてしまいます。何か素晴らしいものが私たちの人生に登場すると、たとえば愛・成功・幸せなどといったふさわしい人にだけ適したようなことが起きると、私たちの潜在意識はそんな素晴らしいことを受ける価値は自分にはないと結論づけます。私たちは他の誰よりも自分自身を虐待してきました。私たちは喜びを受け入れることができずにきましたが、その理由は、喜びとはこうであると考える自分のイメージとマッチしないからです。

私たちの価値をエゴはきわめて低く評価するのに対して、神が創造した真実は毅然として屹立しています。私たちの内部から輝き出る光ほど、明るい光はありません。私たちにその光が見えるかどうかは問題ではありません。神が光をそこに置いたがゆえに、光はそこに在り続けます。

私たちが幸せになるというのは、ある意味では私たちの権利であるだけではなく、責任でもあります。神は私たちに幸せを提供してくれますが、その幸せは私たちだけのために意図されたものではありません。神が私たちに幸せを送ってくれるのは、それによって私たちがこの世界にあって神を代表してしっかりと立つことができるようにするためです。

幸せは、私たちが神の意志を受け入れたことのしるしです。微笑むよりも、顔をしかめることの方がずっと簡単です。冷笑的であることは簡単です。実際の話、それは自分が世の中のために働いていないことの口実です。誰かが私に向かって、「マリアン、世界の飢餓の状況は絶望的ね」と言ったりするたびに、私はこう聞き返します。「あなたは飢えている人たちを援助している機関に毎月、いくらかのお金を援助していますか?」。私がこのような質問をする理由は、当面する問題に対する解決策に関わっている人たちは、問題を傍観して何もしない人に比べて、そうした問題に対して何ら絶望感を持っていないということに気づいたからです。希望は、希望に満ちた解決策に参加することから生まれます。私たちが幸せである理由にどれだけ気がつくか、幸せの理由をどれだけ創造するかに応じて幸せになります。楽観主義や幸せは、スピリチュアルなプロセスの結果です。

『奇跡の学習コース』は、**愛は時間ではなく歓迎に反応する**と述べています。天国はただ、私たちが受け入れるのを待っているのです。天国は「いつか後で」体験するものではありません。「いつか後で」は一つの思いです。「元気を出しなさい。なぜなら、私はこの世界を克服したのですから」とイエスは言われました。イエスは、この世界は神の力の前にはいかなる力もないということを悟ったのです。私たちもイエスと同じように、そう悟ることができます。この世界は本当の現実ではありません。それは幻影に過ぎません。神は、愛を唯一の現実にして、唯一の力として創造しました。したがって、愛は唯一の現実であり、唯一の力です。

2 輝かしい存在となるための私たちの能力

手を差しのべれば天国まで到達できる。

神の目から見れば私たちはみな完璧であり、無限の素晴らしい表現能力を持っています。私は無限の潜在的能力とはいわずに、無限の能力とあえていいます。なぜなら、潜在的能力というのは危険な概念であり得るからです。私たちは潜在的能力を利用して自分自身を虐げることができます。つまり、今という瞬間に生きる代わりに未来に生き、現在の自分と、可能性としての自分を常に比較することによって、自らを絶望に追いやることが可能です。私たちが完全なマスターになるまでは、潜在的な能力を常に生きることは不可能です。潜在的な能力は、常にいつか後でできる何かであり続けるでしょう。

潜在的能力という概念は、私たちを束縛して無力な状態にしかねません。人間としての能力に焦点を合わせることをせずに、潜在的な可能性に焦点を絞ると、それは無力なままに終わることになります。能力は今という瞬間に表現されます。即時的です。その鍵は、私たちが自分の中に持っているものではなく、私たちが自分の中に持っているものを自分のものとして承認することです。あることをやる能力において完璧になるまで待ったり、さとりを開いたマスターになるまで待ったり、博士課程を修了するまで待って、そこで初めて、今すでにやれることに取り組むというのは無意味です。もちろん、今の私は明日の私ほどは優れた存在ではないかもしれませんが、しかし、いま動きはじめることをせずに、どうやって明日に約束されていることに到達することができるでしょうか。私は長い年月を自分に与えられていると思った人生の選択肢にアップセットしながら費やし、結局は何もしなかった時のことを思い出します。私はありとあらゆる可能性があったために麻痺状態になって動くことができなかったのです。どの道を行けば私が持っている潜在的な可能性を実現することができるのか分からなかったのです。これはいうなれば、神経症的な神話であり、常に達成できることの前方にぶら下がっていますが、それをいま実現しようとすれば実現できるのです。私はいつも前方に踏み出すことを恐れていました。もちろん、恐れは偉大なる自我の大いなる裏切り者です。潜在的な可能性を生きている人と生きていない人の違いは、潜在的な可能性そのものの量の違いではなく、今という瞬間に生きることをどれだけ許しているか、その量の違いです。

私たちは大人です。私たちは大人の身体を持ち、大人としての責任を持ち、大人としてのキャリアを持っています。しかし、私たちの多くが持っていないのは人生を生きる上での大人の文脈です。つまり、自分は大した人間ではないなどと恐れることなく、今という瞬間にキラキラと輝き、いっぱいに可能性を花開かせ、力強い目立った存在になるという許可を自分自身に与えることです。素晴らしい未来を待つというのは、そういう未来がやって来ないようにするための一つの方法です。それは思春期の若者が、まだ来ぬ未来を夢見るやり方です。大人は今日という日に喜びを見出します。

私はセラピストに、私の問題はA点からまっすぐにX、Y、Z点へと移動したがる、ということを言われたことがあります。A点からB点へと、足を一歩ずつ動かすことができないようだ、と指摘されたのです。A点からB点へと歩みを進めるよりも、Z点を夢見ることの方がずっと簡単です。毎朝、ベッドから起きて演技の授業に行くよりも、オスカー賞受賞のスピーチを練習している夢を見ることの方が簡単です。

私たちは多くの場合、完全に良くできるようになるまでは恐れて何もしないことがあります。しかし、カーネギーホールに出演するためには、まず練習することから始めなければなりません。数年前のことですが、ジョーン・バエズがインタビューの中で、ボブ・ディランの初期の歌はそれほど素晴らしいものではない、と言っているのを読んで、私は非常な開放感を味わったものです。私たちは、天才はゼウスの神から完全に成長した姿で生まれて来るというイメージを持っています。私はある時、都合があって講演の代わりをしてくれないかとある人に依頼したことがあります。すると彼は、私ほどうまく講演することはできないからと答えました。それで私はこう言いました。「もちろん、できませんよ。私は何年も講演活動をしているのですから。でも、あなたが今やりはじめなければ、いつそれを上手にできるようになるのですか」。近頃の人が昔の人ほど趣味がないのは、上手でないことをやることに耐えられないからではないかと私は思います。私は子供の頃、長い間、ピアノを習ったのですが、数年前にピアノのレッスンを受けはじめました。もちろん、私はショパンではありませんが、ただピアノを弾くことで素晴らしい癒しの効果を感じています。この体験から、人生の名手になるためにはすべてのことに関して名手になる必要はないのだということがはっきりと分かりました。人生の名手であるということは声を上げて歌を歌うことであり、必ずしも上手に歌を歌うことではありません。私たちの多くは、競走馬のように轡《くつわ》の金具をかじり、ゲートに体を押しつけては、誰かがドアを開けてくれるのを待っています。私たちは、あまりにも多くのエネルギーが出口を塞がれているように感じています。たくさんの才能があっても、それをどうしたら良いか分からないでいます。心の中では、何か偉大なことをするために生まれてきたことを知っていますが、人生を無駄にしてしまうのではないかと心の奥底で恐れています。しかし、私たちを解放できるのは、私たちしかいません。私たちはそれを知っています。ドアを閉ざしているのは他ならぬ私たち自身の恐れであることを知っています。今の私たちは、あるレベルで、前進することへの恐怖心があまりにも大きいために、私たちを解放するには奇跡が必要であることを知っています。

私たちが素晴らしい潜在的な可能性を持って生まれて来て、素晴らしい潜在的可能性を秘めたままで死んで行ければ、それはエゴの望むところです。その間には、弥増《いや》す苦しみがあるだけです。奇跡は私たちを解放し、それによって私たちは今という瞬間に一〇〇パーセント生き、本来持っている力を解放し、本来の栄光を自分のものとすることができます。過去を解放し、未来を解放し、かくして自分自身を解放して本来の自分に立ち返らせる時、神の子は天国へと上昇します。《エゴが現在からつくり出すものは地獄です》。しかし、天国となると、話はまったく別です。

3　スピリチュアルになるための練習

訓練されていない**心**は**何**も**達成**することはできない。

愛を得るためにはクリスタルや虹以上の何かが必要です。鍛錬と練習が必要です。素敵なカードを贈れば、それでオーケーというような問題ではありません。それはまったく異なったあり方にコミットすることであり、生命に対して、世間の考え方とは完全に違った反応を示すことです。天国とは、エゴの声に逆らうことを意識的に選択することです。聖霊とより多くの時間を過ごすようになればなるほど、愛に焦点を合わせる能力が増大します。『奇跡の学習コース』によれば、《毎朝五分間を聖霊とともに過ごせば（『ワークブック』をやったり、その他の祈り、瞑想を真剣にやれば）、その日一日の私たちの思考形態は聖霊が責任を持つことになる》、ということです。どういう意味かというと、「アルコール依存症者匿名会」で言うところの聖霊との意識的な接触に関して、私たちが責任をとるということです。体の筋肉を鍛えるためにジムに行くのと同じように、精神的な筋肉を鍛えるために瞑想し、祈るのです。『コース』は、**心が訓練されていないために私たちはほとんど何も達成することができないでいる**、と述べています。私たちは愛情に満ちた反応を示す代わりに、本能的に被害妄想的で価値判断的で、恐れに満ちた反応を示します。『コース』は、私たちは**心の放浪に対してあまりにも寛容すぎる**と述べています。瞑想は心を訓練します。

私たちが瞑想すると、脳は文字通り異なった脳波を発します。瞑想していると、普通の覚醒した意識状態よりも、より深いレベルで情報を受け取ります。『奇跡の学習コース』は、その『ワークブック』こそ『コース』の核いる、と述べています。なぜなら、《ワークブックの練習問題は私たちの心を訓練し、テキストが説明している路線に従って考えることができるようになるからです。私たちを変貌させるのは私たちが何を考えるかではなく、どのように考えるかです》。奇跡の原則が、私たちの問題解決法のレパートリーにおける精神的な習慣になります。

スピリチュアルな成長とは、形而上学的に複雑になることではなく、基本的な原則が思考体系に徐々に深く浸透するにつれて、より単純になって行くことです。瞑想は沈黙の中で神と時を過ごすことであり、静かに耳を傾ける時です。瞑想は聖霊が私たちの心の中に入り込み、神聖な錬金術を使う機会を持てる時です。これによって、私たちが何をするかだけではなく、私たちの在り方が変わります。

『奇跡の学習コース』の『ワークブック』は、三六五日間使える心理的なエクササイズからなっており、それは恐れに基づいた思考体系を放棄し、その代わりに、愛に基づいた思考体系を受け入れるようにするための具体的なカリキュラムになっています。毎日、焦点を合わせるべき特定の思考を課題として与えられ、一定の時間、目を閉じてこれをやります。序文には、私たちがこれらの課題を好きになる必要はないことや、それどころか課題に対して敵意を持っても別にかまわないこと、そして大事なことはそれを実際にやることである、と書かれています。私たちがどのような態度で臨もうと、エクササイズの効果が影響を受けることはありません。私がジムで重量挙げの練習をしているとします。愛情を込めて重量挙げをしても、憎しみを込めてそれをしても、筋肉の強化という観点からすればそれは問題ではありません。私の肉体に影響を与えるのは、私が重量を挙げるかどうか、それだけです。

同じことが瞑想にも当てはまります。肉体の運動効果が累積的であるのと同じように、瞑想の効果も累積的です。ジムに行って一時間運動しても、その時には体の変化は目には見えません。しかし、三十日間、毎日ジムに通って運動すれば、効果は見えて来ます。瞑想も同じことです。その変化に気がつくのは、私たちではなく誰か別の人かもしれません。私たちのエネルギーの質や、私たちが放つ思いがどれほど私たちの周囲に影響を及ぼし、周囲の人びとに影響を与えているか、私たちは自分では気づいていないかもしれません。しかし、他の人たちは気づいています。彼らはそれに応じて反応しています。

スピリチュアルな訓練は個人個人の力の発達を促進します。霊的に力のある人は、必ずしも自分でたくさんのことをやる人ではなく、そのまわりでたくさんのことが達成されるような人です。ガンジーはイギリス人をしてインドを去らせましたが、彼は自分で走り回ってそれを達成したのではありません。強力なエネルギーが彼の周囲で渦巻いたのです。ケネディー大統領もそういう人でした。行政的なレベルではケネディー大統領の業績はそれほどのものではありませんが、他の人びとの内部において目に見えない力を解き放ち、少なくとも一つのアメリカの世代の意識を変えたのです。最も高い存在のレベルでは、私たちは何もしません。神の力が私たちを通して働く時、私たちは休息します。瞑想は深い安らぎです。エゴの逆上した声や無駄な想像はすべて静まってしまいます。

私たちは誰でも、自分の中に神の声と直結したラジオを持っています。問題は、このラジオは雑音で聞こえないことです。静かな時間を神と過ごすと、これらの雑音がなくなります。神の密やかな声が聞こえるようになります。天国ではこの声しか聞こえません。私たちが天国で幸せな理由は、まさにこれなのです。

4　光が見える

光の子よ、光があなたの中にあることをあなたは知らないのか。

私たちの中にある光だけが現実です。私たちは自分自身の中にある暗闇よりも、光を恐れています。暗闇には慣れています。それはすでにお馴染みなのです。**しかし、あなたにとっては忘却も地獄も、天国ほどには受け入れ難いものでないのです。**光、すなわち、私たちは素晴らしい存在なのだという考えはエゴにとっては大変な脅威であるために、エゴは大きな武器を取り出してそれと戦います。

知人の一人が共通の友人について、「彼は意地悪な魂だ」と言ったことがあります。私はこう答えました。「彼の人柄は意地悪だけど、魂はとても光り輝いている人よ。彼の意地悪はその光に対する防御に過ぎないのよ。彼が自分の光を入れて、愛を表現する選択をしたら、彼のエゴが圧倒されてしまうでしょう。彼の意地悪は鎧《よろい》のようなもので、光から自分を守ろうとしているのよ」。

光に対する私たちの防御は常に何らかの罪の意識という形をとり、私たちはそれを自分自身、または他人に投影します。神は私たちを無限に愛することができます。宇宙は私たちを果てしなくサポートすることができます。しかし、私たちに対する神の優しさに満ちた評価や宇宙の慈悲深い行動を受け入れるまでは、私たちが与えられてしかるべき奇跡が実現することをあらゆる手段を用いて妨害するでしょう。なぜ、私たちはこれほどまでに自分を憎んでいるのでしょうか。すでに見てきたように、エゴは私たちの心をいつまでも攻撃せずにはいられないものなのです。それでは、どうすればこの攻撃から逃れることができるのでしょうか。神の意志を自分自身の意志として受け入れることによってです。神の意志は、私たちが幸せであれということです。神の意志は、私たちが自分自身を許すことを求めています。神の意志は、私たちが今この瞬間に天国に自分の場所を見つけなさいということです。

本来の私たちは素晴らしい存在であり、私たちが表現したいことは価値があると教えてくれるのは、私たちの傲慢ではなく謙虚さです。首尾一貫して他の人びとをサポートし、慈《いつく》しむことを困難にしているのは私たちの自己嫌悪です。なぜなら、他の人たちをサポートすることは、自分自身をサポートすることになるからです。私が講演をする時、私に勝って欲しいと思っている聴衆と、深く腰をかけて背もたれに背をもたせ、「あなたがどれほど素晴らしいのか、証明してみて」というメッセージを送っている人たちの間には、ほとんど触ることができるほどの違いがあります。前者は私の光が輝くことを奨励する文脈を提供し、後者は私の光が輝けるものなら輝いてみなさいと挑戦する文脈を提供してくれます。そういうことをしなくとも、人生は十分困難なものではないでしょうか。人間の親切心はこれほどに軽いものなのでしょうか。

愛は無限であるということ、すべての人たちに対してあらゆる種類の愛が十分にあるということ、そして他人に与えた愛だけを自分のものとして持つことができるということが分かった時、私たちは他の人たちを中傷することをやめ、その代わりに祝福するようになるでしょう。数年前、私は十代の女の子と一緒に住んでいたことがあります。ある日、家に帰ると、彼女は寝室のベッドに五、六人のガールフレンドと座っていました。信じられない話ですが、彼女たちは、クリスティー・ブリンクリーは実際はそれほど美しくはない、仮に美しいとしてもおそらく頭は良くない、と主張していたのです。私は彼女たちにさりげなく言いました。彼女たちがやっていることは、実はクリスティー・ブリンクリーのように美しくなりたいけれども、それは不可能だと思って彼女を攻撃しているのだと指摘しました。「あなた方も美しくありたいと望むことは良いことよ。本当の話、それは素晴らしいことだし、あなた方はそれぞれに美しくなれるのよ。それをするには、彼女の美しさを祝福し、誉め讃え、彼女が美しいことを許してあげ、そうすることによってあなた方自身が美しいことを許してあげるのよ。クリスティー・ブリンクリーが美しいからといって、あなたが美しくなれないということではなくて、美しさは十分に存在してるの。それは単なる考えにすぎないのよ。誰だって、それを持つことはできる。彼女が持っているものを祝福すると、あなたがそれを持てるチャンスは何倍にもなるのよ」。

どんな分野であれ、成功する人は他の人が成功するための可能性をより多くつくり出す人です。資源は限定されているという考えにしがみついているのは、地獄にしがみついているのと同じことです。

私たちは神聖な思いだけを考えるようにならなければなりません。天使は神の思いです。天国にあっては、人は天使のように考えます。天使たちは光で道を照らします。天使は誰に対しても何の恨みも持つことはなく、天使は破壊することはなく、天使は競争することもなく、天使は心を締め付けることもなく、天使は恐れることもありません。だからこそ彼らは歌を歌い、そのようにして彼らは飛びます。私たちはもちろん、人間に化けた天使なのですが。

5　世界の終わり

世界の終わりとは世界が破壊されることではなく、世界が天国に変わることである。

この世界が様々な苦痛と苦しみに満ちていることを考えれば、私たちが知っている意味での世界の終わりはそれほどひどいものではないでしょう。地球終焉の日には、恐ろしいこの世界を逃れて乗り物に乗って宇宙に上昇するのではなく、乗り物に乗って内なる宇宙へと飛び立つのです。その乗り物とは私たちの癒された心であり、それは聖霊によって導かれて行くのです。

天国とはどのような場所でしょうか。私たちの多くは天国はほんの少しだけ垣間見たことがあるに過ぎませんが、ちょっと見ただけでも天国はいつも帰りたいと思わずにはいられないようなところです。『コース』は、**私たちが誰でも覚えているいにしえの調べがあり、これがいつも私たちを差し招き、いつも私たちにもどって来るようにと呼びかけている**、と述べています。天国は私たちの故郷です。私たちは天国からやって来たのです。天国は私たちの自然な状態です。

私たちは誰でも、この地上において天国のような体験をしたことがあります。たとえば、母親の乳房あるいは誰かの乳房を吸っていた時や、価値判断を完全に放棄した時など、内なる安らぎを感じます。他の人を変える必要も感じなければ、ありのままの自分を変える必要も感じません。理由が何であれ、他の人の完璧な美しさが見え、他の人もまた自分の美しさを見てくれていると感じます。

この世界の見方からすると、ロマンチックなものであれ何であれ、特別な関係だけがそのような体験の唯一の適切なコンテクストであるということになります。これが私たちが抱える最大の強迫観念です。私たちは常に肉体に愛を求めようとしますが、愛はそこにはありません。私たちは、《見つけることが不可能なものを求めて果てしない探求の旅に出るのです》。つまり、天国への鍵を持っているのは一人の人、ないしは一つの状況であると考えてこの旅に出ます。しかし、天国は私たちの中にあります。天国は他の人たちの考えとは究極的には何の関係もなく、私たち自身が考える考えによって決まります。一人の人についてだけでなく、すべての人についての私たちの考えです。したがって、人類を許すこと、あらゆる状況においてあらゆる人を許すことが、天国に行くための切符であり、私たちの故郷へ帰るための唯一の方法なのです。

私たちのゴールは、神です。それ以外のいかなるものも、私たちに喜びをもたらすことはありません。そして、私たちには喜びを得る権利があります。私たちは苦痛が持っている変容の力については比較的自覚していますが、喜びが持つ変容の力についてはほとんど知りません。それは、私たちが喜びについてほとんど何も知らないからです。

喜びについて語ることは、単純なことではありません。誰もそれが容易であるとは言ってません。ただ、それが私たちのゴールであることを確認しているだけです。すでに見てきたように、地獄を承認することなくして天国に至ることは不可能です。地獄の究極的な現実ではなく、私たちがこの幻影にとどまる間の私たちにとっての地獄の現実です。この幻影は実に強力です。『奇跡の学習コース』は、光に至る一つの方法として暗闇を感情的に否定し、抑圧するようにとは言いません。それは心理療法的なやり方で、光を暗闇へと持って行くのではなく、暗闇を光へと持って行くやり方です。さとりの世界にあっても、聖霊に導かれた心理療法は居場所があります。

『コース』によれば、**誰も幻影を直視することなく幻影から逃れることはできない。なぜなら、直視されないがために幻影は守られているからである**のです。天国に至る道の両脇には、悪魔がいっぱいいます。それはちょうど、お伽話のお城が竜に包囲されているのと同じです。

『奇跡の学習コース』は次のように述べています。**知識へと至る道を邪魔するものすべてを取り除くことほど癒しになることはない。幻影を守ることなく、直視する以外に幻影を振り払う方法はない。**さとりに向かって歩み出すと、私たちの最悪のものが覚醒されます。それは苦痛に満ちたプロセスであり、美しいといえるものではありません。それは、私たちが持っている闇を意識的に解放する選択ができるように、私たち自身に対して、また他の人たちに対して明らかにされます。しかし、光に対するコミットがなければ、つまり天国に行くことを意識的に意図していなければ、暗闇の複雑さに引かれて、暗闇を愛し続けることでしょう。

「光に至る一つの方法として暗闇を分析したい」という誘惑は、従来の心理療法的な手法において例証されています。エゴによって利用されると、心理療法は果てしのないエゴの探究の道具になります。すなわち、何かを非難し、過去に焦点を絞るという探究です。それが聖霊によって利用されると、光を探求する手段になります。すると、神聖な交わりとなり、意識するしないにかかわらず、その中で二人の人間が一緒に、聖霊を二人の関係に導き入れ、苦痛に満ちた認識を愛に満ちた知識へと変貌させることになります。私たちがセラピーを必要とする唯一の理由は、友情の本当の意味を見失ってしまったからです。いかなるものであれ、本当の関係というものは、本当の宗教がそうであるように、心理療法の一形態です。聖霊によって導かれた心理療法学者は、プロであれアマであれ、自分自身のための贖罪を受け入れるようにと求めるだけです。そうすることによって、彼ら自身の癒された認識が他の人たちに光を投げかけることができるからです。

これからは、カップルの人たちはますます心理療法を使うようになるでしょう。危機的な状況におけるカウンセリングとしてではなく、二人の関係を維持するための手段としてですが。かつて、おかしくなった時だけ、セラピーを受けるとほとんどの人が考えていた時代がありました。近頃では、正気を保つための重要な手段と見なすようになりました。それと同じように、カップルの二人が神の腕に至るまで歩いて行く道すがら、感情や思いを常にしっかりとチェックすることも大切であることが分かってくるでしょう。

天国の門の外では、いろいろなことが起きています。もちろん、それはすべて幻影の中で起きていることですが、その幻影は内部から変容させなければならないものです。形ある世界における出来事の唯一の意味は、それが私たちの内部に天国の門に向かいたいという衝動を促すか、それとも天国の門に背を向けたいという衝動を促すかということです。天国の門の前に立った私たちは、愛する衝動に駆られながらも恐れるように訓練されているために、どちらの道を行くべきか確信が持てません。そんな時、私たちの手に聖なる責任が委ねられているということを自覚する必要があります。**かくしてあなたは天国かあるいは地獄へと向かって歩みはじめる。しかし、あなた一人ではない。**私たちはすべての人のために選択します。しかもその選択は今後、長い間にわたって私たちを拘束することになります。

個人的にであれ、集合的にであれ、私たちが今日下す決定は、地球が地獄に堕ちるか、それとも天国になるかを決定することになるでしょう。しかし、一つのことは確実です。私たちは過渡期の世代であるということです。非常に重要な選択が私たちの手に委ねられています。未来の世代は、私たちがどのような存在であったかを知るでしょう。彼らは私たちのことを何度も思うことでしょう。彼らは私たちを呪うか、誉め讃えるかのどちらかでしょう。

6　天国の門

天国の門に至る道が困難なものであると思う必要はない。

私たちは天国の門の前にたたずんでいます。私たちの心の中では、何百万年も前にそこを去ったと感じています。今、私たちは故郷に帰ろうとしています。私たちは放蕩息子の世代です。家出をしましたが、今、私たちが帰って来たというので皆が喜んでいます。私たちは愛に背くことはすべてやりました。自分自身の愛についても、他人への愛についても。今になってやっと、健全な生活に魅力を感じはじめたのです。これは恥ずかしいことではなく、むしろ私たちの強味です。誤った道徳主義が開けるなと言ったからではなく、すでにそのドアを開けてしまい、そこからはどこにも行くことはできないことを知っているために、通らないでも良いドアというものがあります。奇妙なことに、これは一種の道徳的な権威を私たちに与えてくれます。経験から語っているからです。暗い部分をすでに体験しているのです。私たちは前進する準備ができています。私たちは光に魅力を感じています。バグワン・シュリー・ラジニーシに、弟子の一人が次のように質問したそうです。「聖書の中に、〈神は罪人を愛す〉と書いてありますが、これはなぜですか？」。彼の答えは、「罪人は普通の人に比べて面白い人たちだから」。

私たちは面白い世代です。私たちは自分自身についてそのようには考えていません。今という時代がいかに決定的な時代であるか、つまり今後二十年の間に地球上で下される決定は、人類が生き残るか否かを決定することになるだろうということを初めて実感した時、私は世界のためを思って恐れを抱いたものです。地球の運命が私たちの手に委ねられている？　私たちではダメだと私は思いました。他の人はともかく、私たちではダメだと。私たちは甘やかされたガキのようなもので、道徳的にも破綻しています。しかし、なおよく見てみると、そこに見えて来たものに私は驚きました。私たちはそれほどひどくはありません。私たちは傷ついています。そして、その傷は単なる癒しのための機会にすぎないのです。

天国の門の外では、癒しという言葉が流行《はや》っています。そして、この言葉が私たちの願望を形成しています。苦しみや争いはあっても、あたりには神への帰還の喜びの機運が立ち込めています。十分の数の人びとが、意識的にであれ無意識にであれ、癒しのために必要なことをやり遂げ、それによって、慎重な興奮の感情が湧き上がっています。天国へ帰ることができるという興奮です。あらゆる分野において、より大きな責任がおぼろげながらも暗示されています。

私たちが目を覚ます前に、聖霊が私たちの苦い夢を楽しい夢に変えてくれるでしょう。世界全体を少しでも天国に近づけてくれるかもしれない私の幸せな夢について、次に書いてみましょう。

私たちの文化が自らを癒し、新たに出発するためには、過去にあったことを大衆全体が集合的に許さなければなりません。アメリカの最も優秀な人たちの中には、過去を拭いきれないために落後して行かざるを得ない人たちもいます。たとえば、過去においてセックスに関するスキャンダルがあったり、麻薬をやったことがあるために、そうした過去を暴露されて磔にされることを恐れて政界に入れない人たちもいます。過去について重要なことは何かといえば、私たちが何をしたかではなく、過去にあったことにどう対処したかということです。私たちがそう選択するならば、どんなことをきっかけにしてでも、私たちはより思いやりのある人になることができます。

意味のある質問は、私たちがきのう何をしたかではなく、それから何を学んだかであり、きょう何をしているかということです。アルコール依存症で長いあいだ回復の道を歩んでいる人は、同じ問題を抱えている人にとって最高の相談相手です。本当に苦しみを体験したことのある人ほど、いま苦しんでいる人に適切な助言を与えることができる人はいません。苦しみを自ら体験したことのある人ほど、苦しみに対して適切な援助ができる人はいません。

私はニクソン大統領にはあまり関心がありませんでしたが、大統領を辞任して数年後、彼をテレビで見た時、この気持ちは変わりました。この人物は大変な屈辱を体験しましたが、その責任はまったく自分以外の誰にもなかったわけです。誰であれ、そのような屈辱的な体験をして生き残るためには、ひざまずいて神の腕に身を投げ出さなければならなかったはずです。テレビの画面に映っているニクソンを見て、彼はそれをやったに違いないと私は感じました。彼の顔には以前には見られなかった優しさがありました。この人は面白い人になったと私は思いました。彼は浄化の炎を味わったかのように見受けられました。今、彼はかつてなかったものを私たちに提供できる。今の彼は、もっと真摯なスペースから私たちに語りかけてくれるに違いないと私は感じたのです。

天国の前まで来れば、私たちは謝罪することを決して恐れません。アメリカがベトナムとの関わりにおいて最も神聖な原則を破ったことに対して、世界中に対して心から謝罪することができたら、何と素晴らしいことでしょう。私たちの国は偉大な国です。そして、他のすべての国と同じように、過ちを犯してきました。わが国の偉大さは軍事力にあるのではなく、私たちが神聖にして内なる真実を固持することにあります。偉大な国であれば、偉大な人物と同様に、過ちを犯した時にはそれを認め、過ちをあがない、神と同胞に対して新たなチャンスを与えてくれるようにと依頼するでしょう。これをすることによって、その国が世界の人びとに弱い存在と見られることはありません。そうすることによって、私たちは謙虚にして正直であると見られるでしょう。この二つの資質なくして、偉大という概念は不可能です。

さらにわが国が、すべての黒人のアメリカ人に対してしっかりと、素朴に謝罪することができたら、何と素晴らしいことでしょうか。エブラハム・リンカーンがすでに模範を示してくれているのですから。「私たちの祖先に代わって、あなた方を故国から奴隷としてこの地に連れて来たことについて謝罪します。この恐ろしい罪のために、善良な人びとが何世代にもわたって苦しんで来たことを私たちは理解しています。どうぞ、私たちを許して下さい。これから一緒に再出発をしようではありませんか」。それから、少なくともアメリカに連れて来られた奴隷のために、永遠の記念碑を建てるべきだと私は思います。白人のアメリカ人は、黒人のアメリカ人よりもこれをする内的なニーズがあるでしょう。私たちが許しを求めれば、アフロアメリカンの人びとは私たちを比較的簡単に許すことができるだろうと思います。むろん、これと同じことをアメリカインディアンの人びとに対してもしなければなりません。この贖罪が行われるまでは、わが国の人種間の緊張が癒される余地はほとんどないでしょう。

湾岸戦争から帰国した兵士を迎えるパレードは、ベトナム戦争の退役軍人に対する不当な処遇をある意味で改めようとしていることを象徴しているかのように私には見えました。わが国の先生、科学者、その他の人間国宝的な人たちのためのパレードがあったら素晴らしいのに、と私は思います。

国宝についていうならば、子供たちは私たちの最も大切な資源です。一人の犯罪者を一年間、監獄に入れておくための費用で、恵まれない境遇にある一人の子供に過剰なまでの教育的な機会を与えることが可能であり、そうすれば、その子供が絶望的な状況に陥る可能性を閉ざすことができるでしょう。麻薬をやってみたいという誘惑や、非行、その他の犯罪につながるような事柄は大いに減少するでしょう。子供たちにお金、エネルギー、時間をかけ過ぎるということは決してありません。子供たちは私たちの天使であり、私たちの未来です。彼らを見捨てることは、私たち自身を見捨てることに他なりません。

天国の門の外に立って、世界を変容させたいという動機によって私たちの魂を元気づけ、私たちの信念を行動に移そうとすれば、やるべきことは山ほどあります。私たちは神を信頼しなければなりません。私たちは自分自身を信頼しなければなりません。神が意図されることが何であれ、神は私たちに示されるでしょう。神が達成を望むことが何であれ、その方法を私たちにお示しになるでしょう。すべての地域社会に、やるべきことがあります。すべての国に、癒すべき傷があります。すべての人の心の中に、それを実現する力があります。

7 クリスマス

クリスマスのしるしは星である。暗闇の一条の光である。

クリスマスは変化の象徴です。クリスマスの意味は、私たちの人間性を母として、神を父として、新しい自分が誕生するということです。マリアは私たちみんなの中にいる女性を象徴し、私たちはスピリットによって身ごもることになるでしょう。彼女の役割は「はい」と答えることです。私は受け取ります。私はこのプロセスを流産させません。私は神聖な役割を謙虚に受け入れます。この神秘的な懐妊によって生まれる子供は、私たちすべての中にいるキリストです。

天使が真夜中にマリアの目を覚まし、屋根の上に会いに来るようにと告げました。

真夜中は私たちの暗闇、混乱そして絶望を象徴しています。「屋根に登りなさい」という言葉は、テレビを消し、酔いを醒まして、真面目な本を読み、瞑想し、祈りなさいという意味です。天使は神の思いです。神の思いは純粋な精神的環境の中でしか聞こえません。

私たちの多くは、屋根の上に来るようにとの天使の声を聞いています。そうでなければ、このような本を読んではいないでしょう。この時点で何が起きるかというと、神のスピリットを受け入れ、神の種が私たちの神秘的な体に入ることを許すという機会ないしは挑戦が与えられます。そうすることによって、私たちは神の安全を守ることになります。私たちが同意すれば、私たちの心はキリストの子供が入るための子宮になるでしょう。その中でキリストが臨月になるまで成長し、地球上に誕生するための避難所になるでしょう。神は、神の子が私たち一人ひとりを通して生まれる道を選択されたのです。

「部屋はありません」と宿の主人がヨセフに言いました。「宿」は私たちの知性です。そこにはスピリットに関するものが入る余地はほとんどありません。しかし、それは問題ではありません。なぜなら、神にはそれは必要ではないのですから。神に必要なのはカイバ桶のわずかのスペースだけでした。つまり、神が地上に生まれ出るためには、私たちにわずかの意欲があれば十分なのです。そこで、動物に囲まれて本来の人間としての自分と一体になって、私たちは宇宙を支配する存在を出産します。

野原にいた羊飼いは誰よりも先にクリスマスの星を見ます。羊飼いは羊の群れの面倒を見る人ですが、地球の子供たちの世話をし、守り、癒す人です。もちろん、彼らはまず第一に希望のしるしです。なぜなら、彼らこそ希望をもたらす存在なのですから。彼らは自らの人生を奇跡が起きるための肥沃な場所にしたのです。彼らは星を見て、星の後をついて行きます。彼らは、人間の腕に抱かれたイエスのところに導かれます。

世俗世界の王様が集まって、敬意を払うために羊飼いのところにやって来ます。その理由は、世俗世界の力は、無邪気さの力の前にはまったく無力であるからです。**ライオンは羊とともに横になる**のです。私たちの強さは、私たちの無邪気さと調和をはかることにあります。私たちの優しさと力は、相反するものではありません。

「世界は長い間、罪にまみれて待っていた。ついに彼が現われて、魂はその価値を感じた」とクリスマスキャロルは歌います。キリストの誕生とともに、それは一年に一回のことではなく、あらゆる瞬間に起きているのですが、私たちは神の子のマントを自らがまとうことを許し、ほんの瞬間、前の自分よりも偉大な自分になることを許すのです。私たちは自分についての意識を拡大し、自分の帰属性を拡大します。《人の子は自らを再認し、そうすることによって神の子となる》のです。

かくして、世界は回復し、元にもどり、癒され、完全なものとなります。私たちが本当の生命のヴィジョンを見る時、死の夢は終わります。私たちの心の中にいるイエスは、心に刻み込まれた真実であるにすぎず、それはアルファにしてオメガ、すなわち私たちがやって来た場所であり、もどって行く場所です。イエスは本質的に本来の私たちの真実そのものです。私たちの生命が一体となって、キリストの神秘的な体を形成します。この体における私たちの場所を再び要求するためには、故郷に帰らなければなりません。そこで、私たちは神との正しい関係、お互いとの、そして自分自身との正しい関係を再び発見することになります。

8　復活祭

復活の圧倒的な力のすべては、あなたがかくありたいと望んでいるものを象徴しているという事実にある。

クリスマスと復活祭は、さとりを開いた世界観のブックエンドのようなものです。クリスマスをさとりを開いた見地から見れば、神を通して神聖な自分を誕生させることは私たちの能力の範囲内にあることが分かります。復活祭をさとりを開いた目で見れば、この自分こそ宇宙の力であり、その前にあっては死そのものもいかなる力もないことが分かります。

《復活は喜びの象徴です》。復活は偉大なるさとりであり、私たちは自分自身や他の人に愛がないことによって翻弄されてはいないことを完全に理解していることのしるしです。復活を受け入れることは、自分自身はすでに癒され十全な存在であると見るために、もはや待つ必要はないという事実を実感することです。

ある日のこと、私はガールフレンドのバーバラと座って話をしていました。彼女は非常に感情的な三つの体験をしているところでした。まず、父親が病気で死の床についていました。それから、七年間付き合っていた男友達と別れたばかりでした。最後に、典型的な「ピーター・パン」に情熱的に恋をしていたのです。「神様には何か計画があって、良くなる時には良くなんるんだと信じるしかないわ」と彼女は言いました。

『奇跡の学習コース』の原則をできる限り深く理解したいと思って時間は存在しないのだから、理論的にいえば、神様があとで私たちを救ってくれるということはないのではないか、と私は彼女に指摘しました。復活のメッセージは、十字架刑は私たちの心の中でしか起こらなかったということです。キリスト意識とは、彼女の父親の死の傷が癒されるだろうということではなく、ボーイフレンドと別れたことは時がたつにつれて耐えやすくなるだろうということでもなく、現在の男友達との付き合いがいつかは友情に変わるだろうということでもないのです。キリスト意識とは、天国は今ここにあると理解することです。父親が死んでも、本当は死ぬのではない。長いあいだ付き合ってきた人との関係の形態が変わることには、愛そのものが不変であるがゆえに何の意味もない。ピーター・パンがいなくなっても、彼らをつなぐ絆は永遠なのであるから、そのことは全然重要ではない。

すなわち、彼女の悲しみは事実に基づいたものではなく、フィクションに基づいているのです。彼女の心を鎖につなぎ続けるのは、出来事そのものではなく、出来事に関する彼女の解釈です。天国は、これらの出来事を心の中で変容させることによって生じます。そうすれば、物質の世界は後に従います。**復活とは夢から醒めることであり、正しい心のあり方にもどり、かくして、地獄から自分を解放することである。**

こうして、彼女の心は晴れやかになりました。バーバラと私は幼い子供のように笑い転げながら、私たちのこれまでの人生を振り返り、私たちの十字架を構成する人間関係や状況、出来事をざっと見ていったのです。別な選択をすれば解放され幸せになれるのに、地上的な解釈に固執することによって、自分自身の手や足にどれほど熱心に釘を打ち込んでいるかがよく分かりました。愛だけが現実であることをいつも思い出すことができますように、と私たちは祈りました。ほんのわずかな瞬間であったかもしれませんが、絶望する必要はないということを理解しました。私たちはその時、天国を垣間見、それをさらに体験できる能力を下さいますようにと祈りを捧げました。

『奇跡の学習コース』に次のような言葉があります。

十字架への**旅**は**最後**の「**無益な旅**」であるべきである。これに**長く心**をとどめず、**達成**されたものとして**念頭**から**追**い**払**いなさい。あなたがこれをあなた**自身**の**最後**の**無益**な**旅**として**受**け**入**れることができるならば、あなたもまた**私**の**復活**に**加**わる**自由**を**得**ることができる。そうするまでは、あなたの**人生**は**無駄**にされる。あなたの**人生**は、**分離**、**力**の**喪失**、エゴによる**不毛**な**償**いの**試**み、そして**最終的**には**肉体**の**磔**または**死**を**繰**り**返**し**再演**するだけであろう。そのような**繰**り**返**しは、あなたが**自発的**に**放棄**するまで**果**てしなく**続**く。「**古**

くごつごつした十字架にしがみつく」という悲劇的な過ちを犯してはならない。十字架刑の唯一のメッセージは、あなたは十字架を克服できるということだけである。その時まで、あなたの選択に応じて何度でも自分自身を十字架に架けるという自由があなたにはある。これは、私があなたに差しのべようとした福音ではない。私たちは別な旅に出なければならない。あなたが本書のレッスンを注意深く読むならば、この旅に出るための準備に役立つであろう。

『ワークブック』の最後に、**このコースは始まりであって終わりではない**、と書かれています。スピリチュアルな道は故郷の道ではなく、故郷に帰るための道です。故郷は私たちの中にあります。そして瞬間瞬間を生きる中で、私たちはそこで休息するか、それともそれに逆らって戦うかの選択をしています。『コース』は、**私たちが本当に恐れているのは贖罪である**、と言っています。

しかし、私たちの内部には真実を知っている存在がいます。この存在はエゴの智慧を出し抜き、私たちの自己嫌悪を打ち負かすという任務を神から与えられています。キリストはエゴを攻撃はしません。エゴを超越します。そして、**キリストはあらゆる瞬間において、あらゆる状況において、私たちの内部に存在する。キリストは私たちの右に、左に、前に、後ろに、**そして私たちの上に、下に存在します。**キリストは私たちがちょっと招待するだけで一〇〇パーセント反応する**のです。

私たちが祈る時、キリストを招じ入れることになります。彼はすでにそこに存在しているのですが。祈りによって、私たちは神に語りかけます。奇跡をもって神は応えます。愛する者と愛される者、神と人間の果てしないコミュニケーションのつながりは最も美しい歌です。それは最高の高みをもった芸術であり、最も情熱的な愛です。

親愛なる神様

私は今日という日をあなたに捧げます。私の労働の果実と私の心の願望をあなたに捧げます。すべての問いかけをあなたの手に、すべての重荷をあなたの肩に委ねます。私は兄弟と私自身のために祈ります。私たちが愛へと帰還しますように。私たちの心が癒されますように。私たちが故郷へ帰る道を見つけることができますように。苦しみから平和へ、恐れから愛へ、地獄から天国へ。

神の国が到来し、天国におけるがごとく地上においてもあなたの意志がなされますように。

なぜなら、あなたの国こそ神の国であり、力であり栄光であるのですから。

永遠に、永遠に。

訳者あとがき

本書は『A Return to Love』の邦訳です。英語の原著は、アメリカでミリオンセラーとなったもので、現在も着実に読者層を広げつつあります。この本の中で著者自身が語っているように、マリアン・ウイリアムソンの人生は『A Course in Miracles』（仮題＝奇跡の学習コース）によって奇跡的な変貌を遂げました。著者は様々な体験を分かち合っていますが、その土台になっているもの、彼女の変貌を促し、導き、実現させた原動力が『奇跡の学習コース』であることは明らかです。それは本書における『奇跡の学習コース』の引用が二五〇カ所にものぼるところからも異論の余地はありません。彼女はその感動を人びとと分かち合うべく、アメリカ国内はもとより、世界中で講演活動をしている人です。

ここで私と『奇跡の学習コース』とのご縁について少し語らせて下さい。私はこの二十年にわたって、人生の節目で『奇跡の学習コース』の言葉によって励まされ、導かれ、新たな視点に目を向けさせられ、意識の転換をはからされてきました。一九九七年には A Foundation for Inner Peace（内なるやすらぎ財団）の依頼を受け、『奇跡の学習コース』を日本語に翻訳するという仕事をいただきました。それから、二〇〇一年まで四年にわたって『コース』の主要な部分である『テキスト』を翻訳完了したところで契約を終了し、それを機会に『コース』の教えを基にして「安らぎのワークショップ」を日本全国で行ってきました。数えてみたところ、この五年の間に四十回のワークショップを行い、延べにして千二百人以上の人たちと『奇跡の学習コース』の教えを分かち合ってきました。その中で、日本の人たちがどれほどこの教えを愛し、求めているかを痛感してきました。

太陽出版の片田さんから『A Return to Love』を翻訳しないかとのお話をいただいた時、直接の引用の言葉が非常に多いこの本を翻訳することによって、日本の読者の方々に『コース』の素晴らしさを知ってもらうことができるだろうと思ってお引き受けした次第です。『奇跡の学習コース』は信じられないほどの深遠さと難解さに満ちた本であり、マリアンの個人的な体験を通しての解説から入ってもらうのも素晴らしいことであると思ったのでした

私がいわゆる精神世界の著作の翻訳を始めて十三年になります。翻訳する本の選択に当たっては、非常に簡単な物差しを使ってきました。簡単にいうと、それが自分にとって面白いものであるかどうかということ、言葉を換えていえば、私の心をときめかせるものがその本の中にあるかどうか、常にそれを尺度にしてきました。その結果として、私が翻訳した本には、以下のような、いくつかの共通点が見られます。一つは、無条件の愛が基本的なテーマであること。第二には、誰か優れた人物を指導者またはグルとして追いかける考えではなく、一人ひとりの中にある神性に語りかけ、それを呼び起こそうとするもの。第三に、排他的な志向ではなく、逆に包括的な志向に基づいたものであること。第四に、暖かなユーモアのセンスと人間性を感じさせるものであること。

『A Return to Love』も、いま見てみるとこの四つの基準をきちんとクリアしているようです。私たちが無邪気にしてときめきに従うということは、三次元の世界を超えた存在の声に耳を傾けることではないかとも感じます。『奇跡の学習コース』の言葉を借りれば、精霊の声に耳を傾けることなのであろうと思います。

最近、「世紀末」という言葉をよく耳にしますが、世界が終わるというのは、つまり従来の在り方における世界が終焉して、多次元が融合した新しい世界が始まることを意味するのではないかと感じます。『A Return to

Love』もおそらく高い次元の存在とのパートナーシップのもとに生まれたものに違いないと思わせる不思議な現象を紹介しましょう。

一九九四年に南アフリカ共和国のアパルトヘイトが崩壊して、民主主義に基づく選挙が行われ、独立闘争のために長年投獄されていたネルソン・マンデーラが大統領に選ばれました。マンデーラ大統領が就任演説を行った後に、アメリカ中で、いや世界中の英語圏で次のような英文が流布しはじめたのです。少し長くなりますが引用します。

私たちが最も深く恐れているのは、私たちが不十分な存在であるということではない。私たちが最も深く恐れているのは、私たちが計り知れないほどに力に満ちた存在であるということである。私たちを最も怯えさせるのは私たちの闇ではなく、光である。私たちは自問します。「私が素晴らしく、ゴージャスで、才能があって、信じがたい存在だなんてことはあり得ない」。実際には、私たちはどんな存在にでもなれます。私たちは神の子なのです。自分を過小に評価して、その役割を演じるのは世のためになりません。他の人たちがあなたのまわりで圧倒されないように気遣って、自分を小さくすることには、啓蒙的な要素は何もありません。私たちは誰でも、子供たちがそうであるのと同様に、光り輝くことになっている存在です。私たちは自分の中にある神の栄光を顕在化するために、この世の中に生まれて来ました。それは一部の人にだけあるのではなく、すべての人にあります。私たちが自分自身の光を輝かせる時、他の人たちにも同じことをする許可を与えます。私たちが自分自身の恐怖感から解放されると、私たちの存在そのものが他の人たちを自動的に開放します。

この言葉に感動した人びとが、友人にファックスで流したり、自分の名刺に刷り込んだり、インターネットで交換したり、結婚のお知らせのカードに掲載したりと、とにかく大流行したのです。日本に住む私たちのところにも、何人かの外国の友人からファックスが送られてきました。そして、これはマンデーラ大統領の就任演説からの抜粋であるというのです。人間が持っている可能性を実に力強く、美しく、論理を超越したスペースから届けられたとも思われるこの言葉は、確かに、ネルソン・マンデーラ大統領の人生が象徴しているものであり、納得できます。

ところが、私の妻のジャネットが、この文章はどこかで読んだことがあると言い出しました。確かにありました。『A Return to Love』の一九一、一九二（本書二〇四、二〇五）ページからの引用であったのです。さらに、太字の部分は『奇跡の学習コース』からの直接の引用です。しかし、人びとはこれをマンデーラ大統領の就任演説からの引用であるとして、今でも世界中に流布しているのです。しかし、マンデーラ大統領ほどの人が引用したならば、それなりに承認するのではないか、これは何かありそうだと感じたジャネットが、私たちの長年の友人で大統領就任の席に特別ゲストとして招かれたリン・ツイストに連絡してみました。

そこで面白い事実が明らかになりました。リンはマリアンの本の愛読者でもあるために、人びとがこの文章をマンデーラ大統領の就任演説からの抜粋だと言って、マリアンに何の承認も与えないのはフェアではないと感じて、マンデーラ大統領に手紙を出したのです。すると大統領から返事が来て、私は就任演説でこのようなことは言っていないと説明して、ニューヨーク・タイムズに掲載された就任演説の全文を送ってくれたそうです。私たちもその英文をチェックしてみましたが、確かにどこにも見当たりません。

この事実を発見したリンは、誰かがこの文に言及してマンデーラ大統領の就任演説からの抜粋だというのを聞くたびに最初は訂正していたそうです。しかし、そのうちに、どうももっと深い何かが動いていると感じて訂正することをやめたそうです。その理由を彼女はこのように説明してくれました。「非常に深遠な真実が語られ、それが多くの人びとの波長に合った時、それはユニヴァース（宇宙）のものとなる。英語の universe を分析すれば、〈「一」に属する言葉〉である。一つとは oneness であり、すなわち私たちすべてを指す。したがって、その言葉は私たち皆の財産である」。

私も、なるほどと思いました。一人ひとりの人間をこれほどに深く力づける言葉は、やはり深遠な真実をえぐり取った言葉です。それが誰からともなく、マンデーラ大統領の言葉として世界中に広がって行ったという真実には、何かこの次元を超えた力が働いているように思えてなりません。いちばん大切なことは、誰がこの言葉を述べたかではなく、この素晴らしい真実をできるだけ多くの人に知ってもらい、感じてもらい、生きてもらうことです。そのためには、一九九四年の時点ではマンデーラ大統領の言葉として語り継がれるのが良かったに違いありません。このドラマを別な次元で見ているイエス・キリストがニコニコ笑っているように私には思われるのです。

『奇跡の学習コース』も数年のうちに日本語で出版されることになるでしょう。私の体験では、この教えは非常に深遠なるものがあるために、ちょっと読んで、「そうか、なるほど」と理解できるものではありません。たとえば、「ゆるすとは見過ごすことである」「あなたの心の動揺は、あなたが考える理由によるものではない」といった言葉が目白押しです。禅問答のような言葉の背後にある真実に眼を開かれた時、愕然とするほどの衝撃を受けます。しかし、それを理解するには何らかの解説書が必要です。深遠な『コース』の言葉によって人生の奇跡を体験した人がその体験を分かち合う時、それは単なる知識としてではなく、叡智としての輝きを放ち、人の心を揺り動かすことになります。マリアンが自分の体験に基づいて書いた本書が静かに読まれ続けて今日に至っていることは、まさにそれを裏付けていると思うのです。読者の皆さんが本書のマリアンの言葉によって、また引用されている『奇跡の学習コース』の言葉によってインスピレーションを受け、ご自分の人生において喜びに満ちた奇跡を起こす人となられますように心から祈るものです。

最後に、太陽出版社長の籠宮良治さん、この本を日本の読者に紹介しようと労をとって下さった同社の片田雅子さん、『奇跡の学習コース』からの引用を快く許可して下さった A Foundation for Inner Peace のジュディー・ウイトソン、ウイット・ウイトソン、マンデーラ大統領にまつわる不思議で奇跡に満ちた話を分かち合ってくれたリン・ツイスト、いつでも喜びをもって英語の質問に応じてくれたパートナーのジャネット、目に見えないところでサポートしてくれているガイドの方々、そして、今この本を手にとっておられるあなたに、心から感謝申し上げます。世界、そして宇宙は、私たちの心が愛に導かれて変化することによって変わり、拡大します。『奇跡の学習コース』に導かれたこの本を通して、そのための大きな一歩が踏み出されたことを信じて。

大内　博

二〇〇六年三月

訳者紹介

大内　博　(おおうち　ひろし)
1943年、福島県生まれ。上智大学外国語学部英語学科卒業後、英語教師となるが、後に東西文化交流センター留学生として、ハワイ州立大学大学院で第2言語としての英語教育を専攻。2009年、玉川大学文学部教授退官後、翻訳業の傍ら訳書をもとにしたワークショップを定期的に開催している。特定非営利活動法人「ヴァーチューズ・プロジェクト・ジャパン」理事長。訳書に『それでもなお、人を愛しなさい』(早川書房)、『ゆるすということ』『ゆるしのレッスン』(サンマーク出版)、『聖なる愛を求めて』『生命の贈り物』『愛の使者トーマスからのメッセージ』『ホワイト・イーグル　故郷に帰る道』『奇跡のコース』(いずれもナチュラルスピリット)、『プレアデス＋かく語りき』『プレアデス＋地球をひらく鍵』『ファースト・サンダー』『スーパー・アセンション』『愛への帰還』『天使の証明』『光の翼』『黄金の約束』『聖なる探求』『運命の脚本を書く』『ヴァーチューズ・プロジェクト　52の美徳　教育プログラム』『家族をつなぐ52のキーワード』『終わりなき愛』『アセンションのためのワークブック』(いずれも太陽出版)ほかがある。

[新装版]

愛への帰還

光への道「奇跡の学習コース」

1998年10月15日　初　版第1刷
2011年10月31日　〃　第7刷
2019年10月25日　新装版第1刷

[著者]
マリアン・ウイリアムソン

[訳者]
大内　博

[発行者]
籠宮啓輔

[発行所]
太陽出版

東京都文京区本郷4-1-14　〒113-0033
TEL 03(3814)0471　FAX 03(3814)2366
http://www.taiyoshuppan.net/
E-mail　info@taiyoshuppan.net

装幀=ケイエム・ファクトリー 宮島和幸
[印刷]壮光舎印刷 [製本]井上製本
ISBN978-4-88469-978-9

終わりなき愛

～イエスが語った奇跡の真実～

本書は、教育者であり、著名な肖像画家である著者が体験した希有な出来事の記録である。ある日、イエスが生身の人間と同じくらいリアルにスピリチュアルなベールの彼方から現れ、叡智に満ちた対話が始まる。それはいまだかつて語られたことのないイエスの幼少期の出来事、ユダの裏切りやマグダラのマリアの役割の真相、そしてイエスが最も伝えたかった私たち人間の幸福の可能性についてだった。本書のメッセージは宗教を超え、世界中で何百万人もの人生を変えたイエスからの贈り物である。

〔主な内容〕
光あれ／不可思議な宇宙／あなたのエッセンスである愛／アダマンタイン粒子／一つのスピリット／ハートは高度の知性／橋／祝福された人生／愛の十戒／あなたの権利と自由／神と現実／科学について／成功への道／愛なる者

グレンダ・グリーン＝著　大内　博＝訳

A5判／544頁／定価4,725円（本体4,500円＋税5%）